INTRODUCTION

A

LA PROCÉDURE CIVILE.

De l'Imprimerie de J.-M. EBERHART, Imprimeur du Collége Royal
de France, rue du Foin Saint-Jacques, n. 12.

INTRODUCTION

A

LA PROCÉDURE CIVILE.

Par M. PIGEAU,

AVOCAT ET PROFESSEUR DE LA FACULTÉ DE DROIT
DE PARIS.

TROISIÈME ÉDITION.

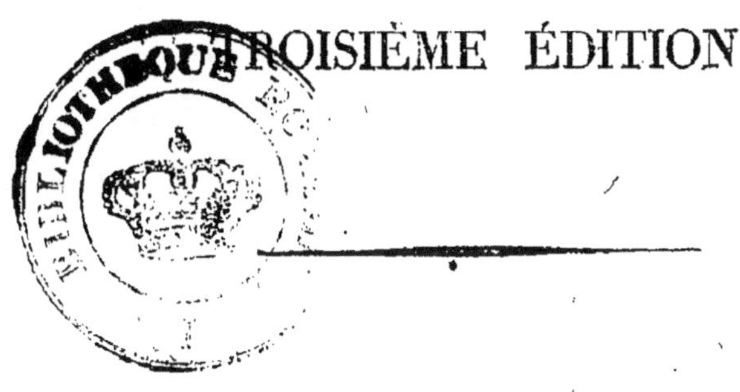

A PARIS,

Chez
EBERHART, Imprimeur-Libraire, rue du Foin Saint-
Jacques, N° 12.

RONDONNEAU et DÈCLE, au Dépôt des Lois, place du
Palais de Justice.

WARÉE, oncle, Libraire, au Palais de Justice.

DURAND, Libraire, rue Saint-Jacques, vis-à-vis la
place Sainte-Géneviève.

1818.

AVERTISSEMENT.

La première Edition de cet Ouvrage a paru en 1784.

Alors la procédure n'étoit point enseignée dans les Facultés de Droit: néanmoins cet Ouvrage fut accueilli par deux sortes de personnes; celles qui desiroient, avant de se livrer à une étude approfondie de la procédure, en acquérir les notions générales; et celles qui, possédant cette partie de notre Droit, vouloient en revoir les principes en abrégé.

Il en restoit fort peu d'exemplaires, au moment de la révolution, qui en arrêta le débit à cause des changemens que les nouvelles lois firent à la Procédure.

L'Arrêté du gouvernement, du 26 août 1800; (18 fructidor an 8), ayant rétabli l'Ordonnance de 1667, cette Edition reprit son cours; et bientôt elle fut épuisée, la Procédure étant devenue partie intégrante de l'enseignement du Droit.

Quelques années se sont écoulées depuis. On m'a fait observer que cet Ouvrage, refait d'après le Code de Procédure, avec plus de développement que le premier, seroit utile, non-seulement aux deux sortes de personnes dont je viens de parler, mais encore à celles qui suivent le Cours de Procédure.

Comme cette troisième classe est la plus nombreuse, et que c'est principalement elle que j'ai eu en vue dans ce travail, j'ai préféré la forme par demande et par réponse, employée dans la première Edition, à la forme ordinaire conseillée par plusieurs personnes; parce qu'elle est plus propre à inculquer les principes dans la mémoire; que d'ailleurs, la plupart des Etudians s'examinant entre eux pour se préparer à l'examen sur la Procédure, cette forme leur est plus commode, pour leur faciliter cet exercice.

Afin de donner à ceux qui le desireroient, le moyen d'approfondir les matières dont on ne voit ici que les élémens, j'ai indiqué, sous chacune, le volume et la page de *la Procédure Civile*, 2 vol. *in*-4°., 2ᵉ. Edition, où l'on trouvera les développemens.

Les lettres P. C. signifient *Procédure Civile*, le chiffre romain le volume, et le chiffre arabe, la page.

Cet ouvrage se divise en deux livres : le premier traite des moyens de prévenir les procès; le second, des règles générales de la Procédure.

On a mis, page 6, un tableau qui offre l'ensemble de ce qui est exposé dans ces deux livres.

Le second livre divise la Procédure en cinq parties principales.

On a placé, en tête de chaque partie, un tableau synoptique particulier. Celui de la *Demande* est p. 24; celui de l'*Instruction*, p. 49; celui du *Jugement*, p. 182; celui des *Voies à prendre contre le Jugement*, p. 208; et enfin celui de l'*Exécution du Jugement*, p. 256.

Ces tableaux seront utiles à ceux qui voudroient, avant d'entrer dans cette étude, en prendre une connoissance générale, et à ceux qui, après avoir vu la Procédure dans ses élémens, désireroient les rassembler d'un seul coup-d'œil, pour les mieux embrasser.

TABLE

DES TITRES,

CHAPITRES, SECTIONS ET PARAGRAPHES,

Contenus dans ce Volume.

———

PRÉLIMINAIRE,

LIVRE PREMIER.

LIVRE II.

a.

PARTIE II.

TITRE PREMIER.

TITRE II.

TITRE III.

TITRE IV.

TITRE V.

PARTIE III.

TITRE PREMIER.

TITRE II.

TITRE III.

TITRE IV.

TITRE V.

TITRE VI.

TITRE VII.

TITRE VIII.

PARTIE IV.

Des Voies, soit contre les Jugemens, s'ils lèsent, soit contre les Juges.

TITRE PREMIER.

Si la Tierce-Opposition principale ou incidente ar-
rête l'exécution du Jugement. 251
Peines, si la Tierce-Opposition principale ou inci-
dente est rejetée. 252

TITRE II.

PARTIE V.

TITRE PREMIER.

TITRE II.

FIN DE LA TABLE.

INTRODUCTION

À

LA PROCÉDURE CIVILE.

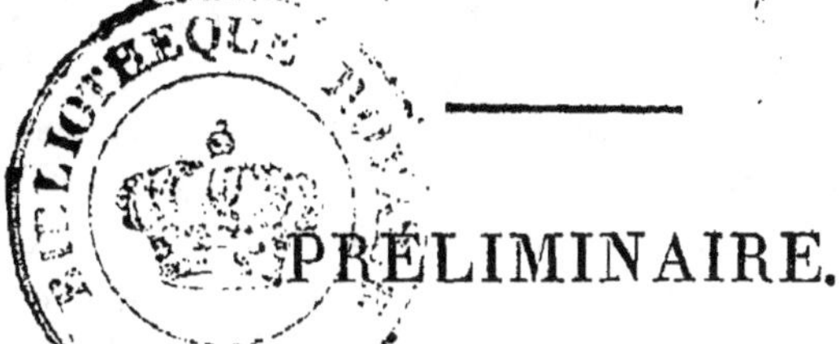

PRÉLIMINAIRE.

Contenant les notions les plus générales de la Procédure, la preuve de la nécessité de son établissement, et la division générale de cette matière.

Demande. Qu'est-ce que le Droit?

Réponse. Le Droit est la collection des lois qui réglent les intérêts des particuliers et leurs différends : ainsi, par exemple, les lois qui déterminent à qui appartient la succession d'une personne, forment une partie du Droit.

D. *Le Droit suffit-il par lui-même, pour remplir l'objet qu'a eu le législateur en l'établissant?*

R. Non; car il peut arriver que celui que le Droit oblige à faire une chose, refuse de s'y conformer; par exemple, il peut se faire que celui qui me doit, refuse de me payer : c'est pourquoi il a fallu que l'autorité prescrivît de recourir à elle, dans ce cas, et qu'elle se réservât le pouvoir de contraindre le refusant d'obéir à la loi.

D. Celui qui prétend avoir un droit contre un autre, ne peut donc pas contraindre lui-même son adversaire à exécuter ce que la loi établit en sa faveur?

R. Non; par trois raison : 1°. parce qu'une personne pourroit prétendre que la loi est en sa faveur, tandis qu'elle n'y est pas, et qu'elle pourroit par conséquent dépouiller une autre, même de toute sa fortune, sur le prétexte qu'elle lui appartient : 2°. parce qu'en supposant même que tous ceux qui demanderoient fussent justes, et ne demandassent que ce qui leur appartiendroit, ils pourroient, pour se le faire rendre, user de voies dures et contraires à la modération, l'humanité et la justice : 3°. enfin, parce qu'en supposant qu'ils ne s'en écartassent pas, l'adversaire pourroit refuser de restituer, et que cela occasionneroit des haines et même des voies de fait dont les suites seroient dangereuses.

D. Que faut-il donc faire, et à qui s'adresser, quand, une personne prétendant un droit contre une autre, celle-ci ne veut pas s'y conformer?

R. Il faut s'adresser à l'autorité, laquelle, ayant fait les lois, s'est réservé, par les raisons qu'on vient de voir, le pouvoir de les appliquer, d'en ordonner et diriger l'exécution, lorsque quelqu'un refuseroit de s'y soumettre.

D. Que fait-on lorsqu'on a réclamé le secours de la justice, contre le tort que l'on prétend éprouver?

R. Comme la justice a pour base la vérité, et que les Juges ne peuvent décider sans avoir découvert la vérité, on doit les instruire, pour qu'ils puissent juger.

D. Quand les juges sont instruits, et ont découvert la vérité, que doivent-ils faire?

R. Ils doivent décider, soit en accordant au demandeur ce qu'il prétend, si cela est juste; soit en ne lui en accordant qu'une partie, s'il n'y a qu'une partie de ses prétentions qui soit bien fondée; soit enfin, en rejetant cette prétention, s'il est juste de le faire.

D. Si le jugement lèse une partie, peut-elle revenir contre, pour le faire réformer ?

R. Oui, on le peut, quand il n'est pas en dernier ressort ; et même lorsqu'il est en dernier ressort, on le peut dans certains cas, qui ne peuvent être bien entendus que lorsqu'on aura vu une partie des règles de la procédure, que l'on exposera ci-après.

D. Si le condamné ne prend pas les voies établies pour faire réformer le jugement, ou si, les ayant prises, le jugement est maintenu ou réformé, que celui qui est condamné ne veuille pas exécuter ce jugement, que doit faire celui qui l'a obtenu, pour le faire exécuter ?

R. Il le remet à des officiers préposés par l'autorité, lesquels contraignent le condamné à l'exécuter, ou l'exécutent pour lui, en faisant ce qu'il devroit faire de lui-même.

D. La manière de réclamer le secours de l'autorité, de l'instruire de la vérité, de juger, de se pourvoir contre le jugement et de l'exécuter, est-elle assujétie à des règles ?

R. Oui.

D. Pourquoi a-t-on institué des règles pour réclamer le secours de la justice ? Ne suffisoit-il pas d'établir que celui qui prétendroit un droit contre un autre, mèneroit celui-ci devant le juge qui, après les avoir entendus, décideroit, et feroit exécuter le jugement, si le condamné ne vouloit pas obéir ?

R. Cela a pu s'observer dans les premiers âges ; mais comme il y a des gens de mauvaise foi, qui, pour éluder leur condamnation, refuseroient de se rendre ainsi, et de s'expliquer à l'amiable devant le juge, il a fallu établir des voies pour les contraindre à le faire ; il a fallu assujétir ces voies à des règles, pour empêcher que le réclamant ne surprît la justice, et pour mettre son adversaire en état de se défendre contre une demande qui peut être mal fondée.

D. Mais cette réclamation étant faite régulièrement,

I.

de manière que celui contre qui elle est faite ne peut l'ignorer, est-il nécessaire que, pour instruire le juge, il y ait des règles particulières ?

R. Oui ; parce que la découverte de la vérité, dépendant souvent de preuves et d'éclaircissemens qu'une des deux parties a en ses mains, ou de témoignages de la part de tiers, qui ont ou peuvent avoir connoissance des faits de la contestation, et qui peuvent refuser ces témoignages, il a fallu établir des voies pour forcer cette partie et ces tiers à donner ces éclaircissemens, et assujétir ces voies à des règles qui fissent parvenir la vérité au juge, sans mélange de passions, et sans aucuns nuages.

D. Les juges n'ayant aucun intérêt dans la contestation, et ne pouvant, par cette raison, être présumés vouloir éluder la décision, sont-ils également assujétis à observer des règles dans leur jugement ?

R. Oui : ces règles ont pour objets principaux ; 1°. d'écarter d'eux tout ce qui pourroit empêcher la vérité de leur parvenir, et leur faire épouser les passions des parties : telles sont les règles qui permettent de les récuser, lorsqu'ils sont suspects de partialité : 2°. d'assurer la formation et l'existence du jugement, afin que la partie contre laquelle il est rendu ne puisse contester la vérité de cette existence, ni l'anéantir : telles sont encore les règles qui veulent que le jugement soit inséré dans un registre tenu à cet effet, et signé du juge, etc.

D. Les voies par lesquelles on réclame contre un jugement, sont-elles assujéties à des règles ?

R. Oui ; et ces règles ont pour objet de déterminer comment on réclamera, ce que fera le juge pour voir si la réclamation est fondée, et comment il statuera.

D. L'exécution du jugement a-t-elle des règles aussi ?

R. Oui : afin que ceux qui sont établis pour contraindre à cette exécution, ne se laissent pas surprendre par les passions des parties, et que la justice et l'humanité dirigent leurs actes, comme elles ont dû diriger le jugement qu'ils exécutent.

D. Comment appelle-t-on la collection de toutes ces règles établies pour diriger la demande, *l'instruction, le* jugement, *les* voies à prendre contre *le* jugement *et son* exécution?

R. On l'appelle *Procédure,* du mot *procedere,* parce qu'elle règle la manière de *procéder,* de *marcher,* dans la réclamation que l'on fait du secours de la justice.

D. Peut-on dire que la Procédure soit aussi nécessaire que le Droit?

R. Oui; car inutilement le Droit obligeroit-il mon débiteur à me payer, si l'on n'avoit établi la procédure pour le contraindre à le faire; de sorte que l'on peut dire que c'est elle qui donne la vie au Droit.

D. Comment appelle-t-on encore le Droit et la Procédure dans les affaires?

R. On appelle fort souvent le Droit, le *Fond,* et la Procédure, la *Forme.*

D. Donnez-moi un exemple pour faire sentir la distinction du fond, *d'avec la* forme?

R. Je prétends que Pierre me doit 100 fr., et je le poursuis pour qu'il me paie; ma créance de 100 fr. est le *droit* ou le *fond* de la contestation; les poursuites que je fais en justice pour me faire payer sont la *procédure* ou la *forme.*

D. Est-il absolument nécessaire d'observer les règles de la forme ou de la Procédure?

R. Oui; car elles sont établies pour mettre une partie dans la possibilité de se défendre, et le juge en état de décider; et, comme il ne peut statuer qu'après avoir entendu les parties, ou qu'elles ont été mises à portée de se faire entendre, on ne peut pas dire, tant que ces règles ne sont pas observées, que le juge soit en état de décider : ainsi, quelque favorable et bien fondée que soit la prétention d'une partie, si elle est mal dirigée, on la rejette, jusqu'à ce qu'elle soit dirigée régulièrement; et c'est delà qu'est venu cet axiome des praticiens : *la forme emporte le fond*. Par exemple, si Paul me doit une somme, que je le fasse assigner, que l'huissier ne lui donne pas copie de ma demande, le juge peut refuser de décider sur ma demande, jusqu'à ce qu'elle soit formée plus régulièrement; car Paul n'étant pas instruit de ma demande, ne peut se défendre.

D. De combien de sortes de règles est composée la Procédure ?

R. De deux sortes : les règles générales et les règles particulières.

D. Quelles sont les règles générales ?

R. Ce sont celles qui, par leur nature, sont applicables à toutes sortes d'affaires, ou du moins à une multitude d'affaires.

D. Donnez-moi un exemple de ces sortes de règles ?

R. En voici un : La raison dit que l'on ne peut juger une personne qu'elle n'ait été appelée pour se défendre: ainsi on ne peut la condamner, qu'elle ne se présente ou n'ait été avertie de le faire. Ce motif (l'obligation de l'appeler), étant applicable à toutes sortes d'affaires, la règle qui veut qu'elle soit appelée et qui défend de la juger sans cela, est également applicable à toutes sortes d'affaires.

D. Quelles sont les règles particulières ?

R. Pour les expliquer, il faut dire que chaque action, ou du moins une multitude d'actions, outre l'application qu'elles reçoivent des règles générales de la Procédure, ont aussi leurs règles particulières, déterminées d'après la nature de chaque action, et sans lesquelles cette action seroit imparfaitement dirigée, ou ne pourroit même parvenir à sa fin.

D. Donnez-moi un exemple de ces règles particulières ?

R. En voici un relatif à la séparation de corps : cette action est, comme toutes les autres, assujétie aux règles générales de la Procédure; mais, comme cette

PRÉLIMINAIRE.

Cet ouvrage est divisé en deux livres.

Dans le premier, on verra les moyens de prévenir un procès ;

Dans le second, supposant qu'on n'ait pas pu empêcher le procès, on expliquera les moyens de le diriger, c'est-à-dire, les règles générales de la Procédure.

LIVRE Ier.

Des moyens de prévenir le procès.

Quatre.
{
1°. Les offres, p. 8.
2°. La transaction, p. 8.
3°. Le compromis, p. 9 - 18.
4°. Le préliminaire de conciliation, p. 18 - 23.

LIVRE II.

Des règles générales de la Procédure.

La Procédure se compose de cinq parties principales.
{
1°. La demande, p. 24 - 47.
2°. L'instruction, p. 48 - 183.
3°. Le jugement, p. 183 - 209.
4°. Les voies à prendre, soit contre le jugement quand il lèse, soit contre les juges, p. 209 - 257.
5°. L'exécution du jugement, p. 257- 262.

séparation est défavorable de sa nature, par l'atteinte qu'elle porte au contrat de mariage, le plus important des contrats pour la société, et à l'ordre public toujours blessé par les désunions, on ne permet au conjoint de la demander, que lorsque les époux ont été entendus préalablement devant le juge, afin que celui-ci puisse approfondir les causes de leur mésintelligence, et les engager à se réunir.

On n'exposera point ici les règles particulières; on ne présentera que les règles communes à toutes sortes d'affaires; et l'on se bornera même à celles qui sont élémentaires, comme étant suffisantes pour remplir le but de cet ouvrage, c'est-à-dire, d'introduire dans l'étude de la Procédure, en en donnant une idée générale.

Mais, avant d'exposer ces règles communes à tous procès, il est bon de donner une notion des moyens que les lois nous offrent de prévenir les procès; c'est ce que l'on fera dans le livre premier.

Dans le livre second, on verra les règles élémentaires communes à tous procès.

LIVRE PREMIER.

Des Moyens de prévenir les Procès.

D. Combien y a-t-il de moyens de prévenir les procès ?

R. Quatre : 1°. les offres ; 2°. la transaction ; 3°. le compromis ; 4°. enfin, le préliminaire de conciliation.

§. PREMIER.

Des Offres.

D. *Qu'est-ce que les offres ?*

R. C'est l'acte par lequel il est constaté qu'une personne a présenté ce qu'elle croit devoir, à une autre personne à laquelle elle consent de le remettre.

D. *Les offres sont-elles toujours un moyen de prévenir un procès ?*

R. Elles ne le sont que quand celui à qui l'on offre se contente de ce qu'on lui présente et le reçoit ; mais s'il refuse, parce qu'il prétend qu'il lui en est dû davantage, ou pour autre cause, les offres, loin de prévenir un procès, sont au contraire le signal d'un procès qui commence, et qui est gouverné par des règles particulières : c'est pourquoi on n'en parlera pas davantage ici. (Proc. Civ., tom. II, p. 485.)

§. II.

De la Transaction.

D. *Qu'est-ce que la transaction ?*

R. C'est un contrat par lequel les parties terminent

une contestation née, ou préviennent une contestation à naître (C. C. 2044), en sacrifiant ou modifiant, respectivement ou seulement par une d'elles, toutes ou partie de leurs prétentions sur un objet dont elles peuvent disposer.

D. Après une transaction, on ne peut donc plus poursuivre le procès qu'on a voulu prévenir ou terminer par cet acte?

R. Non; à moins qu'on ne fasse annuller auparavant la transaction; ce qui ne peut avoir lieu qu'en certains cas; par exemple, quand elle contient des sacrifices de la part d'un mineur ou d'une autre personne qui n'a pas la disposition de ses biens, et dans d'autres cas dont l'exposé n'est pas du ressort de cet ouvrage (P. C. I, 2 — 17.)

§. III.

Du Compromis (1).

D. Qu'est-ce que le compromis?

R. C'est un contrat par lequel des parties qui sont en contestation ou près d'y entrer, sur des droits dont elles peuvent disposer, en remettent la décision à une ou plusieurs personnes, pour être jugées en premier ou dernier ressort.

D. Qui peut compromettre?

R. Toutes personnes le peuvent sur les droits dont elles ont la libre disposition, 1003. (P. C. I, 19.)

D. Peut-on compromettre sur toutes sortes d'objets?

R. Il faut excepter :

1°. Les dons et legs d'alimens, logement et vêtemens,

---

(1) On conseille aux commençans de n'étudier cette matière, qu'après avoir vu au livre **II** la demande, l'instruction, le jugement, et les voies à prendre contre le jugement, qui forment les quatre premières parties de ce livre, après lesquelles il sera plus facile d'entendre le compromis.

1004 : parce qu'étant faits souvent à des gens faciles ou dissipateurs, ils ne peuvent les aliéner directement, de crainte qu'ils ne le fassent moyennant une somme qu'ils employeroient en folles dépenses, et ne rendent inutiles les sages précautions du donateur ou testateur ; et qu'ils pourroient les aliéner indirectement, en prenant pour arbitres des gens incapables ou qui se porteroient facilement à rendre une décision conforme à leurs vues de dissipation ;

2°. Les séparations, 1004 ;

3°. Les questions d'état, *idem.*

4°. Les contestations sujettes à communication au ministère public, *idem.*

Ces trois dernières affaires, intéressant l'ordre public, leur décision appartient aux juges choisis par le prince pour la conservation de cet ordre, et ne peut être confiée à des particuliers, parce qu'ils pourroient y porter atteinte. (P. C. I, 19.)

D. *Comment peut être fait le compromis ?*

R. De trois manières :

1°. Par procès-verbal devant les arbitres choisis ;

2°. Par acte devant notaire ;

3°. Sous signature privée, 1005.

D. *Que doit désigner le compromis à peine de nullité ?*

R. Il doit désigner :

1°. Les objets en litige,

2°. Les noms des arbitres, 1006. (P. C. I, 20.)

D. *Est-il nécessaire d'y fixer un délai aux arbitres pour juger ?*

R. Non : le compromis est valable sans cela : mais, en ce cas, la mission des arbitres ne dure que trois mois, du jour du compromis, 1007. (P. C. I, 21.)

D. *Peut-on donner aux arbitres le pouvoir de juger en dernier ressort ?*

R. Oui ; les parties peuvent, lors du compromis et même depuis, renoncer à l'appel, 1010. (P. C. I, 22.)

D. *Quels délais et quelles formes les parties et les arbitres doivent-ils suivre dans la procédure devant les arbitres ?*

R. Les mêmes que ceux établis pour les tribunaux, si les parties n'en sont autrement convenues, 1009. (P. C. I, 21.)

D. *Par qui doivent être faits les actes d'instruction et les procès-verbaux du ministère des arbitres ?*

R. Par tous les arbitres, si le compromis ne les autorise à commettre l'un deux, 1011. (P. C. I, 21 et 23).

D. *S'il est formé une inscription de faux, même purement civile, ou s'il s'élève quelque incident criminel, les arbitres peuvent-ils en connoître ?*

R. Non : ils doivent délaisser les parties à se pourvoir, 1015, devant le tribunal qui doit connoître de cet incident. (P. C. I, 23.)

D. *Pendant qu'on poursuit cet incident devant ce tribunal, le délai de l'arbitrage court-il ?*

R. Non : il est surpendu ; mais il reprend son cours du jour du jugement de l'incident, 1015. (P. C. I, 22.)

D. *Les arbitres peuvent-ils être révoqués, pendant le délai qui leur est donné pour juger ?*

R. Non : ils ne peuvent l'être que du consentement unanime des parties, 1008. (P. C. I, 24.)

D. *Peuvent-ils se déporter ?*

R. Ils ne le peuvent, si leurs opérations sont commencées, 1014, parce qu'ayant accepté par-là leur nomination, ils sont liés envers les parties. (P. C. I, 24.)

D. *Peuvent-ils être récusés ?*

R. Ils ne peuvent l'être que pour cause survenue depuis le compromis, 1014. En les nommant, on a renoncé aux causes antérieures. (P. C. I, 24.)

D. *Quand les parties doivent-elles produire leurs défenses et pièces aux arbitres ?*

R. Quinzaine au moins avant l'expiration du délai du compromis, 1016, afin qu'on ait le temps de les examiner.

D. Le compromis finit-il par le décès, le refus, le déport ou l'empêchement d'un des arbitres ?

R. Oui, s'il n'y a clause qu'il sera passé outre, ou que le remplacement sera au choix des parties ou au choix de l'arbitre ou des arbitres restans, 1012. (P. C. I, 25.)

D. Finit-il par l'expiration du délai ?

R. Oui, si les arbitres n'ont pas jugé dans le délai stipulé, ou dans celui de trois mois, lorsqu'il n'en a pas été réglé, 1012. (P. C. I, 25.)

D. Finit-il par le partage, c'est-à-dire, si les arbitres sont divisés d'opinions ?

R. Oui, 1012, puisqu'ils ne peuvent s'accorder pour juger.

Mais il ne finit pas, s'ils ont pouvoir de prendre un tiers arbitre. *id.* (P. C. I, 25.)

D. Finit-il par le décès des parties ou de l'une d'elles ?

R. Distinguez :

Si les héritiers sont mineurs ou l'un d'eux, il finit, parce que, n'ayant pas la capacité de se défendre comme les majeurs, ils pourroient négliger leurs intérêts dans leur défense;

Si tous les héritiers sont majeurs, le compromis ne finit pas. 1013.

Mais, dans ce dernier cas, le délai pour instruire et juger sera suspendu pendant celui pour faire inventaire et délibérer, *id.* (P. C. I, 25.)

D. Si le compromis n'est pas fini par l'une des causes ci-dessus, quand les arbitres doivent-ils juger ?

R. Ils doivent le faire dans le délai fixé, et s'il n'en a pas été fixé, dans celui de trois mois, du jour du compromis, 1007 et 1022.

D. Sur quoi les arbitres doivent-ils juger ?

R. Ils sont tenus de juger sur ce qui aura été produit, 1016. Si donc une seule des parties a produit, on décide sur ses pièces.

D. Par qui le jugement doit-il être signé?

R. Par chacun des arbitres; et, dans le cas où il y auroit plus de deux arbitres, si la minorité refusoit de signer, les autres arbitres en feroient mention; et le jugement auroit le même effet que s'il avoit été signé par chacun des arbitres, 1016. (P. C. I, 28.)

D. S'il y a partage, et que les arbitres soient autorisés à nommer un tiers (le compromis ne finissant pas, en ce cas, par le partage), comment doivent-ils nommer ce tiers?

R. Ils doivent le faire par la décision qui prononce qu'il y a partage, 1017.

D. Mais s'ils ne peuvent convenir de ce tiers, que doivent-ils faire?

R. Ils doivent le déclarer sur le procès-verbal, 1017.

D. Que doivent observer les arbitres, soit qu'ils nomment ce tiers, soit qu'ils ne puissent en convenir?

R. Ils sont tenus de rédiger leur avis distinct et motivé, sur l'affaire, soit dans le même procès-verbal, soit dans des procès-verbaux séparés, 1017; afin que, si le tiers-arbitre prononce ensuite seul, il puisse choisir parmi les avis celui qui lui paroît le plus juste; l'art. 1018 l'obligeant de se conformer à l'un des avis des autres arbitres:

D. Si le tiers arbitre n'a pas été nommé par les arbitres divisés, par qui doit-il l'être?

R. Par le président du tribunal qui doit ordonner l'exécution de la décision arbitrale, 1017, et qui sera désigné ci-après.

D. Que fait-on pour obtenir cette nomination?

R. La partie la plus diligente présente requête à cet effet au président, 1017, lequel nomme.

D. Quand le tiers, nommé par les premiers arbitres ou le président, doit-il juger?

R. Dans le mois du jour de son acceptation, à moins que ce délai n'ait été prolongé par l'acte de sa nomination, 1018.

D. Que doit-il faire avant de prononcer ?

R. Il doit conférer avec les arbitres divisés, qui seront sommés de se réunir à cet effet, 1018.

D. Mais si ces arbitres ne se réunissent pas à lui, que doit-il faire ?

R. Il prononcera seul ; et néanmoins il sera tenu de se conformer à l'un des avis des autres arbitres, 1018. (P. C. I, 27.)

D. Les arbitres, s'ils s'accordent, et le tiers arbitre, s'ils ne s'accordent pas, doivent-ils juger d'après les règles du Droit?

R. Oui, 1019. Ainsi, comme ils sont établis pour représenter les tribunaux, ils doivent, comme ceux-ci, juger d'après ces règles, 1019 ; c'est-à-dire, d'après la rigueur du droit, et ne la tempérer par l'équité, que quand ces règles le leur permettent, à moins que le compromis ne leur donne pouvoir de prononcer comme amiables compositeurs, *id.* ; auquel cas ils peuvent ordonner ce qu'ils feroient s'ils avoient pouvoir de transiger. (P. C. I, 21.)

D. Où, quand et par qui doit être remise la minute du jugement, après qu'elle a été signée?

R. Elle doit être remise, dans les trois jours, par l'un des arbitres, au greffe du tribunal dans le ressort duquel il a été rendu, 1020.

D. Où ce dépôt doit-il être fait, lorsqu'il a été compromis sur l'appel d'un jugement?

R. Il doit l'être au greffe du tribunal qui eût jugé l'appel, s'il n'eût pas été porté devant des arbitres, 1020.

D. Les arbitres sont-ils tenus de faire enregistrer leur minute, et d'avancer les droits d'enregistrement et frais de dépôt pour les parties?

R. Non ; les poursuites pour ces objets ne pourront être faites que contre les parties, 1020.

D. Un jugement arbitral peut-il s'exécuter, en vertu de lui-même, comme un jugement rendu par les tribunaux ?

R. Non ; quand même il ne seroit que préparatoire, 1021 ; parce que, pour contraindre à l'exécuter, il faut employer la force publique, qui n'est tenue d'obéir qu'à l'autorité publique, et non à des particuliers comme le sont les arbitres.

D. *Que faut-il donc faire pour le rendre exécutoire?*

R. Il faut présenter la minute à cette autorité, c'est-à-dire, au président du tribunal au greffe duquel elle a été déposée.

S'il ne trouve rien de contraire à l'ordre public dans le jugement, il ordonne, au bas ou en marge de la minute, et sans qu'il soit besoin de communiquer au ministère public, que le jugement sera exécuté, 1020 et 1021.

D. *Que fait-on ensuite pour faire exécuter le jugement?*

R. On s'en fait délivrer une expédition , à la suite de laquelle est expédiée l'ordonnance d'exécution, 1021.

D. *S'il s'élève des difficultés sur l'exécution, sont-elles jugées par les arbitres ?*

R. Non ; elles le sont par le tribunal au greffe duquel le jugement a été déposé, 1021. (P. C. I, 29 et 30).

D. *Si le jugement arbitral nuisoit à des tiers, pourroit-il leur être opposé?*

R. Non, en aucun cas, 1022. (P. C. I, 30.)

D. *Ceux qui ont été parties dans ce jugement peuvent-ils se pourvoir pour le faire annuller, réformer ou rétracter?*

R. Oui ; ils peuvent se pourvoir par trois voies :

1°. La demande en nullité ,

2°. L'appel,

3°. La requête civile.

D. *Quand peuvent-ils demander la nullité ?*

R. En sept cas :

1°. Si le jugement a été rendu sans compromis;

2°. S'il l'a été hors des termes du compromis;

3°. Si le compromis étoit nul;

4°. S'il étoit expiré;

5°. Si le jugement n'a été rendu que par quelques arbitres non autorisés à juger en l'absence des autres.

6°. S'il l'a été par un tiers, sans en avoir conféré avec les arbitres partagés;

7°. Enfin s'il a été prononcé sur choses non demandées, 1028.

Parce que, dans tous ces cas, ceux qui ont jugé, ou n'étoient pas arbitres, ou ne l'étoient plus, ou n'ont pas rempli les conditions qui leur étoient imposées pour pouvoir exercer cette fonction.

D. *Où se pourvoit-on pour annuller le jugement?*

R. Au tribunal par le président duquel a été rendue l'ordonnance d'exécution, 1028.

D. *Comment se pourvoit-on?*

R. En formant opposition à cette ordonnance, et demandant la nullité de l'acte qualifié *jugement arbitral*, 1028.

D. *Si cet acte est annullé, que devient le différend jugé par cet acte?*

R. Il est considéré comme s'il n'avoit pas été jugé, et peut être porté au tribunal auquel il peut l'être quand il n'y a pas d'arbitrage. (P. C. I, 31 et 32.)

D. *Quand peut-on se pourvoir par appel?*

R. Quand le jugement n'est pas en dernier ressort, qu'il lèse une des parties, et que celle-ci ne se trouve point dans un des sept cas ci-dessus; car, dans ces cas, il n'est pas besoin de se pourvoir par appel, 1028.

D. *Où est porté cet appel?*

R. Au tribunal supérieur de celui qu'ont remplacé les arbitres.

Si donc la connoissance du différend appartenoit à un juge de paix, les arbitres ayant remplacé ce juge, l'appel sera porté au tribunal de première instance, supérieur de ce juge.

Si elle appartenoit au tribunal de première instance, les arbitres ayant prononcé en place de ce tribunal, l'appel a lieu devant la cour royale, à laquelle ressortit ce tribunal, 1034. (P. C. I, 31.)

V. au surplus partie IV, où il sera traité de l'appel.

D. Dans quels délais, formes et cas peut-on se pourvoir en requête civile ?

R. Dans les délais, formes et cas désignés pour les jugemens des tribunaux ordinaires, 1026. (P. C. I, 31.)

V. au surplus, partie IV, où il sera traité de la requête civile.

D. Peut-on se pourvoir par opposition, si le jugement est par défaut ?

R. Non, dans aucun cas il n'y est sujet , 1016. (P. C. I, 27.)

V. au surplus, partie IV, où il sera traité de l'opposition.

D. Peut-on se pourvoir en cassation, si le jugement est en dernier ressort ?

R. Non; il ne pourra y avoir recours en cassation que contre les jugemens des tribunaux rendus, soit sur requête civile, soit sur appel d'un jugement arbitral, 1028.

V. au surplus, partie IV, où il sera traité de la cassation.

D. Pourquoi ne peut-on pas se pourvoir en cassation contre un jugement en dernier ressort rendu par les arbitres, tandis qu'on le pourroit, si le jugement étoit rendu par un tribunal ?

R. On ne peut se pourvoir en cassation contre le jugement d'un tribunal, que parce qu'il viole la loi.

Et on ne le peut contre les jugemens arbitraux, parce que ou les arbitres avoient le pouvoir de juger comme les tribunaux, ou ils pouvoient décider comme amiables compositeurs.

Au premier cas, s'ils ont violé la loi, leur jugement est rendu hors des termes du compromis; on peut attaquer leur jugement par voie de nullité, comme on a vu ci-dessus : ainsi, la cassation a dû être refusée.

Au deuxième cas, s'ils se sont écartés de la loi, ils

en avoient le pouvoir, comme amiables compositeurs : leur décision est plutôt une transaction qu'un jugement ; et l'on ne se pourvoit en cassation que contre les jugemens.

§. IV.

Du Préliminaire de conciliation.

D. Qu'est-ce que le préliminaire de conciliation ?

R. C'est une tentative que le juge de paix fait, pour concilier les parties avant de plaider, afin de leur éviter les inconvéniens des procès.

D. Que fait-on pour amener les parties devant ce juge à l'effet de les concilier ?

R. Les parties peuvent s'y présenter volontairement.

Si elles ne le font pas, celui qui veut former la demande, doit, avant de l'intenter, appeler son adversaire en conciliation, 48.

D. Quelle peine encourroit-il, s'il formoit sa demande sans avoir rempli cette formalité ?

R. Sa demande seroit déclarée non-recevable, 48 ; et il ne pourroit la former de nouveau, qu'il n'eût rempli le préliminaire de conciliation.

D. Est-on obligé d'essayer cette conciliation avant toute demande ?

R. Il faut :

1º. Que la demande soit *principale*, 48, c'est-à-dire, la première à l'égard de celui contre qui elle est dirigée. Ainsi, celles qui sont formées pendant le cours du procès, n'y sont pas sujettes ;

2º. Que cette demande soit *introductive d'instance*, 48. Ainsi, celle qu'on forme pendant le procès, contre une personne qui n'y étoit point encore partie, n'y est point sujette, parce que le procès étoit déjà *introduit;*

3º. Que cette demande soit portée au tribunal de première instance, 48 ;

4°. Que les parties soient capables de transiger, *id.* ;

5°. Que l'objet de la demande puisse être la matière d'une transaction, *id.*, c'est-à-dire, qu'il n'intéresse pas l'ordre public. (P. C. I, 33 et 34.)

D. Les demandes qui intéressent l'État, le domaine, les communes, les établissemens publics, les mineurs, les interdits, les curateurs aux successions vacantes, sont-elles assujéties à ce préliminaire ?

R. Non, 49, 1°. Parce que ces personnes ne peuvent transiger, et par conséquent se concilier, ou ne le peuvent qu'après une autorisation coûteuse et longue à obtenir, et que, s'il falloit l'attendre pour le préliminaire de conciliation, celui qui voudroit former la demande seroit trop long-temps arrêté pour former une réclamation qui peut être juste. (P. C. I, 35).

D. Les demandes qui requièrent célérité, sont-elles soumises à cette épreuve ?

R. Non, 49, 2°. Parce qu'il est souvent important de statuer promptement, et que, pendant le temps qu'il faut donner au préliminaire, les choses pourroient péricliter. (P. C. I, 35).

D. Les demandes en matière de commerce doivent-elles être précédées de ce préliminaire ?

R. Non, 49, 3°. Parce que les affaires de commerce exigent célérité (P. C. I; 36).

D. Dans les affaires qui ne sont pas dispensées de l'épreuve de la conciliation, est-on obligé de recourir à cette épreuve, quel que soit le nombre des parties que l'on veut poursuivre ?

R. Non; les demandes formées contre plus de deux parties, encore qu'elles aient le même intérêt, sont dispensées du préliminaire, 49, 6°. parce qu'il est difficile de concilier plus de deux personnes. (P. C. I, 36.)

Nota. Il y en a encore d'autres, dont on parlera à mesure qu'elles se présenteront.

D. Devant quel juge de paix doit-on citer en conciliation, en matière personnelle ou réelle ?

R. Devant celui du domicile du défendeur, et s'il y

en a deux, devant le juge de l'un d'eux, au choix du demandeur, 50, 2°. (P. C. I, 39.)

D. *Devant quel juge, en matière de société autre que celle de commerce ?*

R. Devant le juge du lieu où elle est établie, *idem.* 2°. (P. C. I, 39.)

D. *Devant quel juge, en matière de succession ?*

R. Devant le juge du lieu où la succession est ouverte, dans les trois cas suivans :

1°. Sur les demandes entre héritiers, jusqu'au *partage* inclusivement ;

2°. Sur les demandes formées par les créanciers, avant le partage ;

3°. Sur les demandes relatives à l'exécution des dispositions à cause de mort (comme celles en délivrance de legs, etc.), jusqu'au jugement définitif, 50, 3°.

D. *Pour les demandes formées après le partage ; dans les deux premiers cas, et après le jugement définitif, dans le troisième, devant qui cite-t-on en conciliation ?*

R. L'action étant nécessairement personnelle ou réelle, ou l'une et l'autre à la fois, on rentre alors dans la règle générale posée ci-dessus, qui veut que l'on cite devant le juge du défendeur, et s'il y a deux défendeurs, devant le juge de l'un d'eux, au choix du demandeur. (P. C. I, 39 et 40.)

D. *Doit-on donner un délai au défendeur, pour se présenter en conciliation ?*

R. Oui, afin qu'il voie si la demande est fondée ou non, pour s'y soumettre dans le premier cas, et s'y refuser dans le second.

D. *Quel est ce délai ?*

R. De trois jours au moins, 51, augmenté d'un jour à raison de trois myriamètres de distance, 1033. (P. C. I, 41.)

D. *Par qui le défendeur doit-il être cité ?*

R. Par un huissier de sa justice de paix, 52.

D. *Que doit énoncer la citation ?*

R. Sommairement l'objet de la conciliation, 52, afin que le défendeur sache ce qu'on veut lui demander, et sur quels motifs on se fonde, pour qu'il voie s'il doit accorder ou refuser. (P. C. I, 40.)

D. *Les parties doivent-elles comparoître en personne ?*

R. Oui; cependant, en cas d'empêchement, elles peuvent se faire représenter par un fondé de pouvoir, 53. (P. C. I, 42.)

D. *Si les parties comparoissent, que peut faire le demandeur, si sa demande a besoin d'explication ?*

R. Il peut l'expliquer, 54, si elle ne l'est pas suffisamment par la citation.

D. *Peut-il l'augmenter ?*

R. Oui, 54 ; si, par exemple, il a omis de réclamer des dommages-intérêts ou autres *accessoires* à sa demande, il peut les demander : mais il ne pourroit réclamer des objets qui seroient étrangers, sauf à citer de nouveau en conciliation; parce que le défendeur, ne s'y attendant pas, n'a pu se préparer soit pour se concilier, soit pour se refuser à la conciliation. (P. C. I, 43.)

D. *Et le défendeur, de son côté, peut-il former des demandes ?*

R. Oui, il peut former celles qu'il jugera convenables, 54 ; pourvu qu'elles aient trait à la demande à diriger contre lui, ou soient la défense à cette demande; par exemple, si on lui demande un prêt, et qu'il y ait compensation, il pourra l'opposer. (P. C. I, 43.)

D. *Si les parties ne s'accordent pas, que doit contenir le procès-verbal ?*

R. Il fera sommairement mention que les parties n'on pu s'accorder, 54, sans autres détails, pour ne pas rendre le procès-verbal long et coûteux.

D. *Et si les parties s'arrangent, que doit contenir ce procès-verbal ?*

R. Il doit contenir les conditions de l'arrangement, 54. (P. C. I, 43.)

D. *Quelle force ont les conventions insérées au pro-cès-verbal?*

R. Elles ont force d'obligation privée, *idem*, c'est-à-dire qu'elles ne donnent ni l'exécution ni hypothèque. Si donc le débiteur refuse ensuite d'exécuter son obligation, on ne peut l'y contraindre en vertu de ce procès-verbal, comme on le pourroit en vertu d'une obligation devant notaire ; il faut obtenir un jugement. Si l'acte contenoit stipulation d'hypothèque, cette stipulation n'auroit aucun effet, parce qu'elle ne peut se consentir que par acte notarié. C. C. 2127.

D. *Pourquoi le législateur a-t-il refusé l'exécution et l'hypothèque aux conventions passées en concilia-tion ?*

R. Afin qu'on ne violât pas les attributions des notaires ; ce qu'on auroit pu faire en feignant une contestation prête à naître et en allant se concilier, sur cette prétendue contestation, devant un juge de paix. (P. C. I, 43.)

D. *Si l'une des parties n'a pas de preuve, et que l'autre nie, le juge de paix peut-il déférer le serment à celle-ci?*

R. Non, parce que, n'étant pas juge, mais simple conciliateur, il ne peut pas ordonner.

Mais si l'une des parties défère le serment à l'autre, ce juge le recevra, ou fera mention du refus de le prêter, 55 ; car il n'ordonne rien ; il ne fait que constater, comme conciliateur, ce qui se passe entre les parties. (P. C. I, 44.)

D. *Si l'une des parties ne comparoît pas, comment le constate-t-on ?*

R. On ne dresse pas de procès-verbal, mais on fait mention de la non-comparution sur le registre du greffe de la justice de paix, et sur l'original ou sur la copie de la citation en conciliation, 58.

D. *A quelle peine est condamnée la partie non-com-parante ?*

R. A une amende de 10 fr., et l'audience lui est refusée, jusqu'à ce qu'elle ait justifié de la quittance, 56. (P. C. I, 41 et 42.)

D. *Quels effets produit la citation en conciliation?*

R. Elle en produit deux :

Le premier est d'interrompre la prescription,

Le second, de faire courir les intérêts;

Le tout pourvu que la demande soit formée dans le mois, à dater du jour de la non-comparution ou de la non-conciliation, 57. (P. C. I, 45 et 46.)

LIVRE II.

Des Règles générales de la Procédure.

D. *De combien de parties principales se compose la Procédure?*

R. De cinq parties principales : 1°. la demande ; 2°. l'instruction ; 3°. le jugement ; 4°. les voies à prendre contre le jugement ; 5°. enfin l'exécution du jugement.

Cette partie est divisée en six chapitres.

Il est des *cas où il* n'est pas *nécessaire de former une demande, ni d'obtenir un jugement, et où l'on peut contraindre son débiteur à payer, comme si l'on avoit un jugement;* on les verra dans le chapitre premier.

Supposé que celui qui veut demander ne soit pas dans ces cas, et soit obligé de former une demande et d'obtenir un jugement, on dira, chapitre II, *à quel tribunal il doit s'adresser.*

Sous le IIIe, on dira *par qui le défendeur doit être averti* de se présenter à ce tribunal.

Sous le IVe, on exposera les *délais qu'à le défendeur pour se présenter,* et avant lesquels on ne peut le condamner : mais comme ces délais sont longs, suivant les circonstances, et que le demandeur seroit quelquefois exposé, par ces longueurs, à perdre ce qu'il veut demander, on verra aussi les cas où il peut, après un bref délai, obtenir promptement une décision qui obvie à ces inconvéniens.

Sous le Ve, on verra les *cas où le titre du demandeur étant privé, ne produit pas hypothèque,*

PARTIE Ire.

DE LA DEMANDE.

———

I. Cas où elle n'est pas nécessaire , et où l'on peut contraindre le débiteur, comme s'il étoit condamné , p. 25 - 29.

II. Hors ces cas , il faut former une demande.

On verra
- 1°. A quel tribunal elle doit être portée , p. 29 – 33.
- 2°. Par qui elle doit être notifiée , p. 33 - 55.
- 3°. Les délais donnés à l'assigné pour se défendre ; quand peuvent être abrégés , p. 36 - 41.
- 4°. Ce qu'il faut faire quand le titre est privé , pour obtenir hypothèque avant la condamnation ; p. 41 - 43.
- 5°. Les formalités de la demande , p. 44 - 46.
- 6°. Les effets de la demande , p. 46.

et ce qu'il doit faire pour en obtenir une promptement, en attendant le jugement.

Sous le VIe, enfin, on exposera les *principales formalités de la demande, et ses effets*.

CHAPITRE PREMIER.

Cas où il n'est pas nécessaire de former une demande, ni d'obtenir un jugement, et où l'on peut contraindre un débiteur, comme s'il étoit condamné.

D. *Est-il nécessaire d'obtenir un jugement pour forcer son adversaire à remettre ce qu'on prétend qu'il doit?*

R. Oui : telle est la règle générale.

Mais il y a exception à cette règle, lorsque l'on est créancier en vertu d'une convention exécutoire.

D. *Quand une convention est-elle exécutoire?*

R. Lorsqu'elle réunit les cinq conditions suivantes :

1°. Qu'elle est *authentique* ;

2°. Que l'expédition est *en forme exécutoire* ;

3°. Que la créance est *certaine* ;

4°. Qu'elle est *liquide* ;

5°. Enfin qu'elle est *exigible*, 551.

D. *Qu'entendez-vous par convention authentique?*

R. On entend une convention reçue par un officier public compétent, ayant le droit d'instrumenter dans le lieu où elle a été rédigée, avec les solemnités requises, C. C. 1317. Ainsi, les notaires étant les seuls officiers compétens pour recevoir les conventions, les conventions passées devant eux sont authentiques.

D. *Quand l'expédition est-elle* en forme exécutoire?

R. Lorsqu'elle est intitulée du nom du Roi et terminée par un mandement que le Souverain adresse aux huissiers d'exécuter l'acte, au ministère public d'y tenir la main, et à la force publique d'y prêter main forte. (P. C. I. 64.)

D. Quand la créance est-elle certaine?

R. Lorsqu'il résulte clairement de l'acte qu'il y a une créance, et qu'elle n'est pas douteuse, par exemple, si je reconnois vous devoir une somme de 1000 f. : mais, si je reconnois vous devoir un compte, la créance n'est pas certaine; car il est possible qu'après le compte rendu, je ne vous doive rien, parce que j'ai employé ou remis ce que j'ai reçu, et que même je sois votre créancier.

D. Quand la créance est-elle liquide?

R. Lorsque le montant de la créance est fixé en argent, par exemple, à la somme de 1000 fr., ou choses quelconques, par exemple, à telle mesure de blé, vin, denrées ou autres choses.

D. Si la créance étoit certaine, mais non liquide, l'acte ne seroit donc pas exécutoire?

R. Non; ainsi, je ne pourrois vous contraindre en vertu d'un acte par lequel vous reconnaîtriez me devoir des dommages-intérêts que nous fixerons par la suite, ou qui le seront par des tiers : parce que, tant qu'il n'est pas déterminé, par nous ou ces tiers, qu'elle somme vous me devez, vous n'êtes point en retard de me payer; et que l'on ne peut poursuivre que ceux qui sont en retard.

D. Si la créance est liquide en argent, peut-on faire vendre les biens du débiteur?

R. Oui, parce qu'il est vraiment en retard de payer.

D. En est-il de même si elle est liquide en espèce, par exemple, s'il doit dix mesures de blé ou de vin?

R. On peut saisir les biens, 551, pour empêcher le débiteur de les détourner ou d'en disposer au préjudice de ses créanciers; mais après cette saisie, qui assure le droit du créancier, il est sursis à toutes poursuites ultérieures (c'est-à-dire à la vente), jusqu'à ce que l'appréciation de la créance ait été faite, 551, en argent; parce que le débiteur, pouvant n'avoir pas des choses de l'espèce qu'il doit, par exemple, du blé, du vin, etc., est reçu à en donner la valeur en argent; et tant que cette valeur n'est pas déterminée, il n'est pas en retard de la fournir, et l'on ne pourroit, sans une injustice criante, vendre ses biens pour payer la somme qu'il ne connoît pas encore. (P. C. I, 65 et 66.)

D. *Quand la créance est-elle exigible?*

R. Lorsque le terme est échu, ou, si la créance est conditionnelle, quand l'événement est arrivé.

D. *Lorsque la convention est exécutoire, il n'est donc pas nécessaire d'obtenir un jugement?*

R. Non, cela n'est pas nécessaire; on peut contraindre en vertu de l'acte, comme si l'on avoit un jugement.

(Cependant, si cet acte ne portoit pas convention d'ypothèque ou d'intérêts, il faudroit assigner en paiement, et obtenir jugement pour avoir cette hypothèque et ces intérêts; mais on pourroit, en vertu de l'acte, contraindre le débiteur pour le principal de la créance, sans attendre le jugement qui accordera cette hypothèque et ces intérêts.)

D. *Si l'acte, au lieu de porter obligation de payer une somme ou une chose, portoit obligation de faire une chose, comme de bâtir une maison, ou de souffrir une chose, par exemple, un passage, seroit-il exécutoire sans jugement?*

R. Non.

D. *Pourquoi cette différence entre les cas où il s'agit de l'obligation de payer une somme ou délivrer une chose, et ceux où il s'agit de faire ou souffrir une chose? Pourquoi, dans le premier cas, peut-on contraindre l'obligé de plano, à exécuter l'acte, et ne le peut-on pas dans le second.*

R. C'est que, quand il s'agit du paiement d'une somme ou d'une chose, le créancier ne pouvant y parvenir, en cas de refus du débiteur, qu'en faisant vendre les biens de celui-ci, pour se faire payer sur le prix,

les lois ont pu régler, et ont réglé en effet une marche
uniforme pour parvenir à cette vente ; et, dès qu'elles
l'ont fait, il n'est besoin que de suivre la route qu'indique la loi, sans recourir au juge. Mais, lorsqu'il s'a-
git d'autres cas, par exemple, de celui qu'on vient de
citer, les lois n'ayant pas réglé la manière d'exécuter
l'acte, parce qu'elles n'ont pu prévoir tous les cas, ni
entrer dans le détail des différentes circonstances, il
faut s'adresser au juge auquel les lois ont abandonné
le soin d'ordonner l'exécution des actes contenant ces
cas, après avoir entendu les parties, afin qu'il pût régler
cette exécution sur les motifs du refus et la nature de
l'affaire. (P. C. I, 66.)

*D. Celui qui s'est obligé, par un acte privé, de
payer une somme ou chose fixe, peut-il y être contraint sans jugement ? Par exemple, le débiteur peut-il
de plano, être contraint à payer le montant de son
billet ?*

R. Non, quand même il s'y seroit soumis expressément ; il faut en faire ordonner l'exécution par le
juge.

*D. Pourquoi cette différence du titre privé, d'avec
le titre authentique, qui peut être exécuté, dans ce cas,
de plano ?*

R. Elle est fondée sur deux raisons : la première,
parce que le titre authentique étant certifié véritable
par l'officier qui l'a reçu, lequel est neutre dans l'affaire, et a la confiance de la justice, la foi lui est
due, quand même celui qui s'y seroit obligé le dénieroit : il n'en est pas de même du titre privé ; personne n'attestant que la signature qui est au bas, est
celle de la personne à qui on l'attribue, et que l'on
dit s'être engagée par cet acte, on ne peut pas en
croire sur sa parole celui qui se dit créancier en
vertu de cet acte ; parce qu'il a intérêt de le dire, et
que la justice ne doit ajouter foi au témoignage d'une
personne, que lorsqu'il n'est motivé d'aucun intérêt
particulier. La seconde raison pour laquelle on peut

exécuter *de plano*, un acte authentique, tandis qu'on ne le peut à l'égard d'un acte privé, c'est que, pour contraindre, il faut employer la force publique, c'est-à-dire, les officiers établis pour exécuter les volontés de la justice, lesquels ne peuvent agir qu'en vertu de l'ordre de la justice ; ordre que porte un acte authentique, et que ne contient pas un acte privé. (P. C. I, 68.)

D. *Puisqu'on ne peut exécuter* de plano *un acte privé, que faut-il faire pour obtenir ce qu'il donne droit de prétendre ?*

R. Il faut assigner celui qui l'a souscrit, devant le juge, qui, après s'être assuré que c'est lui qui l'a signé, le condamne à l'exécuter s'il est convenable ; et ordonne à ceux qui sont établis pour exécuter les ordres de la justice, de l'y contraindre, s'il le refuse.

D. *N'y a-t-il pas quelques formalités à remplir avant d'assigner, pour voir ordonner l'exécution de cet acte ?*

R. Oui : il faut le faire enregistrer.

D. *Qu'est-ce que l'enregistrement ?*

R. C'est une insertion de l'acte, que l'on fait faire par extrait, dans des registres tenus par un homme public, desquels registres les feuillets sont cottés et paraphés par premier et dernier : l'objet de cette formalité est d'empêcher les antidates et les faussetés. (C. P. I, 69.)

CHAPITRE II.

A quel tribunal doit être portée la demande ?

D. *E*N *combien de parties ou branches, l'administration de la justice civile est-elle divisée ?*

R. En deux branches : la première connoît des

affaires civiles proprement dites ; la seconde, des affaires de commmerce.

D. *A quels tribunaux sont portées les affaires civiles ?*

R. Il y en a qui le sont aux juges de paix ; les autres
le sont aux tribunaux de première instance.

D. *Quelles affaires en général porte-t-on devant les
juges de paix ?*

R. 1°. Les affaires purement personnelles et mobi-
liaires, jusqu'à 100 fr. ;

2°. D'autres affaires dont l'objet peut excéder cette
valeur, et qui sont désignées par les lois, comme les
actions possessoires et plusieurs dont le détail seroit
trop long ici. (P. C. I, 103.)

D. *Quelles affaires porte-t-on aux tribunaux de première instance ?*

R. 1°. Les appels des jugemens de juges de paix ;
2°. Toutes les affaires civiles qui n'appartiennent
pas aux juges de paix. (P. C. I, 103.)

D. *A quels tribunaux sont portées les affaires de
commerce ?*

R. Au tribunal de commerce, et s'il n'y en a pas
dans le lieu, au tribunal de première instance. (P. C.
I, 104.)

D. *Peut-on se pourvoir par appel contre les jugemens
des juges de paix, de première instance, et de commerce, s'ils sont incompétens, irréguliers ou injustes ?*

R. Oui ; on peut se pourvoir aux tribunaux de première instance, pour les jugemens des juges de paix
seulement, quand leur objet excède 50 fr. ;

Et aux Cours Royales, pour les jugemens des tribunaux de première instance et de commerce, quand
ils jugent au-delà de 1000 fr.

D. *Les tribunaux civils jugeant sur l'appel des
juges de paix, et les Cours Royales jugeant sur l'appel des tribunaux civils, décident-ils en dernier ressort ?*

R. Oui : cependant, si leurs jugemens contiennent

une contravention aux lois, on peut se pourvoir à la cour de cassation, laquelle, s'il y a contravention, casse l'arrêt ou le jugement, et renvoie l'affaire à une autre cour ou tribunal, pour y être jugée de nouveau.

Il en est de même des jugemens civils, et de ceux de commerce, quand ils jugent en première instance et en dernier ressort, jusqu'à 1000 fr.

D. Actuellement que j'ai une idée de la distribution de l'administration de la justice, à quel tribunal doit-on porter la demande ?

R. Pour déterminer ce tribunal, il faut poser trois règles :

1°. On doit porter la demande à la branche d'administration à laquelle elle est attribuée ;

2°. Parmi les tribunaux de cette branche, on doit choisir celui du défendeur ;

3°. Enfin, on doit observer les degrés de juridiction.

D. Expliquez-moi la première règle, Que l'on doit porter la demande à la branche à laquelle elle est attribuée.

R. Les affaires se divisent en deux classes, civiles et commerciales : on doit porter les premières, soit aux juges de paix, soit aux tribunaux civils, suivant les cas ci-dessus, et les secondes, aux tribunaux de commerce. (P. C. I, 105.)

D. Expliquez-moi la seconde règle, Qu'on doit porter la demande au juge du défendeur.

R. Elle signifie que l'on doit assigner le défendeur devant le tribunal de son domicile, et s'il n'a pas de domicile, devant celui de sa résidence, 59.

D. S'il n'a ni domicile, ni résidence, comme les vagabonds, devant quel juge le cite-t-on ?

R. On le cite devant le juge du demandeur.

D. S'il y a plusieurs défendeurs, les cite-t-on chacun devant son juge ?

R. Non ; car, quoiqu'il s'agisse d'un même objet, comme cet objet pourroit être envisagé différemment par chacun des juges, ils pourroient le décider, l'un d'une manière, et l'autre d'une autre. Pour éviter cet inconvénient, et celui de la multiplicité des procès, la demande doit être portée devant un seul juge; et l'on prend celui de l'un des deux défendeurs, au choix du demandeur, 59.

D. *La règle qu'on doit assigner devant le juge du défendeur, ne subit-elle pas des exceptions?*

R. Oui; il y a des cas où l'on n'assigne pas devant le juge du défendeur.

D. *En matière réelle, devant quel juge?*

R. Devant celui de la situation de l'objet litigieux, 59.

D. *En matière mixte?*

R. Devant celui de la situation de l'objet, ou devant celui du domicile du défendeur, 59, au choix du demandeur.

D. *En matière de société?*

R. Tant que cette société existe, devant le juge du lieu où elle est établie, 59, c'est-à-dire, où elle a le siège de ses affaires.

D· *En matière de succession?*

R. Toujours devant le juge de la succession, c'est-à-dire, celui du domicile du défunt, dans les trois cas suivans :

1°. Pour les demandes entre héritiers, jusqu'au partage inclusivement, 59;

2°. Pour les demandes intentées par les créanciers du défunt, avant le partage, 59;

3°. Pour les demandes relatives à l'exécution des dispositions à cause de mort (comme celles en délivrance de legs), jusqu'au jugement définitif, (par exemple, celui de délivrance), 59.

D. *Si la demande est formée après le partage ou le jugement, où doit-elle être portée?*

R. On rentre dans la règle générale; c'est-à-dire, qu'on assigne devant le juge du défendeur.

D. En cas d'élection de domicile pour l'exécution d'un acte, devant quel juge assigne-t-on ?

R. Devant celui du domicile élu, ou devant celui du domicile réel du défendeur, 59, au choix du demandeur.

D. N'y a-t-il pas d'autres cas, où l'on n'assigne pas devant le juge du défendeur ?

R. Oui ; comme en garantie et autres matières, 59 : mais on les verra quand on parlera de ces matières. (P. C. I, 105 - 108.)

D. Que signifie la troisième règle, Qu'il faut observer les degrés de juridiction ?

R. Elle signifie qu'une demande doit être portée au premier juge, avant de l'être au tribunal chargé de reviser sur appel, la décision de ce premier juge. Si, par exemple, une affaire doit être décidée par le juge de paix, sauf l'appel au tribunal civil, on doit d'abord la porter à ce juge ; et elle ne peut l'être devant le tribunal civil, qu'autant que ce juge a statué et qu'on demande la réformation de son jugement. (P. C. I, 109.)

CHAPITRE III.

Par quel officier doit être notifiée la demande ?

D. Quand une personne croit devoir réclamer le secours de la justice, que fait-elle pour l'obtenir ?

R. Comme on ne peut juger personne sans l'avoir entendu, le réclamant fait avertir celui dont il croit avoir à se plaindre, de se présenter devant le juge, pour répondre à la demande qu'il forme contre lui, et proposer ses raisons contre, s'il en a.

D. Cet avertissement se donne-t-il par le réclamant lui-même ?

R. Non ; car il pourroit, pour surprendre un jugement injuste, ne pas avertir son adversaire, et dire cependant à la justice qu'il l'a fait.

D. Par qui se donne cet avertissement ?

R. Par un homme préposé par la justice à cet effet, appellé *huissier*, lequel, n'ayant été reçu qu'après avoir fait serment de s'acquitter fidèlement de ses fonctions, est cru losqu'il atteste les avoir remplies.

D. Comment l'huissier avertit-il la partie de venir devant le juge ?

R. En remettant à sa personne ou à son domicile, copie de la demande ou réclamation que l'on fait contre cette partie.

D. Il ne l'avertit donc pas verbalement ?

R. Non ; car l'assigné pourroit oublier tout ou partie de ce qu'on lui demanderoit, ou donner aux expressions qu'emploieroit l'huissier, un sens différent de celui qu'elles auroient ; c'est pourquoi on a établi que cet avertissement seroit redigé et donné par ecrit, afin que la partie ne pût se tromper, et pût préparer sa défense en conséquence.

D. Si l'assigné ne se présente pas devant le juge, le réclamant peut-il demander à celui-ci de décider l'affaire, quoique son adversaire soit absent ?

R. Oui ; car il ne doit pas souffrir de la négligence, ni de la mauvaise foi de son adversaire qui, s'il ne pouvoit être condamné qu'après s'être présenté, ne se présenteroit jamais, et rendroit par-là illusoire l'établissement des tribunaux.

D. Le réclamant doit-il prouver qu'il a averti son adversaire, pour que le juge puisse décider ?

R. Oui ; et il le prouve en représentant l'original de l'avertissement que l'huissier lui a remis, et par lequel ce dernier atteste en avoir donné copie à l'autre partie.

D. Comment appelle-t-on en justice cet avertissement ?

R. On l'appelle *ajournement*, parce qu'il désigne un *jour* auquel la partie doit se présenter devant le juge ; on l'appelle encore plus souvent *assignation*, parce qu'il *assigne* le délai dans lequel cette partie doit répondre devant le juge.

D. Cet avertissement , qu'on appelle aussi exploit, *peut-il être donné par tout huissier ?*

R. Il faut, pour qu'un huissier puisse le donner et faire tous les actes de sa profession, qu'il réunisse les trois conditions suivantes :

1°. Qu'il ait droit d'instrumenter dans le lieu où il signifie l'acte ; ainsi, un huissier de Versailles ne pourroit instrumenter à Paris ;

2°. Qu'il soit capable d'exploiter pour la personne qui l'en requiert : ainsi, il ne le peut pour ses parens et alliés et ceux de sa femme, en ligne directe à l'infini, ni pour ses parens et alliés collatéraux jusqu'au degré de cousin issu de germain inclusivement ; le tout à peine de nullité, 66 : parce que le témoignage qu'il donneroit en leur faveur contre leur adversaire, seroit suspect.

3°. Que l'huissier ait caractère pour signifier l'acte. Règle générale : un huissier peut signifier tous les actes de son ministère, dans l'étendue du tribunal auquel il est attaché ; mais il y a des exceptions : par exemple, les significations d'avoué à avoué ne peuvent être faites que par les huissiers audienciers (arrêté du 10 août 1800, 22 thermidor an 8) art. 7 ; les huissiers à la cour de cassation ont le droit exclusif d'instrumenter dans les affaires de cette cour, dans le lieu où elle siége. (P. C. I, 110.)

3.

CHAPITRE IV.

*Des Délais donnés au Défendeur pour se présenter :
Cas où ils peuvent étre abrégés.*

D. Quel délai a le défendeur pour se présenter
sur l'assignation?

R. Ce délai diffère, suivant qu'il demeure sur le
continent de la France, ou qu'il demeure hors du continent.

D. *Quel est ce délai quand il demeure sur le continent?*

R. Il est de huitaine, 72 : on ne compte pas le jour
de la signification, ni ce:ui de l'échéance ; et ce délai
est augmenté d'un jour, à raison de 3 myriamètres de
distance, 1o33, entre le domicile de l'assigné et le lieu
où siège le tribunal.

D. *Quel est ce délai quand le défendeur demeure
hors du continent?*

R. Il est :

1°. Pour ceux demeurant en Corse, en Angleterre
et dans les états limitrophes de la France, de deux
mois ;

2°. Pour ceux demeurant dans les autres états de
l'Europe, de quatre mois;

3°. Pour ceux demeurant hors de l'Europe, en deçà
du cap de Bonne-Espérance, de six mois.

Et pour ceux demeurant au-delà, d'un an, 73.

D. *Quel est le délai, quand une personne, qui demeure hors de la France, est trouvée en France, et
qu'une assignation est donnée à sa personne, en France?*

R. Elle n'a que les délais ordinaires ci-dessus, sauf
au tribunal à les prolonger, s'il y a lieu, 74, par

exemple, pour faire venir des titres et pièces de son domile.

D. Après le délai donné à l'assigné, peut-on obtenir de suite un jugement contre lui?

R. Oui, s'il ne constitue pas un avoué pour le représenter.

D. Et s'il en constitue un, quand peut-on obtenir un jugement?

R. Il faut distinguer :

Dans les affaires simples qu'on appelle *sommaires*, on le peut après le délai échu, 405.

Mais dans les autres affaires plus composées, qu'on appelle *non-sommaires*, le défendeur a encore quinzaine, du jour qu'il a constitué avoué, pour signifier ses défenses, 77.

D. Pendant ces délais, même les plus courts, l'objet de la demande peut péricliter (par exemple, si j'ai prêté ma voiture à quelqu'un, qu'il ne veuille pas me la rendre, quoique j'en aie besoin pour un voyage, si je suis obligé d'attendre ces délais, je pourrai souffrir un grand dommage); n'y a-t-il pas moyen, pour y obvier, d'obtenir plutôt un jugement?

R. Oui. D'abord la demande qu'on veut former, requérant célérité, est dispensée du préliminaire de la conciliation, 49.

Ensuite, on peut assigner à bref délai, 72.

D. Devant qui et à quel délai peut-on assigner dans ces cas d'urgence?

R. Cela varie, suivant que l'urgence est plus ou moins pressante; car on en distingue de trois sortes : l'urgence très-pressante, l'urgence pressante, et l'urgence ordinaire.

D. Donnez-moi des exemples d'urgence très-pressante?

R. Celui où j'ai besoin *sur-le-champ*, pour un voyage ou autre cause, de la voiture que j'ai prêtée; ceux où le moindre retard pourroit exposer à perdre l'objet.

D. Que doit-on faire pour obtenir promptement un jugement dans ce cas ?

R. On adresse au président ou juge qui le représente, une requête pour avoir permission d'assigner l'adversaire à bref délai ;

Si le cas requiert célérité, ce magistrat permet d'assigner à son hôtel, à heure indiquée, même les jours de fêtes légales ;

Et, pour éviter les surprises, l'assignation est donnée par un huissier que ce magistrat commet, 808.

D. Que peut-on ordonner sur cette assignation ?

R. Le juge ne peut statuer que provisoirement ? son ordonnance ne fait aucun préjudice au principal, 809 : par exemple, dans l'espèce ci-dessus, il pourra ordonner que, par provision, la voiture me sera remise ; mais cela n'empêchera pas que l'affaire ne prenne ensuite le cours ordinaire de la justice : ainsi, j'assignerai le défendeur pour voir dire que la remise provisoire restera défmitive ; sur cette demande, il aura le délai ordinaire pour se défendre ; on plaidera de nouveau ; et si, cette fois, il prouve que la voiture lui appartient ou qu'il doit la garder à un titre quelconque, je serai condamné à la lui rendre.

D. Comment peut-il se faire que, pour la même affaire, on rende ainsi deux jugemens si contraires ?

R. C'est que lors du premier, souvent le juge n'a pas de preuve suffisante ; et, comme l'objet est urgent, il est forcé de statuer d'après des *présomptions* qui sont quelquefois trompeuses : mais lors du deuxième, l'affaire ayant subi les lenteurs ordinaires, la justice a pu, par les différentes voies d'instruction, acquérir des *preuves* qui détruisent ces présomptions, et juger le contraire de ce qui avoit été décidé en premier lieu.

D. Mais il me semble que la nécessité de recourir ainsi à deux décisions dans la même affaire, est sujette à inconvéniens ; car si, par exemple dans l'espèce, ayant obtenu la voiture par le premier jugement, je suis forcé par le deuxième à la rendre , que je l'aie soustraite et sois insolvable , celui qui aura le deuxième jugement , aura un titre vain et illusoire ?

R. Pour obvier à cet inconvénient, le juge peut dire que son ordonnance ou jugement ne sera exécutoire qu'en donnant caution : ainsi, il pourra, en m'accordant la voiture, ne le faire qu'à la charge par moi de donner caution de la rendre ou sa valeur, si on vient à l'ordonner par le deuxième jugement.

Mais si le juge n'a pas ordonné cette caution, cette ordonnance est exécutoire sans caution, 809.

D. Lorsque le juge a rendu cette ordonnance , que faire pour forcer à l'exécuter ?

R. Sur la minute qui est déposée au greffe, 810, on fait une copie qu'on appelle *expédition ,* en vertu de laquelle on contraint à exécuter l'ordonnance.

D. Mais pendant le temps employé à faire cette expédition , quelque court qu'il soit , celui qui est condamné , pourroit rendre l'ordonnance inutile ; par exemple , si l'objet est mobilier , le soustraire , comme dans l'espèce ci-dessus , en détournant la voiture ; que faire pour obvier à cet inconvénient ?

R. Dans les cas d'absolue nécessité, le juge pourra ordonner l'exécution de son ordonnance sur la minute, 881.

D. Si cette ordonnance est par défaut , le condamné peut-il y former opposition ?

R. Non, elle n'en est pas susceptible, 809.

D. Le condamné , soit contradictoirement , soit par défaut , peut-il appeler de cette ordonnance ?

R. Il y a des cas où il ne le peut pas, et d'autres où il le peut.

D. Dans quel cas , ne le peut-il pas ?

R. C'est l'orsque la valeur de l'objet est de 1000 fr. ou moindre (arg. de 809), comme si, par exemple, je demande la remise provisoire d'un dépôt de cette somme.

D. Dans quel cas peut-on appeler ?

R. C'est lorsque la valeur excède cette somme ou n'est pas fixée.

D. Dans ces cas, peut-on appeler sur-le-champ ?

R. Oui, à cause de l'urgence; on n'est pas obligé d'attendre la huitaine, 809, comme la loi y oblige à l'égard d'autres jugemens dont le condamné ne peut appeler avant huitaine, afin qu'il réfléchisse sur les suites de l'appel, et ne se livre pas aux mouvemens de sa passion.

D. Dans quel délai doit-on appeler ?

R. Dans la quinzaine de la signification du jugement, après laquelle l'appel n'est plus recevable, 809.

D. L'appel suspend-t-il l'exécution ?

R. Non, l'ordonnance est exécutoire par provision, 809.

D. Quand y a-t-il urgence pressante ?

R. Lorsqu'il n'est pas instant de prononcer *sur-le champ*, mais que l'on peut attendre jusqu'au jour auquel une audience établie pour les cas d'urgence se tient par le président du tribunal, aux jours et heure indiqués par le tribunal, 807; on l'appelle : *Audience des Référés.*

D. Donnez-moi un exemple ?

R. Dans l'espèce de la voiture prêtée, je n'ai pas besoin de la voiture sur-le-champ, mais seulement dans trois jours; et avant ce temps-là, il se tiendra une audience des référés.

D. Que doit-on faire en ce deuxième cas, pour obtenir promptement une décision ?

R. On assigne à l'audience des référés pour voir statuer provisoirement.

Sur ce que l'on peut ordonner après cette assignation et les suites, appliquez ce qu'on a dit; *premier Cas.*

D. Quand y a-t-il urgence ordinaire ?

R. C'est lorsqu'il n'est pas instant de prononcer sur-le-champ, ni même d'aller à l'audience des référés, mais que l'on ne peut cependant attendre le délai de huitaine ou autre délai des assignations : dans ces cas, qui requièrent célérité, le président peut, par ordonnance sur requête, permettre d'assigner à l'audience du tribunal, à bref délai, 72, par exemple ; à un, deux, trois jours.

D. *Donnez-moi un exemple ?*

R. Tel est le cas où quelqu'un sur qui il a été formé des oppositions, veut en avoir promptement main-levée provisoire.

Sur les suites de la demande, appliquez ce qu'on a dit, *premier Cas.* (P. C. I, 111—117.)

CHAPITRE V.

Du Cas où le titre du Demandeur est privé, ne produit par conséquent pas hypothèque, et de ce qu'il faut faire pour en obtenir une avant la condamnation.

D. U*N titre privé, comme un billet, produit-il hypothèque ?*

R. Non, quand même il en contiendroit la convention ; parce que l'hypothèque conventionnelle ne peut être consentie que par acte devant notaires. (C. C, 2127.)

D. *Que faut-il donc faire pour obtenir hypothèque, si la créance est échue ?*

R. Il faut obtenir la condamnation de cette créance.

D. *Après quels délais peut-on l'obtenir, et par suite prendre inscription ?*

R. Il faut vingt-six jours au moins ? (1)

____

(1) Il faut d'abord le délai du préliminaire de conciliation (si ce préliminaire est nécessaire), lequel est de cinq jours au moins, puisque le jour de la citation et celui de l'échéance

D. Mais, pendant ces délais, le débiteur peut aliéner ses immeubles ou les couvrir tellement d'hypothèques, qu'il n'y ait plus de place pour asseoir l'inscription; que peut faire le créancier pour obvier à cet inconvénient en obtenant plus promptement hypothèque?

R. Il peut, sans observer le préliminaire de conciliation, 49, 70, asssigner à trois jours, sans permission du juge, pour avoir acte de la reconnoissance ou pour faire tenir l'écrit pour reconnu, 193. (P. C. I., 37.)

D. Que faire, si le défendeur ne comparoît pas?

R. Il sera donné défaut, et l'écrit sera tenu pour être recomnu, 194.

D. Quand le créancier pourra-t-il prendre inscription si le défendeur ne comparoît pas?

R. Supposons l'assignation donnée le 1er. février, le délai est de cinq jours (puisque les jours de l'assi-

---

ne sont pas comptés, et qu'outre ces deux jours il doit y en avoir trois, ci.................................... **5 jours.**

2°. Supposé que la citation ait été donnée le premier février, et que la non-conciliation soit du 5, qui est le plus tôt; l'assignation sera donnée le 6 : si le délai est le délai ordinaire de huitaine, il est de dix jours, puisque le jour de l'assignation et celui de l'échéance ne sont pas comptés, ci. **10 jours.**

3°. Le délai, dans l'espèce, échéant le 16 février, si le défendeur ne comparoît pas, on ne pourra obtenir le jugement que le 17 février : en supposant qu'il soit signifié le 18, le condamné a huitaine pour former opposition : le délai commence du lendemain 19, et finit le 26; en tout... **10 jours.**

TOTAL...... **25 jours.**

Ainsi, le créancier ne pourra prendre inscription que le 27, car, suivant l'art. 155, un jugement par défaut ne peut être exécuté avant la huitaine de l'opposition.

Et si le délai de la conciliation est de plus de trois jours, et celui de l'assignation de plus de huitaine, on ne pourra prendre inscription qu'après un temps encore plus long.

gnation et de l'échéance ne sont pas comptés), il pourra obtenir le jugement le 5 ; s'il est signifié le 6, d'après le calcul ci-dessus, le créancier pourra prendre inscription le 15 février, s'il n'y a pas d'opposition.

D. Que faire, si le défendeur reconnoît l'écrit ?

R. Le jugement en donnera acte au demandeur, 194, et il pourra prendre sur-le-champ inscription.

D. A la charge de qui, dans ce cas, sont les frais relatifs à la reconnoissance ?

R. Suivant l'art. 193 du Code de Procédure, ils sont à la charge du demandeur, ainsi que ceux de l'enregistrement de l'écrit ; mais la loi du 3 septembre 1807, art. 2, porte qu'ils sont supportés par le débiteur, lorsqu'il a refusé de se libérer après l'échéance ou l'exigibilité de la dette.

D. Que fait-on si le défendeur dénie l'écrit, lorsqu'il lui est attribué, ou se borne à le méconnoître, lorsqu'il est attribué, à un tiers ?

R. On en ordonne la vérification, par titres, par experts et par témoins, 195 ; voie d'instruction qui sera développée, PARTIE II, *de l'instruction.*

D. Dans ce cas, quand peut-on prendre inscription ?

R. On ne le peut qu'après que cette vérification est faite, et lorsqu'il est intervenu jugement qui a déclaré que l'écrit est de celui à qui il est attribué. Et comme cette vérification peut être longue à se faire, il est possible qu'on soit long-temps à y parvenir : mais on seroit tombé dans le même inconvénient si l'on n'eût pas demandé la reconnoissance, et que l'on se fût borné à demander la condamnation ; puisque le défendeur auroit pu également dénier ou méconnoître, et que l'on auroit toujours essuyé les longueurs d'une vérification. (P. C. I, 117 - 121.)

CHAPITRE VI.

Des principales Formalités de la Demande ;
Effets de la Demande.

Des principales Formalités.

D. QUELLES *sont les principales formalités que l'on doit observer dans la demande ?*

R. La loi en exige dix, à peine de nullité :

1º. L'énonciation de la date, des jour, mois, et an, 61, 1º. : observant que l'exploit ne peut être donné un jour de fête légale, si ce n'est en vertu de permission du président du tribunal, 63 ;

2º. Les nom, profession et domicile du demandeur, 61, 1º. ;

3º. La constitution de l'avoué qui occupera pour lui, 61, 1º. : la loi exige que, dans les tribunaux de première instance et les Cours Royales, les plaideurs se fassent défendre par les avoués, et leur interdit de se défendre eux-mêmes ;

4º. Les nom, demeure et immatricule (1) de l'huissier, 61, 2º. afin qu'on voie s'il a caractère pour faire l'acte, et qu'on puisse le trouver s'il a prévariqué ;

5º. Les nom et demeure du défendeur, 61, 2º. ;

6º. L'objet et l'exposé sommaire des moyens de la demande, 61, 3º ; sans la désignation desquels le défendeur, ne sachant ce qu'on lui demande, ni pourquoi on lui demande, ne pourroit se défendre ;

7º. L'indication du tribunal qui doit connoître de la demande, 61, 4º. ;

---

(1) C'est-à-dire, la désignation du tribunal près duquel il exerce ses fonctions.

8°. Le délai pour comparoître, *idem ;*

9°. Qu'il soit laissé copie de l'assignation, et qu'on fasse mention de la personne à laquelle elle sera laissée, 61, 2°. ;

10°. Enfin, s'il y a eu préliminaire de conciliation, qu'il soit donné copie du procès-verbal de non-conciliation ou de la mention de la non-comparution, 65, des parties.

D. Si l'on n'avoit pas donné copie des pièces sur lesquelles la demande est fondée, y auroit-il nullité ?

R. Non : mais si le défendeur demandoit copie, celles que le demandeur seroit tenu de donner dans le cours de l'instance, n'entreroient point en taxe, 65.

D. Où doit être remis, à peine de nullité, l'avertissement contenant toutes ces formalités ?

R. Il doit l'être au défendeur même, ou à son domicile, 68, ou à sa résidence, s'il n'a pas de domicile, 69, 8°.

D. Et, si on ne lui connoît ni domicile ni résidence ?

R. L'exploit est affiché à la principale porte du tribunal où la demande est portée, et copie donnée au procureur du Roi, 69, 8°.

D. Où l'exploit est-il remis quand le défendeur habite hors de la france continentale, soit sur le territoire françois, soit chez l'étranger ?

R. Au domicile du procureur du Roi près le tribunal de la demande, lequel enverra la copie, au premier cas, au ministre de la marine ; au second, à celui des affaires étrangères, *idem.*

D. Où doit être donné cet avertissement quand la demande est formée contre le Roi, pour ses domaines ?

R. Suivant l'art. 69, 4°., il doit l'être au procureur du Roi de l'arrondissement ; mais une loi du 8 novembre 1814, art. 14, ayant établi que les domaines seroient administrés par le ministre de la maison du Roi, ou, sous ses ordres, par un intendant, et que les actions à la charge du Roi, seroient dirigées contre ce ministre ou cet intendant, l'assignation doit être remise à la personne ou au domicile de ce fonctionnaire.

D. *A qui doit-être remis l'exploit, quand l'action est dirigée contre l'Etat, pour domaine et droits domaniaux?*

R. A la personne ou au domicile du préfet du département où siège le tribunal de la demande, 69, 1°.

D. *A qui, si l'on assigne le trésor public?*

R. A la personne ou au bureau de l'agent, 69, 2°.,

D. *A qui, si l'on agit contre les administrations ou établissemens publics ?*

R. Aux bureaux de l'administration, dans le lieu où réside le siège de cette administration : dans les autres lieux, à la personne ou au bureau du préposé, 69, 3°.

D. *A qui, si l'on actionne une commune ?*

R. Au maire, ou à son domicile.

Mais à Paris, où il y a plusieurs maires, l'exploit est remis à la personne ou au domicile du préfet, 69, 5°. (P. C. 124 — 129, aux notes.)

D. *Pendant combien de temps peut-on former une demande ?*

R. Dans la règle générale, on a trente ans, du jour que l'objet est dû : C. C. 2262. Si donc Pierre a emprunté le 1er. juillet 1783, 300 fr. de Paul, celui-ci doit les demander avant le premier juillet 1813; sinon, l'objet est perdu pour lui. Les lois ont ainsi donné une durée aux actions, parce que, pendant cette longue durée, l'objet peut avoir été payé, et la quittance égarée, et que d'ailleurs si les actions étoient éternelles, il n'y auroit personne qui ne pût, après un siècle, être troublé dans sa propriété, les titres pouvant facilement se perdre. Il y a des actions qui s'éteignent par un moindre espace.

D. *On doit former sa demande dans les trente ans, et si l'on ne le fait pas, on perd son droit : mais il est facile d'éluder cette règle, en faisant dater l'assignation par un huissier peu scrupuleux, d'une date antérieure à l'expiration de trente ans : de plus on feroit courir les intérêts d'une époque antérieure à la véritable ?*

R. Ces inconvéniens subsistoient autrefois, mais les lois y ont remédié en assujétissant tous les huissiers à faire enregistrer leurs actes dans les quatre jours qu'ils ont été faits, dans un registre tenu à cet effet, et dont les feuillets sont cotés et paraphés. Ces actes doivent être enregistrés de suite, et l'on ne doit laisser dans le registre aucun blanc. On met sur l'acte le jour de cet enregistrement ; sans cette formalité, l'acte seroit nul. Au moyen de quoi, il n'est plus possible d'antidater, ni par conséquent de faire revivre une créance ou faire courir les intérêts d'une époque plus reculée. (P. C. I., 125, aux notes.)

Des effets de la demande.

D. Quels effets produit la demande ?
R. Elle en produit deux.

Le premier est d'interrompre la prescription, C. C. 2144, quand elle ne l'a pas été par une citation en conciliation ; ce qui arrive, quand la demande n'est pas précédée du préliminaire de conciliation, ou n'a pas été formée dans le mois, à dater du jour de la non-comparution ou de la non-conciliation.

Le deuxième, de faire courir les fruits et intérêts. C. de Proc. 57. (P. C. I, 125.)

PARTIE II.

De l'Instruction.

PRÉLIMINAIRE.

D. *Que doit faire celui qui est assigné ?*

R. S'il trouve la demande juste, il doit offrir ce qu'elle contient, et les frais de l'assignation.

D. *S'il la trouve injuste, et ne veut pas s'y soumettre, que doit-il faire ?*

R. Il doit se présenter sur cette demande devant le juge, et proposer ses raisons pour la faire rejeter.

D. *Quand doit-il se présenter ?*

R. Il le doit dans les délais établis par la loi, et qui sont plus ou moins longs, suivant la nature de l'affaire, et son éloignement du lieu où se tient le tribunal devant lequel il est poursuivi.

D. *Peut-il se présenter lui-même pour se défendre ?*

R. Les parties peuvent se défendre elles-mêmes ; mais les avoués ont seuls le droit de postuler et de prendre des conclusions. Loi du 27 pluviose an 8.

D. *Pourquoi a-t-on exigé que les plaideurs se fissent défendre par les avoués, au lieu de leur permettre de se défendre eux-mêmes ?*

R. Par plusieurs raisons : parce que la malice humaine ayant forcé le législateur de multiplier les règles de la procédure, même d'en faire un art, et les particuliers ignorant ces règles, il a fallu, pour les garantir des écueils où leur présomption pourroit les faire donner, les obliger à se faire défendre par des gens qui connoissent ces règles, comme doivent l'être les avoués. D'ailleurs, la chaleur qui anime ordinairement les

PARTIE II.

DE L'INSTRUCTION.

plaideurs, pourroit les porter à se livrer l'un contre l'autre, à des excès qu'on évite, en les forçant de recourir à des tiers qui se passionnent moins ordinairement, et qui sont contenus dans les bornes de l'honnêteté, par la crainte d'être privés de leur état.

D. Que fait une partie, pour mettre son avoué en état de la défendre ?

R. Elle lui remet la copie de la demande formée contre elle, avec des titres, s'il y en a, et des instructions verbales ou écrites, s'il en est besoin.

D. Le demandeur est-il aussi obligé de se faire représenter par un avoué ?

R. Oui, comme l'assigné, et par les mêmes raisons.

D. Comment l'avoué que charge l'assigné, fait-il connoître qu'il est chargé de la défense de celui-ci ?

R. En le signifiant à l'avoué du demandeur, par un acte, par lequel il déclare qu'il est chargé de la défense de cet assigné.

On dira, titre Ier, les *moyens que* les parties peuvent proposer sur la demande, le défendeur pour la repousser, le demandeur pour la faire maintenir.

Il ne suffit pas de présenter ses moyens ; il faut les prouver : si les parties ont les preuves en leur possession, elles doivent les produire ; on verra sous le titre II, *comment elles doivent le faire.*

Si elles n'ont pas de preuves, le juge ne rejette pas pour cela leurs prétentions, mais il prend les *voies d'instruction* qu'il estime propres à éclairer sa religion ; on les expliquera sous le titre III.

Pendant l'instruction, il peut survenir des *incidens* qui en arrêtent la marche : on les exposera sous le titre IV.

Enfin, l'instruction finit non-seulement par son complément, mais encore par d'autres causes ; on verra, titre V, *comment finit l'instruction.*

4

TITRE PREMIER.

Des Moyens que les Parties peuvent employer sur la demande.

D. **Q**UELLES *sont les raisons que l'assigné peut employer contre la demande formée contre lui ?*

R. Elles se divisent en deux classes ; la première est des exceptions ; la seconde, des moyens au fond.

CHAPITRE PREMIER.

Des Exceptions.

D. **Q**U'EST-CE *que les exceptions ?*

R. Ce sont des raisons par lesquelles on prouve que, sans considérer si la demande est, ou a été bien fondée, elle doit être rejetée ou suspendue pour un temps, ou rejetée pour toujours.

D. Par quels moyens peut-on rejeter une demande, sans examiner si elle est bien fondée ? Cela paroit contraire aux règles de la justice , qui ne permettent pas de rejeter une prétention , sans examiner si elle est juste ou injuste

R. Il y a cependant nombre de cas où cela se peut ; mais on ne peut les faire connoître, sans spécifier les différentes sortes d'exceptions.

D. Combien y a-t-il de sortes d'exceptions ?

R. Il y en a quatre :

1°. Les exceptions *déclinatoires ,* par lesquelles

on demande que l'affaire soit renvoyée à un autre tri-bunal, pour incompétence, connexité ou litispen-dance. Si l'affaire est renvoyée à un autre tribunal, on n'examine pas si elle est juste ou injuste ; on la renvoie à ce tribunal pour l'examiner et la juger.

2º. Les exceptions *péremptoires relatives à la forme de la demande*, par lesquelles on requiert que cette demande soit proscrite, pour n'avoir pas été dirigée régulièrement ; sauf au demandeur à la for-mer de nouveau, mais régulièrement. Si la demande est irrégulière, on n'examine pas si elle est juste ou injuste : on remet à faire cet examen après que la demande aura été formée régulièrement.

3º. Les exceptions *dilatoires*, par lesquelles on demande qu'il soit accordé un délai pour défendre à la demande, dans certains cas désignés par la loi, où la défense actuelle est impossible. Si la demande d'un délai est fondée, on remet à examiner cette demande après l'expiration du délai ; l'assigné ne pouvant se défendre actuellement.

4º. Enfin, les exceptions *relatives*, non pas à la forme de l'action, mais *à l'action même*, abstraction faite de la forme ; par lesquelles on soutient que cette action, si elle a existé, n'existe plus ; qu'ainsi, il est inutile d'examiner si elle étoit fondée. Si l'action n'existe plus, il est inutile d'examiner si elle étoit fondée, puisque, quand cela seroit, il faudroit tou-jours la rejeter au moyen de ce qu'elle est éteinte.

On verra, ensuite, que ces quatre exceptions doivent, en général, être présentées dans cet ordre, sans pouvoir l'intervertir ; et que proposer la deuxième, c'est renoncer à la première, et ainsi de suite. (P. C. I, 135 - 137).

SECTION PREMIÈRE.

Des Exceptions déclinatoires.

D. Qu'est-ce que le déclinatoire en général?
R. C'est la demande qu'une partie, qui prétend être traduite mal à propos devant un tribunal, fait pour être renvoyée devant un autre tribunal qu'elle soutient seul compétent.
D. Combien y a-t-il de sortes de déclinatoires?
R. Il y en a deux:
Le déclinatoire proprement dit;
Et le réglement de juges.

Du Déclinatoire proprement dit.

D. Qu'est-ce que l'exception déclinatoire?
R. C'est celle par laquelle une partie appelée devant un tribunal autre que celui qui doit connoître de la contestation, demande à ce tribunal son renvoi devant les juges qui doivent la décider, 168.
D. Pour quelles causes peut-on demander ce renvoi?
R. Pour trois; incompétence, connexité et litispendance.
D. Quand y a-t-il incompétence?
R. Dans deux cas principaux:
Le premier, quand le tribunal n'a pas reçu du prince le pouvoir de juger sur la matière qui fait le sujet de la demande portée devant lui; par exemple, lorsqu'on porte une affaire civile devant les juges de commerce: l'incompétence s'appelle *réelle*.
Le deuxième, quand ce tribunal est compétent pour connoître de la matière en elle-même, mais que l'assigné a le droit de faire juger par un autre tribunal, parce qu'il est domicilié dans le ressort de celui-ci, ou pour autre cause. L'incompétence, étant relative à la personne, s'appelle *personnelle*.
D. Peut-on proposer l'incompétence en tout état de

cause, c'est-à-dire, après avoir proposé une exception ultérieure, ou défendu au fond?

R. Il faut distinguer :

Si l'incompétence est personnelle, elle doit être proposée préalablement à toutes autres exceptions et défenses, 169. Comme elle n'est établie qu'en faveur de la personne, et pour son intérêt, et que chacun peut renoncer à son droit, elle est censée le faire, et elle ne peut plus revenir sur ses pas, si elle a répondu a la demande, soit en proposant une exception ultérieure, soit en défendant au fond.

Mais si l'incompétence est réelle, comme elle est établie dans l'intérêt public, qui ne permet pas qu'un juge statue sur une matière pour laquelle le prince ne lui a donné aucun pouvoir, et que l'on ne peut, par son fait, nuire à l'ordre public, on peut revenir sur ses pas et demander le renvoi en tout état de cause : le tribunal devroit même, d'office, l'ordonner, s'il n'étoit pas demandé, 170.

D. Quand y a-t-il lieu à demander le renvoi pour connexité ?

R. C'est lorsque la demande est connexe à une cause déjà pendante en un autre tribunal, 171. Exemple : Je vous ai vendu, moyennant 4000 fr., une maison à Versailles valant 12000 fr., sans vous la délivrer. Vous m'assignez à Versailles en délivrance de la maison et remise des titres. Je puis demander à Versailles la rescision du contrat pour lésion de plus des sept douzièmes, et faire rejeter par-là votre demande. Au lieu de vous opposer cette lésion à Versailles, je vous assigne à Paris où vous demeurez, à fin de rescision pour lésion. Vous pourrez à Paris demander le renvoi à Versailles de la demande en rescision, comme connexe à celle que vous avez formée pour avoir l'exécution du contrat, et pour être jointe à celle-ci, attendu l'influence qu'a l'une sur l'autre ; car, si la lésion existe, le contrat est annullé, et il n'y a pas lieu à poursuivre son exécution. (P. C. I, 145.

D. Quand y a-t-il lieu à demander le renvoi pour litispendance?

R. C'est lorsqu'il a été formé précédemment, en un autre tribunal, une demande pour le même objet, 171, entre les mêmes parties et sur les mêmes moyens; comme si, après vous avoir demandé le paiement d'un billet à Versailles, je le demandois une deuxième fois à Paris. (P. C. 1, 147.)

D. Quelle que soit la cause sur laquelle on fonde le déclinatoire, les juges peuvent-ils le joindre au fond, pour statuer sur les deux en même temps?

R. Non ; il faut avant tout juger le déclinatoire, sans le réserver ni joindre au principal, 172 : car, si le déclinatoire est fondé, le tribunal ne peut, en aucune manière, connoître de l'affaire; il doit la renvoyer au tribunal à qui elle appartient.

D. Qu'ordonne le juge, si le déclinatoire est bien fondé?

R. Il renvoie les parties devant le juge qui doit connoître de l'affaire, et devant qui elle auroit dû d'abord être portée, et condamne celui qui a assigné, aux dépens du déclinatoire : par exemple, si un habitant de Meaux a mal-à-propos été assigné devant le tribunal de la Seine, et qu'il demande son renvoi devant les juges de Meaux, on le lui accordera, et le demandeur sera condamné aux dépens.

D. Qu'ordonne le juge, si le déclinatoire est mal fondé?

R. Il rejette le déclinatoire, ordonne que les parties plaideront devant lui, et condamne l'assigné aux dépens occasionnés par le déclinatoire. (P. C. I, 138 - 140 et 144.)

Du Réglement de Juges.

D. Quand y a-t-il lieu à demander le réglement de juges?

R. C'est lorsqu'un différend est porté à deux ou plusieurs juges, 363, non par une seule partie, comme dans le cas du déclinatoire proprement dit , mais par toutes les parties ou plusieurs d'elles. Exemple ; Une succession nous est échue ; la demande en partage doit être portée au tribunal du domicile du défunt. Vous m'assignez en partage à Paris, parce que vous prétendez que le défunt y étoit domicilié : moi, au contraire, je soutiens que le défunt habitoit Versailles, et je vous y assigne ; les deux tribunaux ne pouvant connoître à la fois tous les deux de l'affaire, il faut, avant d'aller plus loin, faire déterminer par une autorité supérieure lequel gardera l'affaire.

D. A quelle autorité s'adresse-t-on pour faire régler le juge qui connoîtra le différend?

R. Au tribunal supérieur de ceux auxquels est porté le différend.

1°. Si donc il l'est à deux ou plusieurs juges de paix ressortissant du même tribunal, on s'adresse à ce tribunal ;

Si ces juges relèvent de tribunaux différens, on s'adresse à la cour royale ;

Si ces tribunaux ne relèvent pas de la même cour, le réglement se demande à la cour de cassation.

2o. Si le différend est porté à deux ou à plusieurs tribunaux de première instance ressortissant de la même cour royale, le réglement sera porté à cette cour : il sera porté à la cour de cassation, si les tribunaux ne ressortissent pas tous de la même cour royale, ou si le conflit existe entre une ou plusieurs cours, 363.

D. Comment demande-t-on le réglement?

R. La partie la plus diligente présente à cette autorité une requête à laquelle on joint les demandes formées dans les différens tribunaux, 364.

D. Cette autorité détermine-t-elle sur la requête de cette partie, lequel des tribunaux restera saisi de l'affaire?

R. Non, elle ordonne que l'autre partie sera assignée en réglement de juges, 364; afin qu'elle puisse proposer ses raisons pour prouver que l'affaire doit rester au tribunal qu'elle a saisi.

D. Quand doit-on assigner en réglement?

R. Dans la quinzaine à compter du jour du jugement, 365, qui permet d'assigner.

D. La demande en réglement de juges est-elle sujète au préliminaire de conciliation ?

R. Non, 49, 7°, elle n'est pas introductive d'instance.

D. Pendant l'instance en réglement de juges, chaque partie peut-elle poursuivre sa demande principale dans le tribunal qu'elle a saisi ?

R. Oui, à moins que le tribunal devant lequel on se pourvoit en réglement de juges, n'ait ordonné qu'il sera sursis à toutes procédures dans les tribunaux saisis, 364; ce qu'il peut faire ou ne pas faire, suivant qu'il l'estime convenable ; la loi disant seulement qu'il *pourra* ordonner le sursis.

D. Si le demandeur en réglement n'assigne pas dans la quinzaine, que résultera-t-il de cette omission?

R. Il sera déchu du réglement de juges, sans qu'il soit besoin de le faire ordonner; et les poursuites pourront être continuées, par le défendeur en réglement, devant le tribunal qu'il avoit saisi de la demande principale, 366.

D. A quoi peut être condamné le demandeur en réglement, s'il succombe ?

R. Il *peut* être condamné aux dommages-intérêts envers les autres parties, 367, si l'instance en réglement leur a nui, en retardant l'expédition de l'instance principale. (P. C. I, 140 - 143.)

SECTION II.

Des exceptions péremptoires relatives à la forme de la demande.

D. Combien y a-t-il d'exceptions péremptoires relatives à la forme de la demande ?

R. Il y en a trois :

1°. Qu'il n'y a pas eu de préliminaire de conciliation, quoique la loi l'exigeât ;

2°. Que l'adversaire n'est point comparu en conciliation ;

3°. Enfin, que la demande est nulle par vices de formes.

D. Par qui peut être proposée la première, le défaut de préliminaire ?

R. Par le défendeur qui n'a pas été cité en conciliation ; et s'il devoit l'être, le demandeur est déclaré non-recevable, 48. Mais il peut former sa demande de nouveau, en remplissant le préliminaire. (P. C. I, 151.)

D. Par qui peut être proposée la deuxième, la non-comparution ?

R. Par celui qui a comparu, soit défendeur, soit demandeur ; le défaillant est condamné à 10 fr. d'amende, et l'audience lui est refusée jusqu'à ce qu'il ait justifié de la quittance, 56. Cette exception, comme on voit, si c'est le demandeur qui a été défaillant, laisse subsister sa demande ; il en est quitte en payant l'amende. (P. C. I, 152.)

D. Par qui peut être proposée la troisième exception, les vices de forme ?

R. Par le défendeur, lorsqu'il y a, dans la demande, omission ou violation des formalités prescrites par la loi ; telles que celles désignées page 44 ; mais il faut que la loi prononce la nullité pour cette violation ; car aucun exploit ou acte de procédure ne peut être déclaré nul, si la nullité n'en est pas formellement prononcée par la loi, 1031. Si donc on avoit observé une formalité non exigée, ou s'il en avoit été omis une exigée, et que la loi ne prononçât pas la nullité, le juge, qui ne doit pas être plus sévère que la loi, ne devroit pas la prononcer. Tel seroit le cas où l'on auroit omis les prénoms des parties ou de l'huissier, dans l'exploit où la loi n'exige que les noms : Tel seroit encore celui où le demandeur auroit omis de donner copie des pièces qui fondent sa demande ; l'article 65 ne lui imposant, pour cette omission, d'autre peine que celle de donner copie à ses frais, dans le cours de l'instance, sans répétition, on ne doit pas en prononcer d'autre.

D. Quand le défendeur doit-il proposer les exceptions relatives à la forme ?

R. Il doit le faire après les exceptions déclinatoires (s'il en a à proposer et qu'elles aient été rejetées), avant toute autre exception, et à plus forte raison, avant toute défense au fond, 173.

D. Donnez-moi un exemple pour faire sentir cette nécessité de proposer d'abord des nullités, et expliquez-m'en le motif ?

R. Je suppose que Paul fasse assigner Pierre au tribunal civil, en condamnation de 500 fr. qu'il a prêtés à celui-ci : si l'assignation est nulle, parce que la demeure de Paul n'y est pas désigné, Pierre doit en demander la nullité, avant de répondre s'il doit ou non ; car les formalités de l'assignation étant établies pour constater que l'assigné a été averti de se présenter à la justice, tant qu'elles ne sont pas remplies, il n'est pas tenu de répondre à la demande, ni de déclarer s'il doit ou non.

D. Que doit donc faire l'assigné, lorsque ces formalités ne sont pas remplies ?

R. Il doit se présenter à la justice, non pour répondre à la demande, puisqu'elle n'est pas régulière ; mais pour demander qu'elle soit déclarée nulle et rejetée, sauf à son adversaire à la former de nouveau, mais régulièrement.

D. Qu'arriveroit-il, si l'assigné, au lieu de proposer cette nullité, répondoit à la demande, en déclarant qu'il doit ou ne doit pas la somme prétendue ?

R. La nullité seroit couverte, c'est-à-dire, que le défendeur ne pourroit revenir sur ses pas pour proposer cette nullité, et cela par deux raisons: 1°. parce que les formalités de la demande sont établies en sa faveur, pour l'avertir de se présenter en justice; et que, dès qu'il répond à cette demande, c'est qu'il reconnoît que, quoique toutes les formalités prescrites par la loi n'y soient pas remplies, il est néanmoins suffisamment averti de répondre, puisqu'il le fait : 2°. Parce que, si on pouvoit opposer ces nullités jusqu'à la fin, un assigné qui seroit de mauvaise foi, et qui verroit une nullité dans sa copie d'assignation, ne la proposeroit qu'à la fin, quand il se verroit près de succomber, afin de reculer par là sa condamnation.

D. Qu'ordonne le juge, s'il y a, dans la demande, une nullité qui soit proposée à temps ?

R. Il déclare cette demande nulle et condamne aux dépens le demandeur, lequel est obligé de la renouveler.

D. S'il n'y a pas de nullité, et que cependant l'assigné prétende qu'il y en a une, qu'ordonne le juge ?

R. Il rejette la prétention de cet assigné, et lui ordonne de répondre à la demande; et si celui-ci n'y répond pas, il le condamne à acquitter cette demande, quand elle est juste. (P. C. I, 148 - 151.)

SECTION III.

Des Exceptions dilatoires.

D. Qu'est-ce que les exceptions dilatoires ?

R. C'est la demande par laquelle l'assigné requiert qu'on lui accorde un délai pour répondre à l'assignation, attendu qu'il ne peut y répondre pour le moment.

D. Pourquoi les appele-t-on dilatoires?

R. Du latin *dilatorius*, qui tend a *différer* la contestation, et par conséquent le jugement.

D. En quels cas peut-on proposer des exceptions dilatoires?

R. En quatre cas principaux :

1°. Quand un étranger ayant formé une demande, le défendeur exige qu'avant de passer à la discussion de cette demande, cet étranger donne caution de payer les frais et dommages-intérêts auxquels il pourra être condamné, s'il succombe ;

2°. Quand un présomptif héritier, ou une femme qui a été en communauté de biens, sont poursuivis, étant encore dans les délais pour faire l'inventaire et délibérer ;

3°. Quand le défendeur a un garant ;

4°. Enfin, quand une partie demande communication des pièces de son adversaire.

I. De l'Exception de Caution à fournir par l'Etranger demandeur.

D. Tout demandeur étranger est-il tenu de donner cette caution?

R. Oui, en général ; soit qu'il soit demandeur principal, 166, comme lorsqu'il forme la demande introductive d'instance ; soit qu'il soit demandeur intervenant, *id.*, comme lorsqu'il intervient dans une cause, non pas pour soutenir le défendeur, mais pour soutenir le demandeur principal, ou demander en son nom une condamnation contre les deux parties, ou l'une d'elles. (P. C. I, 158.)

D. Vous dites qu'il est tenu en général de donner caution, est-ce qu'il y a des cas où il ne l'est pas?

R. Oui, il y en a quatre.

1°. En matière de commerce, C. C. 16. C. P. 423.

2º. Si l'étranger a été admis par le gouvernement à établir son domicile en France ; parce qu'alors il y jouit des droit civils, tant qu'il y réside, C. C. 13.

3º. Si l'étranger est sujet d'un gouvernement chez lequel les Français soient exempts de donner cette caution. Arg. de l'art. 11. C. C.

4º. Enfin, s'il possède en France immeubles suffisans pour assurer le paiement des frais et dommages-intérêts. C. C. 16, et Code de P. 166. (P. C. I, 158.)

D. De quoi l'étranger doit-il caution ?

R. De payer les frais et dommages-intérêts, résultant du procès, auxquels il pourra être condamné, C. C. 16, et C. P. 166. (P. C. I, 161.)

D. Est-il tenu, de plein droit, de donner cette caution, si le défendeur ne la demande pas ?

R. Non, il n'en est tenu qu'autant que le défendeur la requiert, 166 : comme elle est dans l'intérêt de celui-ci, il peut y renoncer ; et il y renonce tacitement, en proposant une exception ultérieure. (P. C. I, 160.)

D. Si l'étranger est condamné à donner caution, de quelle somme doit-il la fournir ?

R. Le juge fixe la somme jusqu'à concurrence de laquelle la caution sera fournie, 167, c'est-à-dire qu'il arbitre, par approximation, la somme à laquelle pourront monter les frais et dommages-intérêts si le demandeur succombe ; par exemple, à 600 francs.

D. Quelle sûreté l'étranger doit-il donner, du paiement de cette somme ?

R. Le demandeur doit présenter un tiers qui réponde du paiement de cette somme, *idem,*

Ou la consigner, *idem* ;

Ou justifier que ses immeubles suffisent pour en répondre, *idem.* (P. C. I, 162.)

II. De l'Exception du délai pour faire inventaire et délibérer.

D. Qu'est-ce que le délai pour faire inventaire et délibérer ?

R. C'est un délai que la loi accorde à un présomptif héritier et à une femme qui a été en communauté de biens avec son mari, pour faire faire, après le décès de l'auteur de cet héritier, ou la dissolution de la communauté, un inventaire, c'est-à-dire un état des biens de la succession ou de la communauté, afin de voir lequel vaut mieux d'accepter la succession ou communauté, ou de la répudier.

D. De combien est ce délai de faire inventaire, et de quand commence-t-il ?

R. Il est de trois mois, lesquels commencent du jour de l'ouverture de la succession ou dissolution de la communauté, 174.

D. De combien est le délai pour délibérer, et de quand commence-t-il ?

R. Il est de quarante jours, pour délibérer si l'on acceptera ou répudiera : lorsque l'inventaire a été fait avant les trois mois, les quarante jours commenceront du jour qu'il aura été achevé, *idem.*

D. Que peuvent faire l'héritier et la femme commune, poursuivis avant l'expiration des délais ?

R. Ils peuvent demander qu'il soit sursis jusqu'à cette expiration, 174. (P. C. I, 164 - 167.)

D. N'y a-t-il pas un cas où, quoique les délais soient expirés, ils peuvent encore demander le sursis ?

R. Oui, c'est lorsqu'ils justifient que l'inventaire n'a pu être fait dans les trois mois ; alors il leur est accordé un délai convenable pour le faire, et quarante jours pour délibérer ; ce qui sera réglé sommairement, 174. (P. C. I, 170.)

D. Quand l'exception du délai pour faire inventaire et délibérer, doit-elle être proposée ?

R. Avant de répondre à la demande ; car si on y

répondoit, on reconnoîtroit par-là qu'on est en état de se défendre, que par conséquent, l'on n'a pas besoin de délai pour le faire, et l'on ne pourroit plus en demander un. (P. C. I, 167.)

D. Si le demandeur prétend qu'il n'y a pas lieu à accorder ce délai, ou qu'il est expiré, qu'ordonne le juge ?

R. S'il a raison, le juge condamne celui qui a demandé le délai, aux dépens occasionnés par ses exceptions, et lui ordonne de répondre à la demande ; et s'il ne répond pas, le juge le condamne à l'acquitter, s'il la trouve juste. Mais s'il y a lieu au délai, le juge l'accorde en ordonnant qu'il sera sursis à poursuivre sur l'assignation, et condamne le demandeur aux dépens qu'il a causés en soutenant qu'il n'y avoit pas lieu à ce délai. (P. C. I, 168 - 170.)

D. Si le présomptif héritier est poursuivi après les délais de faire inventaire et délibérer, et qu'il ait renoncé, que doit-il faire ?

R. S'il a renoncé pendant ces délais ou à leur expiration, il doit en justifier ; alors il est déchargé de la demande, et les frais sont à la charge de la succession, C. C. 797.

D. S'il n'a pas renoncé dans ces délais, à quoi est-il tenu ?

R. Il est tenu de répondre à la demande, comme héritier, et condamné, si elle est fondée. Néanmoins, il conserve la faculté de faire inventaire et de se porter héritier bénéficiaire, s'il n'a pas fait d'ailleurs acte d'héritier, ou s'il n'existe pas contre lui de jugement passé en force de chose jugée qui le condamne en qualité d'héritier pur et simple, C. C. 800, et C. P. 174. (P. C. I, 163 - 171.)

III. De l'Exception du Délai pour appeler garant.

D. Qu'est-ce que la garantie ?
R. La garantie, considérée relativement à la pro-

cédure seulement, est l'obligation où est une personne de répondre envers une autre, de l'effet et des suites d'une action dirigée contre celle-ci.

D. Combien y a-t-il de sortes de garantie?

R. Il y en a deux : la *garantie simple*, et la *garantie formelle*.

D. Qu'est-ce que la garantie simple ?

R. C'est celle qui a lieu contre ceux qui sont tenus d'acquitter une personne de quelque action personnelle ; par exemple, Jean s'étant rendu ma caution envers vous, vous le poursuivez ; Jean a garantie contre moi pour m'obliger de vous payer, et l'acquitter de toutes les condamnations qu'il subira.

D. Qu'est-ce que la garantie formelle ?

R. C'est celle qui a lieu contre ceux qui sont tenus d'acquitter une personne de quelque dette ou action non personnelle à celle-ci, mais purement réelle ; par exemple celle qui a lieu en faveur d'un acquéreur, pour obliger celui qui a aliéné, à le défendre contre les actions qu'on exerce contre cet acquéreur, et qui tendent à lui ôter tout ou partie de sa propriété, ou à indemniser cet acquéreur, si cette action réussit.

D. Lorsqu'on a droit d'appeler quelqu'un en garantie, faut-il auparavant le citer en conciliation ?

R. Non, 49, 3°. (P. C. I, 36.)

D. Dans quel délai doit-on appeler en garantie?

R. Dans la huitaine du jour de la demande originaire, outre un jour par trois myriamètres, 175. Exemple : Dans l'espèce ci-dessus, vous avez assigné Jean ma caution, le premier février. A compter de votre demande, qu'on appelle *originaire*, parce qu'elle est l'*origine* du procès, Jean a huitaine pour m'appeler en garantie ; si, entre son domicile et le mien, il y a trois myriamètres de distance, ou plus, il faut ajouter un jour par chaque trois myriamètres.

D. Mais s'il y a plusieurs garans intéressés en la même garantie, et qu'ils demeurent à des distances différentes, quels seront les délais ?

R. Il n'y aura qu'un seul délai pour tous, qui sera réglé selon la distance du lieu de la demeure du plus éloigné, 175.

D. Si le garant a lui-même un garant, dans quel délai doit-il l'appeler ?

R. Dans le délai ci-dessus, à compter du jour de la demande en garantie formée contre lui, ce qui sera successivement observé à l'égard du sous-garant ultérieur, 176. (P. C. I, 172.)

D. N'y a-t-il pas un cas où le délai pour appeler garant est plus long ?

R. Oui, c'est l'orsqu'on est poursuivi en qualité d'héritier ou de femme commune, dans les délais pour faire inventaire et délibérer. Comme on n'est tenu de répondre et de défendre, qu'autant qu'on a accepté la succession ou la communauté, le délai pour appeler garant, ne commence que du jour où ceux pour faire inventaire et délibérer sont expirés, 177.

D. N'y a-t-il pas encore d'autres cas, où ce délai est prorogé ?

R. Non ; il n'y a pas d'autre délai, en quelque matière que ce soit, même sous prétexte de minorité ou autre cause privilégiée, 178.

D. Si l'on n'appelle pas en garantie, dans le délai ci-dessus, on perd donc sa garantie ?

R. Non ; on peut toujours poursuivre son garant ; mais sans que le jugement de la demande principale en soit retardé, 178. Exemple : Dans l'espèce ci-dessus, Jean, ma caution, avoit droit de m'appeler en garantie ; s'il l'eût fait dans le délai, vous n'auriez pas pu le poursuivre, que le délai de sa demande en garantie contre moi ne fût expiré, afin de me donner le temps d'arriver et de le défendre contre vous ; mais il ne l'a pas fait ; vous pouvez le poursuivre, et il ne peut vous forcer à attendre qu'il m'ait appelé en garantie, parce qu'il a négligé de m'appeler dans le temps. Le jugement de votre demande principale contre lui ne pourra être retardé; sauf à lui à me poursuivre comme garant, par une procédure séparée.

D. Si celui qui est poursuivi a appelé en garantie dans le délai, que doit-il faire contre le demandeur originaire, pour obliger celui-ci d'attendre que le garant soit arrivé, ou du moins que le délai donné à ce dernier soit expiré ?

R. Il doit, avant l'expiration du délai de la demande formée contre lui, déclarer au demandeur originaire, par acte d'avoué à avoué, qu'il a formé sa demande en garantie, 179. Exemple : Dans l'espèce ci-dessus, Jean doit vous déclarer qu'il m'a appelé en garantie.

D. Suffit-il qu'il déclare qu'il l'a fait? ne doit-il pas en justifier, en représentant l'original de sa demande en garantie ?

R. Non, il n'est pas obligé d'en justifier; parce qu'il est possible qu'on ne lui ait pas encore renvoyé cet original, surtout si le garant est éloigné; il lui suffit de déclarer qu'il a appelé; et alors il ne doit être pris aucun défaut contre lui, 179.

D. Que doit faire le défendeur, après l'échéance du délai pour appeler garant ?

R. Il doit justifier de sa demande en garantie, sinon, il sera fait droit sur la demande originaire; et il peut même être condamné à des dommages-intérêts, si la demande en garantie par lui alléguée se trouve n'avoir pas été formée, 179. (P. C. I, 174.)

D. Si le demandeur originaire soutient qu'il n'y a pas lieu au délai pour appeler garant, par exemple, parce qu'il n'y a pas de garant, ou bien que le délai est expiré, comment sera jugé l'incident ?

R. Il sera jugé sommairement, 180; c'est-à-dire qu'on devra le juger à l'audience ou tout au plus sur délibéré, sans pouvoir ordonner une instruction par écrit. (P. C. I, 175.)

D. Celui qui est assigné en garantie devant un tribunal autre que le sien, peut-il demander à être renvoyé devant son tribunal ?

R. Non, il doit procéder devant le tribunal où la demande originaire est pendante, encore qu'il dénie être garant, 181.

D. N'y a-t-il pas un cas où cette règle souffre exception ?

R. S'il paroît par écrit, ou par l'évidence du fait, que la demande originaire n'a été formée que pour traduire le garant hors de son tribunal, il y sera renvoyé, 181. (P. C. I, 176.)

D. Si celui qui est appelé en garantie formelle, se reconnoît garant, que doit-il faire sur la demande en garantie?

R. Il peut intervenir dans la contestation élevée eutre le demandeur et le défendeur originaires, et prendre le fait et cause du garanti, 182. Ainsi, dans l'espèce ci-dessus, le vendeur peut prendre le fait et cause de son acquéreur qu'il doit garantir. (P. C. I, 178.)

D. Que peut faire ensuite le garanti, par exemple l'acquéreur dont on a pris le fait et cause ?

R. Il peut demander à être mis hors de cause; mais pourvu qu'il le requière avant le premier jugement, 182 : sinon, ayant laissé rendre ce jugement sans le faire, il aurait consenti à rester partie dans le procès.

D. S'il a obtenu sa mise hors de cause, devient-il étranger au procès qui existe entre le demandeur originaire et le garant ?

R. Il peut, quoique mis hors de cause, y assister pour la conservation de ses droits, 182 ; par exemple, pour veiller à ce que son vendeur ne trahisse pas ses intérêts, en ne le défendant pas ou le défendant mal ; pour demander, en cas d'éviction, que son vendeur soit condamné à lui restituer le prix et à l'indemniser.

D. Le demandeur originaire peut-il empécher la mise hors de cause du défendeur originaire?

R. Oui, lorsqu'il y a intérêt, il peut demander que ce défendeur reste, pour la conservation des droits de lui, demandeur originaire, 182 ; par exemple, pour faire condamner ce défendeur à lui rendre les fruits depuis la demande, à l'indemniser des dégradations faites par le défendeur depuis cette demande. (P. C. I, 179 - 182.)

D. En garantie simple, le garant peut-il aussi prendre le fait et cause du garanti, et celui-ci peut-il demander sa mise hors de cause?

R. Non; le garant peut seulement intervenir, sans prendre le fait et cause du garanti, 183.

D. Pourquoi cette différence entre la garantie formelle et la garantie simple?

R. Cette différence provient de celle qui existe entre les deux garanties, comme on va le voir, par deux exemples, l'un, de garantie simple, l'autre, de garantie formelle.

Exemple de garantie simple: Paul me prête 1200 f.; vous êtes ma caution : je ne paie pas; il vous assigne; vous m'appelez en garantie; j'interviens; vous ne pouvez pas demander à être mis hors de cause; parce que l'action de Paul contre vous, provenant de votre fait, de votre engagement, on ne peut pas vous autoriser à vous y soustraire, en vous mettant hors de cause : vous devez être condamné à payer, sauf votre recours contre moi.

Exemple de garantie formelle : Je vous vends un bien : Paul le réclame contre vous; vous m'appelez en garantie; j'interviens pour vous soutenir; vous pouvez demander à être mis hors de cause; parce que, si l'action de Paul est juste, elle n'est pas fondée sur votre fait, mais sur le mien, puisque c'est moi qui ai usurpé l'héritage; au lieu que, dans la garantie simple, l'action de Paul est fondée sur votre fait. (P. C. I, 186.)

D. La demande originaire et celle en garantie doivent-elles être jugées en même temps?

R. Il faut distinguer :

Si elles sont en état d'être jugées en même-temps, il y est fait droit conjointement, 184. Exemple : Vous avez assigné Paul ma caution; il m'a appelé en garantie ; si votre demande contre lui est claire, et actuellement en état d'être jugée, et que sa demande contre moi le soit également, on les décidera par le même jugement.

Mais si une seule demande est en état, par exemple, la demande originaire, et que celle en garantie ne le soit pas, le demandeur originaire peut faire juger sa demande séparément.

D. Que fera alors le tribunal, en statuant sur la demande originaire qui est en état ?

R. Si les deux instances ont été jointes, le jugement les disjoindra ; sauf, après le jugement sur la demande originaire, à faire droit sur la garantie, s'il y échet, 184. (P. C. I, 182 - 184.)

D. Si, en garantie formelle, le garanti a été mis hors de cause, et que son garant succombe, le jugement rendu contre celui-ci sera-t-il exécutoire contre le garanti ?

R. Oui. Exemple : Paul vous demande une maison que je vous ai vendue ; vous m'appelez en garantie ; je prends votre fait et cause ; vous obtenez la mise hors de cause ; je reste pour vous défendre ; jugement qui déclare que la maison sera restituée à Paul : ce jugement pourra être exécuté contre vous, possesseur de la maison, quoique vous ne fussiez plus en cause ; parce que vous étiez représenté par moi. Il suffira de vous signifier le jugement, soit que vous ayez été mis hors de cause, soit que vous y ayez assisté, sans qu'il soit besoin d'autre demande ni procédure, 185.

D. Cette exécution a-t-elle lieu contre le garanti, pour les dépens, dommages-intérêts ?

R. Non, la liquidation et l'exécution ne pourront en être faites que contre le garant, 185. Ainsi, dans l'espèce ci-dessus, Paul ne pourra exiger les dépens et dommages-intérêts contre vous, mais contre moi seul, votre garant ; parce que c'est par mon fait (l'usurpation du bien que j'ai commise sur lui), qu'il souffre et que la contestation est née, et non par le vôtre, puisque vous avez reçu ce bien de mes mains.

D. *N'y a-t-il pas cependant un cas où le garanti doit les dépens ?*

R. Oui, en cas d'insolvabilité du garant, et lorsque le garanti n'a pas été mis hors de cause, 185.

D. *N'y a-t-il pas aussi un cas où le garanti est passible des dommages-intérêts ?*

R. Oui; c'est lorsque le Tribunal juge qu'il y a lieu, 185. Exemple : Si, dans l'espèce ci-dessus, depuis la demande de Paul, vous aviez dégradé la maison : car vous devez répondre de votre propre fait. (P. C. I, 184.)

IV. Quand les trois Exceptions ci-dessus doivent être proposées.

D. *Quand doit-on proposer l'exception dilatoire afin de caution contre l'étranger, celle pour réclamer les délais de faire inventaire et délibérer, et celle du délai pour appeler garant ?*

R. Elles doivent l'être avant toutes défenses au fond, 186. Si donc, on défendoit au fond, on ne pourroit plus demander de délai pour défendre, puisqu'ayant défendu, on n'a plus besoin de ce délai.

D. *Si l'on a plusieurs exceptions dilatoires, peut-on les proposer successivement.*

R. Non; en général, on doit les proposer conjointement, 186. Autrement, le défendeur pourroit présenter une première exception dilatoire; puis, quand elle seroit rejetée, en offrir une seconde, et ainsi successivement, et par là, prolonger le procès à l'infini.

D. *N'y a-t-il pas cependant une exception qu'on peut proposer seule, sans que cela empêche de présenter ensuite les autres ?*

R. Oui; c'est l'exception du délai pour faire inventaire et délibérer : on peut ne proposer les autres exceptions dilatoires, qu'après l'échéance de ce délai, 187. Exemple : Mon père a acquis un bien de Paul;

vous m'assignez en délaissement de ce bien ; je puis opposer deux exceptions : celles du délai d'inventaire et de délibérer, et celle du délai pour appeler Paul garant. Je puis ne vous opposer que la première, et remettre à opposer la seconde, après l'échéance du délai pour l'inventaire et délibérer ; car ne pouvant exercer l'action en garantie, qu'autant que je suis hériter, il faut auparavant que je puisse faire faire inventaire, et délibérer si j'accepterai ou répudierai la succession. (P. C. I, 198.)

V. De l'exception dilatoire à fin de communication de Pièces.

D. Si une personne a signifié une pièce à son adversaire, celui-ci peut-il demander communication de la pièce même.

R. Oui, les parties peuvent respectivement demander, par un simple acte, communication des pièces employées contre elles, dans les trois jours où les pièces auront été employées ou signifiées, 188. (P. C. I, 192.)

D. Comment doit se faire la communication ?

R. De l'une de ces deux manières :

Ou entre avoués sur récépissé ;

Ou par dépôt au greffe, 189.

D. Lorsqu'elles se communiquent au greffe, peuvent-elles être déplacées ?

R. Les pièces ne peuvent être déplacées, si ce n'est qu'il y en ait minute ou que la partie y consente, 189 ; parce que, si elles n'étoient pas rapportées, il n'y auroit pas moyen de les remplacer par des expéditions.

D. Pendant quel délai peut-on garder en communication ?

R. Pendant le délai fixé ou par le récépissé de l'avoué, ou par le jugement qui l'aura ordonnée : s'il n'est pas fixé, il est de trois jours, 190. (P. C. I, 192.)

D. Si, après le délai, l'avoué n'a pas rétabli les

*pièces, que peut-on faire contre lui, pour l'y con-
traindre ?*

R. Il est rendu ordonnance portant qu'il sera contraint à cette remise, incontinent et par corps, même
à payer 3 fr. de dommages-intérêts à l'autre partie par
chaque jour de retard, du jour de la signification de
cette ordonnance, outre les frais de la requête et de
l'ordonnance qu'il ne peut répéter contre son consti-
tuant, 191.

*D. Faut-il appeler l'avoué pour obtenir cette con-
damnation ?*

R. Non ; on l'obtient sur simple requête et même sur
simple mémoire de la partie, 191.

*D. S'il prétend qu'il a été mal à propos condamné,
quelle voie peut-il prendre pour faire réformer le
jugement ?*

R. Il peut y former opposition, et l'incident sera
réglé sommairement, 192.

*D. S'il succombe dans cette opposition, à quoi est-
il condamné ?*

R. Il est condamné personnellement aux dépens de
l'incident, même en tels dommages-intérêts et peines
qu'il appartiendra, suivant la nature des circonstances, 192. (P. C. I, 194.)

Section IV.

Des Exceptions péremptoires contre l'action même.

*D. Qu'est-ce que les exceptions péremptoires, re-
latives à l'action même ?*

R. Ce sont celles qui ont pour objet de faire rejeter l'action en elle-même, sans examiner si elle est
bien ou mal fondée ; parce qu'elle est éteinte, ou
pour autre cause.

D. Donnez-m'en un exemple ?

R. Paul assigne Pierre à lui rendre une maison
que celui-ci possède ; si Pierre n'est pas propriétaire

de la maison, ou n'a point acquis la prescription, il répondra à la demande de Paul, en examinant si elle est bien ou mal fondée ; il demandera à Paul la communication de ses titres de propriété, et s'il en résulte que Paul n'a jamais été propriétaire, il le démontrera pour faire rejeter cette demande. Mais si Pierre a possédé assez de temps la maison, pous avoir acquis la prescription ; alors ; il n'examinera point si Paul a été, ou n'a pas été propriétaire ; il se contentera de répondre que, soit que Paul l'ait été, ou ne l'ait pas été, il ne l'est plus, parce que lui Pierre est devenu propriétaire par la prescription ; et par-là il évitera de discuter si l'action de Paul est bien ou mal fondée (P. C. I, 199 - 205.)

D. *Quand ces exceptions doivent-elles être proposées ?*

R. Elles doivent l'être, avant de défendre au fond ; par exemple, dans l'espèce que l'on vient de poser, Pierre doit proposer la prescription, sans entrer dans l'examen de la question, si Paul est propriétaire ou non ; parce que cela est inutile à examiner, puisqu'il prétend que, si Paul a été propriétaire, il a cessé de l'être par la prescription.

D. *Si l'assigné, au lieu d'opposer ces exceptions, défendoit au fond, pourroit-il, en revenant sur ses pas, opposer ces exceptions ?*

R. Il faut distinguer deux cas : le premier, lorsque c'est par erreur ou par oubli qu'il a omis de les proposer ; il peut revenir pour le faire : par exemple, lorsque Pierre a omis d'articuler un paiement et de rapporter la quittance, et a défendu contre la demande, en soutenant que la dette n'étoit due qu'en partie, il peut revenir, proposer l'exception péremptoire résultante de la quittance, et demander à être déchargé de la prétention exercée contre lui. Le second cas est, lorsque l'assigné a omis volontairement et sans erreur de proposer l'exception péremptoire ; alors, il ne peut revenir la proposer après la défense au fond ; parce que, la connoissant et ne l'employant pas, il y a renoncé, et que la justice n'admet pas de variation : par exemple, Pierre peut opposer la prescription contre la demande que Paul lui fait d'une somme, parce qu'il y a plus de trente ans que la dette est exigible ; au lieu de le faire, il défend à la demande, en soutenant qu'il ne doit qu'une partie de la somme ; il ne pourra revenir proposer la prescription, pour se dispenser de payer cette partie ; parce que la prescription est fondée sur une supposition de paiement, et que dès qu'il ne l'emploie pas, il reconnoît n'avoir pas payé. (P. C. I, 2o3.)

D. Qu'ordonne le juge , si ces exceptions sont valables et proposées à temps ?

R. Il déclare que, l'action ayant été éteinte, celui qui l'exerce, n'est plus recevable à la proposer.

D. S'il décide qu'elle n'est pas éteinte , qu'ordonne-t-il ?

R. Il rejette les exceptions péremptoires proposées par l'assigné, et lui ordonne de *défendre à la demande :* ainsi, en retenant l'espèce ci-dessus, si le juge trouve que les trente ans de possession nécessaires pour opérer la prescription, n'étoient pas accomplis, ou que la prescription n'a pas couru contre Paul, parce qu'il a été mineur une partie de ces trente ans, le juge ordonnera à Pierre de proposer ses moyens, s'il en a, pour prouver que Paul n'est pas propriétaire.

SECTION V.

Dans quel ordre les quatre espèces d'Exceptions doivent être proposées.

D. Dans quel ordre doivent être proposées les quatre espèces d'exceptions ?

R. Dans l'ordre ci-dessus, et qu'on va rappeler :

1°. Les déclinatoires ;

2°. Les péremptoires relatives seulement à la forme de la demande ;

3°. Les dilatoires ;

4°. Enfin, les péremptoires contre l'action même.

D. *A quoi s'exposeroit le défendeur qui, ayant à proposer ces quatre exceptions, en proposeroit une postérieure, et omettroit celles antérieures ?*

R. Il ne pourroit revenir sur ses pas ni par conséquent proposer l'exception antérieure.

Si donc, au lieu d'opposer le déclinatoire (1re exception), il opposoit nullité de forme (2e exception), il ne pourroit revenir au déclinatoire ; parce qu'en proposant la nullité, il a consenti que le juge connût de l'affaire et a renoncé au déclinatoire.

Si, au lieu d'opposer la nullité (2e exception), il opposoit le délai pour faire inventaire et délibérer (3e exception), il ne pourroit revenir à la nullité ; parce qu'en proposant seulement le délai, il a reconnu que la demande étoit valable, ou a renoncé du moins à en proposer la nullité, puisqu'il se borne à demander un délai pour répondre à la demande.

Si enfin, au lieu d'opposer les trois premières exceptions, il opposoit la prescription (4e exception), il ne pourroit revenir au déclinatoire, à la nullité, au délai pour se défendre ; car, dès qu'il soutient que l'action est éteinte, et demande qu'on le juge actuellement ainsi, c'est qu'il consent que le tribunal connoisse de l'affaire, qu'il renonce à la nullité de la demande et à tout délai pour y défendre.

D. *N'y a-t-il pas cependant des cas où, après avoir proposé une exception ultérieure, on peut revenir proposer l'antérieure ?*

R. Il y en a trois :

1°. Lorsque l'exception abandonnée étoit fondée sur l'intérêt public, auquel les particuliers ne peuvent nuire par leur renonciation : tel est le cas où cette exception seroit fondée sur ce que le tribunal étoit incompétent à raison de la matière ; le renvoi peut être demandé en tout état de cause, et s'il n'étoit pas demandé, le Tribunal doit renvoyer d'office, 170.

2°. Si celui qui a abandonné l'exception, étoit in-capable de le faire : par exemple, si un tuteur avoit omis d'opposer la prescription (4ᵉ exception) , et dé-fendu au fond : comme par cet anbandon, il aliéneroit indirectement le bien du mineur, et qu'il ne peut le faire de lui-même, quil doit y être autorisé, sa renon-ciation n'empêcheroit pas de revenir à la prescription.

3°. Si l'abandon de l'exception est causé par une er-reur de fait : comme si, au lieu d'opposer l'extinction de la créance (4ᵉ exception), par exemple, une quit-tance, l'assigné défendoit au fond ; il pourroit revenir et opposer la quittance ; parce qu'une personne ne pou-vant être présumée vouloir payer deux fois, on devroit croire que c'est par erreur ou par oubli qu'il a omis de proposer l'exception de la quittance. (P.C.I, 205-206.)

CHAPITRE II.

Des Moyens au fond.

D. *Qu'entend-on par* moyens au fond?

R. On entend les raisons qu'emploie l'assigné pour démontrer que la demande formée contre lui est mal *fondée* en tout ou en partie.

D. *Donnez-moi un exemple de ces moyens ?*

R. Louise est assignée par Paul en condamnation de 1000 fr. que celui-ci dit lui avoir prêtés. Louise se défend en disant que la demande est mal fondée, parce qu'elle étoit en puissance de mari, lorsque ce prêt lui a été fait, et que son mari ne l'ayant pas autorisée à emprunter, ce prêt est nul ; voila des moyens au *fond* puisqu'ils tendent à prouver que la demande est en elle-même mal *fondée.*

D. *D'où l'assigné tire-t-il ces moyens ?*

R. Des lois, lorsqu'il y en a, qui ont décidé la question qui se présente : ainsi, dans l'espèce qu'on vient de poser, la femme tire ses moyens du Code Civil, qui déclare nuls tous engagemens contractés par une femme sans l'autorisation de son mari.

D. D'où tire-t-on ces moyens , lorsque le cas dont il s'agit a échappé à la prévoyance des lois , et n'a point été décidé par elles ?

R. On les tire de la jurisprudence, c'est-à-dire, de l'usage où l'on est de juger d'une telle manière sur le cas dont il s'agit; et cet usage s'établit par une continuité de jugemens uniformes, rendus sur la même question.

D. D'où tire-t-on les moyens , lorsque le cas dont il s'agit n'est décidé ni par les lois , ni par l'usage ?

R. De la raison et de l'équité, qui dirigeroient le législateur, s'il faisoit une loi sur ce cas. (P. C. I, 206 - 209.

TITRE II.

Comment les parties doivent présenter et prouver leurs moyens.

D. COMMENT *les parties doivent-elles présenter leurs moyens ?*

R. La manière de les présenter varie suivant que l'affaire est simple ou composée.

L'affaire simple s'appelle *sommaire.*

L'affaire composée s'appelle *non sommaire* ou *ordinaire.*

D. Quelles affaires sont désignées par la loi , comme sommaires ?

R. 1°. Les appels des juges de paix;

2°. Les demandes *pures* personnelles, (c'est-à-dire celles avec lesquelles l'action réelle n'est pas mêlée,) à quelques sommes qu'elles puissent monter, quand il y a titre, *pourvu qu'il ne soit pas contesté*;

3°. Les demandes formées sans titre, lorsqu'elles n'excèdent pas 1000 fr;

4°. Les demandes provisoires ou qui requièrent célérité;

5o. Les demandes en paiement de loyers et fermages, et arrérages de rentes, 404.

D. Comment les parties présentent-elles leurs moyens dans les affaires sommaires ?

R. Par la plaidoierie à l'audience, sur un simple acte, sans autres procédures ni formalités, après les délais de la citation échus, 405. (P. D. I, 229-230.)

D. Quelles affaires sont non sommaires *ou ordinaires ?*

R. Toutes celles non désignées ci-dessus comme sommaires.

D. Comment, dans ces affaires, les parties présentent-elles leurs moyens ?

R. Le défendeur présente les siens, dans la quinzaine du jour de la constitution de son avoué, par des défenses signées de son avoué, et signifiées à celui de son adversaire, et contenant offre de communiquer les pièces à l'appui, ou à l'amiable, d'avoué à avoué, ou par la voie du greffe, 77.

D. S'il ne défend pas ainsi dans la quinzaine, que peut faire le demandeur ?

R. Le demandeur peut poursuivre l'audience sur un simple acte d'avoué à avoué, 79.

D. Lorsque le défendeur a fourni des défenses, le demandeur peut-il répondre ?

R. Oui, il peut répondre dans la huitaine, 79. Il peut aussi ne pas répondre et poursuivre l'audience, 80.

Ainsi, les défenses et réponses sont purement facultatives. (P. C. I, 233.)

D. Suffit-il aux parties de présenter leurs moyens ?

R. Elles doivent encore les justifier.

D. Comment doivent-elles les justifier ?

R. En présentant aux juges les preuves qui établissent la vérité et le fondement de ce qu'elles avancent, si elles en ont.

Des Preuves en général.

D. Combien y a-t-il de sortes de preuves que les parties puissent avoir en leur possession ?

R. Il y en a de deux sortes : celles de fait, et celles de droit.

D. Développez-moi cette division ?

R. La loi n'accorde un droit à une personne qu'en supposant un fait, ou un cas arrivé : par exemple, quand elle accorde la succession d'une personne à l'héritier, elle suppose la mort civile ou naturelle de cette personne : par conséquent, celui qui se prétend héritier, doit prouver, 1°. le décès de cette personne, qui est le fait sur lequel pose la loi ; 2°. qu'il y a une loi qui lui défère la succession dans le cas de décès.

D. Quelle sera, dans ce cas, la preuve du fait, et quelle sera la preuve du droit ?

R. La preuve du décès sera la preuve du fait, et la loi qui donne la succession à l'héritier, sera la preuve du droit.

D. Laquelle de ces deux preuves doit être administrée la première ?

R. C'est celle du fait ; puisque la loi posant sur le fait, on ne peut se servir de la loi, si ce fait n'existe point : ainsi, dans l'exemple ci-dessus, celui qui se prétend héritier, et qui demande la succession en conséquence, doit prouver d'abord que la personne dont il demande la succession, est décédée ; ce n'est qu'ensuite qu'il doit prouver que la loi lui défère la succession dans ce cas (C. P. I, 209.)

Des Preuves de Fait.

D. Combien y a-t-il de sortes de preuves de fait?

R. Deux sortes, 1°. celles qui résultent des titres et pièces souscrits par l'adversaire, ou par ceux qu'il représente, celui dont il est héritier, par exemple; 2°. celles qui résultent des aveux, consentemens et contradiction de l'adversaire dans sa défense.

D. Donnez-moi un exemple d'une preuve de fait, résultant d'un titre souscrit par une partie.

R. Pierre a souscrit au profit de Paul une obligation de 500 fr. il résulte de l'écrit, qui est le titre, une preuve de fait de cette obligation.

D. Si le titre est privé, la preuve qui en résulte est-elle aussi forte que celle qui est tirée d'un titre authentique ?

R. Il y a une différence entre ces deux espèces de titres. Un titre authentique est toujours cru en justice, jusqu'à la preuve du contraire : par exemple, Paul produit une obligation faite devant notaire, par laquelle Pierre reconnoît lui devoir 100 fr.; quand Pierre la dénieroit, ou la soutiendroit fausse, elle seroit toujours crue, à moins que Pierre ne prouvât que l'obligation est fausse, simulée ou acquittée. Lorsqu'un titre est privé, si celui à qui on l'oppose, le reconnoît vrai, il a autant de foi qu'un titre authentique; mais s'il le dénie, c'est à celui qui l'emploie à le prouver vrai : Par exemple, Paul produit contre Pierre un billet de 100 fr. qu'il prétend souscrit de celui-ci; Pierre le nie; ce billet n'est pas cru, jusqu'à ce que Paul prouve que la signature qui est au bas, est celle de Pierre; et s'il ne le fait pas, sa demande est rejetée.

D. Pourquoi cette différence entre les titres authentiques et les titres privés ?

R. C'est parce que le titre authentique est certifié véritable par l'officier qui la reçu, lequel est neutre dans l'affaire, et a la confiance de la justice; au lieu que le titre privé n'est pas certifié de même, et qu'on ne peut pas plus en croire, sur sa simple parole, celui qui le soutient vrai, que celui qui le nie ; tous les particuliers étant égaux aux yeux de la justice, et ne méritant pas plus de confiance les uns que les autres.

D. Comment peut-on prouver qu'un billet ou autre titre privé, qui est dénié, est signé par celui à qui on l'attribue ?

R. Par la vérification d'écritures ; mais comme alors la partie n'a pas en main la preuve de son assertion, cela tombe dans le cas où la vérité n'est pas démontrée par les parties, et où le juge doit s'efforcer de la découvrir par les voies d'instruction, desquelles on parlera, titre III. (P. C. I, 210 - 219.)

D. Donnez-moi un exemple d'une preuve de fait, résultant d'un aveu ?

R. Pierre, assigné en condamnation de 100 fr., pour prêt par Paul, reconnoît devoir ; voilà un aveu qui fait preuve contre lui, et sur lequel on le condamne.

D. Une contradiction est-elle toujours une preuve contre celui qui y est tombé ?

R. Il faut pour cela qu'elle soit essentielle, et ne puisse être imputée qu'à la mauvaise foi, et non à l'erreur ; par exemple, si Pierre, assigné pour payer une dette dont il n'y a pas de billet, disoit d'abord qu'il n'a jamais connu Paul qui lui demande cette somme, et qu'il ne la lui a jamais due ; et qu'ensuite, il dit qu'il l'a payée : cette contradiction palpable suffiroit pour le faire condamner, comme étant de mauvaise foi. (P. C. I, 220 - 228.)

Des Preuves de Droit.

D. Qu'est-ce que les preuves de droit ?

R. Ce sont celles par lesquelles on démontre que la loi, la raison, l'équité et l'usage exigent que l'on nous accorde ce que nous demandons.

D. D'où se tirent ces preuves ?

R. Des lois, lorsqu'il y en a une qui décide la question ; de l'usage, de la raison et de l'équité, lorsque les lois sont muettes.

D. Comment prouve-t-on que la loi décide la difficulté ?

R. En la rapportant et la citant ; mais il n'est pas besoin de donner de preuves de son existence, parce que la connoissance qu'en ont ou doivent avoir les juges, et la publicité qui lui est donnée, suffisent pour mettre les juges à portée de connoître cette existence, sans qu'il soit besoin de la leur démontrer.

D. Comment prouve-t-on que l'usage décide la difficulté ?

R. En rapportant des jugemens qui établissent cet usage, ou qui l'ont confirmé.

D. Mais s'il n'y a point de jugemens, comment prouve-t-on cet usage ?

R. La vérité n'étant pas alors démontrée, le juge a recours, pour la découvrir, aux voies d'instruction développées, Titre III. (P. C. I, 228.)

D. Comment les parties présentent-elles leurs moyens, et les preuves de ces moyens aux juges ?

R. Par la plaidoirie à l'audience. (P. C. I, 231.)

D. Quels sont les cas où les affaires, sommaires ou non sommaires, doivent être communiquées au ministère public avant d'en venir à l'audience ?

R. Il y en a un grand nombre.

D. Les causes concernant l'ordre public, l'Etat, le domaine, les communes et les établissemens publics, sont-elles sujettes à communication ?

R. Oui, 83, 1º ; parce qu'elles touchent à l'intérêt public.

D. En est-il de même des causes qui concernent les dons et les legs au profit des pauvres ?

R. Oui, 83, 1º ; parce que la loi prend les pauvres sous sa protection spéciale.

D. Celles qui concernent l'état des personnes sont-elles sujettes à communication ?

R. Oui ; 83, 2°, parce que l'état des personnes tient à l'ordre général de la société.

D. Communique-t-on les affaires concernant les tutelles ?

R. Oui, 83, 2°; parce qu'elles intéressent toujours les mineurs et interdits, dont la loi surveille les intérêts à cause de leur foiblesse.

D. Les déclinatoires sur incompétence sont-ils sujets à communication ?

R. Oui, 83, 3°; pourvu qu'ils soient proposés *ratione materiæ ;* autrement ils n'intéressent que le particulier.

D. Communique-t-on aussi les réglemens de juges ?

R. Oui, 83. 4°. ; bien entendu quand ils sont fondés sur incompétence *ratione materiæ*, comme lorsque la même affaire est portée à un tribunal civil et à un tribunal de commerce.

D. Les causes de femmes mariées sont-elles sujettes à communication ?

R. Lorsque la femme n'est pas mariée sous le régime dotal, la cause n'est pas sujette à communication, si la femme est majeure et autorisée de son mari ; parce que le mari, étant son défenseur, veille pour sa femme.

D. Mais si la femme procédoit, non autorisée de son mari, la cause seroit-elle sujette a communication ?

R. Oui, 83, 6°; afin que la femme ne puisse rien faire au préjudice de la puissance maritale dont le ministère public surveille les intérêts, à cause du défaut de présence du mari dans l'affaire.

D. Lorsque la femme est mariée sous le régime dotal, les causes qui la concernent sont-elles sujettes à communication ?

R. Elles ne sont sujettes à communication que lorsqu'il s'agit de la dot, 83, 6°, et que la dot est inaliénable : la communication est exigée, afin que les époux ne puissent aliéner indirectement la dot, en se

couvrant du voile des formes judiciaires, et défendant
mal cette dot de concert avec celui qui l'attaque.

D. Les causes des mineurs sont-elles sujettes à communication ?

R. Oui, 83, 6°; de crainte qu'on ne néglige ou ne
trahisse leurs intérêts.

*D. Si l'une des parties est défendue par un curateur,
l'affaire doit-elle être communiquée ?*

R. Oui, 83, 6°; pour empêcher que ce curateur ne
néglige ou ne trahisse les droits de celui qu'il doit
défendre.

*D. Les causes concernant les absens sont-elles toutes
sujettes à communication ?*

R. Il faut distinguer :

Celles concernant les présumés absens y sont sujettes, 83, 7 ; parce qu'il n'y a personne pour les représenter, ou que, si une personne en est chargée,
celle-ci n'ayant pas un intérêt personnel au succès, elle
pourroit mal défendre l'absent.

Mais si l'absence est déclarée, comme l'affaire est
soutenue par les envoyés en possession qui ont *intérêt
personnel* au succès, puisqu'il auront la propriété si
l'absent ne revient pas, et une grande portion des
fruits, s'il revient, on présume qu'ils défendront bien
l'absent ; et la cause n'est pas sujette à communication.

*D. Après avoir entendu la plaidoirie des parties et
les conclusions du ministère public, que fait le juge ?*

R. Il décide définitivement, si la vérité lui est démontrée.

*D. Le juge doit-il rejeter la prétention d'une partie,
parce qu'elle n'en démontre pas la vérité ?*

R. Non ; par deux raisons : 1°, parce que souvent
une partie n'a pu se procurer de preuves, par la malice
de son adversaire ; tel est le cas où celui-ci lui a causé
du dommage, en passant sur des terres ensemencées :
2°. parce que, même dans le cas où elle a pu se procurer une preuve, p r exemple, lorsqu'elle a prêté
150 fr. sans billet à un homme qui le nie), comme

c'est par confiance en la probité de son adversaire qu'elle ne l'a pas fait, il n'est pas juste qu'elle soit punie de cette confiance, par la mauvaise foi de celui qui l'a trompée.

D. Que doit donc faire le juge, lorsque les parties ne rapportent pas de preuves?

R. Il doit chercher, parmi les voies que lui indiquent les parties, celle qui est la plus propre à lui découvrir la vérité; et si elles ne lui en indiquent aucune, il doit prendre celle que lui désignent la nature et les circonstances de l'affaire. (P. C. I, 237.)

TITRE III.

Des Voies d'instruction qu'emploie le Juge, pour découvrir la vérité.

D. En combien de classes divisez-vous les voies d'instruction ?

R. Elles se divisent en trois classes : la première, de celles qui ont pour objet d'éclaircir une question de fait : la seconde, de celles qui concernent une question de droit; et la troisième, de celles qui sont communes aux questions de fait, et aux questions de droit.

CHAPITRE PREMIER.

Des Voies qui ont pour objet d'éclaircir une question de fait.

D. Comment le juge peut-il découvrir la vérité, sur un point de fait contesté et non prouvé?

R. Par l'un de ces trois moyens :

1º. En entendant les parties, pour tirer de leurs déclarations et réponses, la preuve de ce fait;

2º. En entendant des tiers qui peuvent avoir connaissance de ce fait;

3º. En certains cas, en examinant lui-même l'objet conténtieux.

SECTION I.

Des Voies par lesquelles le Juge obtient la vérité, des Parties elles-mêmes.

D. Quelles sont les voies par lesquelles le juge obtient la découverte de la vérité, des parties elles-mêmes ?

R. Elles sont au nombre de trois:

1º. L'interrogatoire sur faits et articles;

2º. La comparution des parties en personne;

3º. Enfin, le serment.

De l'Interrogatoire sur Faits et Articles.

D. Qu'est-ce que l'interrogatoire sur faits et articles?

R. C'est une voie par laquelle une partie, à qui un fait est dénié par son adversaire, fait questionner celui-ci sur ce fait et ses circonstances, pour en obtenir l'aveu, soit directement, soit indirectement.

D. Quelle est celle des parties qui peut employer cette voie contre l'autre?

R. Elles peuvent se faire interroger respectivement, 3º4. Ainsi, le demandeur peut faire interroger le défendeur; par exemple, celui-ci nie, lorsqu'il n'y a pas de preuves contre lui: le défendeur le peut à l'égard du demandeur qui dénie un fait allégué, par exemple, un paiement qu'on prétend qu'il a reçu. (P. C. I, 240.)

D. Sur quels faits peut-on interroger?

R. Sur faits et articles pertinens, concernant seulement la matière dont est question, 324. (P. C. I., 238 et 240.)

D. *En quelle matière et à quelle époque du procès peut-on faire interroger ?*

R. En toute matière et en tout état de cause, 324, c'est-a-dire, tant que l'affaire n'est pas jugée ; mais sans retard de l'instruction, ni du jugement, *idem* : si donc on le demandoit la veille ou le jour du jugement, dans la vue de le retarder, cela ne doit pas empêcher de juger. (P. C. I, 239.)

D. *Comment se demande l'interrogatoire ?*

R. Par une requête contenant les faits, 325, sur lesquels on veut faire interroger.

D. *Comment s'accorde la permission , si les faits sont pertinens ?*

R. Elle s'accorde à l'audience par un jugement, 325. (P. C. I, 241.)

D. *Devant qui est-il procédé à cet interrogatoire ?*

R. Devant le président ou un juge par lui commis, 325.

D. *Mais si la personne est éloignée , la fait-on venir pour subir interrogatoire ?*

R. Non ; en cas d'éloignement, le président peut commettre le président du tribunal dans le ressort duquel la partie réside, ou le juge de paix du canton de cette résidence, 326. (P. C. I, 242.)

D. *Que fait-on pour amener la personne à subir interrogatoire ?*

R. On présente au juge l'ordonnance qui l'a commis; il fixe au bas les jour et heure de l'interrogatoire, 327.

D. *Où se fait l'interrogatoire ?*

R. Au lieu où siége le tribunal, l'art. 1040 voulant que tous actes et procès-verbaux du ministère du juge y soient faits. Le juge indique l'endroit où il opérera, par exemple, le greffe, la chambre du conseil ou autre local.

D. *Mais si, par un empêchement légitime, la personne ne pouvoit venir, où se feroit l'interrogatoire?*

R. Le juge se transporteroit au lieu où elle est retenue, 328. Exemple : si elle étoit malade, emprisonnée.

D. *Comment fait-on connoître à la personne la requête à fin d'interrogatoire, et le jugement qui ordonne l'interrogatoire, l'ordonnance qui commet le juge et celle qui fixe les lieu, jour et heure de l'interrogatoire?*

R. En les lui signifiant par un même exploit, à personne ou domicile, avec assignation par un huissier commis à cet effet, 329, afin d'éviter les surprises.

D. *Quel intervalle doit-il y avoir entre cette assignation et l'interrogatoire?*

R. Vingt-quatre heures au moins, 329; afin que la personne ait le temps de se rappeler des faits qui peuvent être compliqués et anciens, sur lesquels souvent l'homme le plus honnête ne pourroit répondre d'une manière juste, s'il falloit répondre sur-le-champ. (P. C. I, 242.)

D. *Si la partie ne comparoît pas, ou si, ayant comparu, elle refuse de répondre devant le juge, que fait celui-ci?*

R. Il en dresse un procès-verbal sommaire, 330.

D. *Quel sera l'effet de cette non comparution ou de ce refus, contre la partie?*

R. Les faits pourront être tenus pour avérés, 330, c'est-à-dire, reconnus. Si donc, on la faisoit interroger sur un prêt qu'elle a dénié, le prêt seroit tenu pour avéré.

D. *Mais la partie n'a-t-elle pas quelque moyen d'éviter cette reconnoissance?*

R. Oui; lorsqu'elle a fait défaut, si elle se présente avant le jugement, elle sera interrogée, mais en payant les frais du premier procès-verbal et de la signification, sans répétition, 331.

D. Si la partie avoit un empéchement légitime de se présenter , que doit-elle faire ?

R. Elle doit en justifier : alors le juge indique un autre jour pour l'interrogatoire, sans nouvelle assignation, 332 (P. C. I , 243.)

D. Comment la partie doit-elle répondre ?

R. En personne, sans pouvoir lire aucun projet de réponse par écrit, et sans assistance de conseil : les réponses doivent être précises et pertinentes, sans aucun terme calomnieux, ni injurieux, 333.

D. Sur quels faits doit-elle répondre ?

R. Sur les faits contenus en la requête, 333, laquelle lui a été signifiée, 329.

D. Peut-on l'interroger sur des faits autres que ceux de la requête ?

R. Le juge peut aussi l'interroger d'office, 333, sur des faits qu'on ne lui signifie pas, afin qu'elle ne puisse pas préparer des réponses contre la vérité.

D. Celui qui a requis l'interrogatoire peut-il y assister ? ·

R. Non, 333. Sa présence pourroit troubler l'interrogé.

D. Peut-on interroger une administration ?

R. Oui, 336. Par exemple : Si un ouvrier articule avoir fait des travaux pour elle, qu'elle les nie ou qu'elle dise n'avoir pas donné ordre de les faire.

D. Mais une administration étant composée de plusieurs personnes , comment les faire interroger ?

R. On ne les fait pas interroger toutes ; mais l'administration nomme un administrateur ou un agent, pour répondre sur les faits qui lui ont été communiqués, 336.

D. Comment commet-elle cette personne qui doit répondre pour elle ?

R. Elle le nomme par un acte portant pouvoir spécial, et dans lequel les réponses seront expliquées et affirmées véritables, 336.

D. Et si cette administration ne commettoit pas quelqu'un, qu'en résulteroit-il ?

R. Les faits pourroient être tenus pour avérés, 336.

D. Peut-on faire interroger cette administration sur des faits d'office, comme les particuliers ?

R. Non ; car le fondé de pouvoir ne sachant que les faits et réponses contenus dans son pouvoir, seroit dans l'impuissance de répondre.

Mais si des faits sont personnels à un administrateur ou agent, comme si, dans l'espèce, il a ordonné les travaux, on peut le faire interroger, 336.

D. Si cet administrateur ou agent avoue, ses aveux engageront-ils l'administration ?

R. Le tribunal y aura tel égard que de raison, 336. Si donc le fait qu'il avoue étoit dans les fonctions à lui confiées par l'administration, il engagera celle-ci. Exemple : Si c'est un receveur qui reconnoît avoir reçu les loyers dont l'administration a refusé de tenir compte. Mais si ce fait n'étoit pas dans ses fonctions, il n'y auroit de recours que contre lui. (P. C. I, 244-250.)

D. Lorsqu'un interrogatoire, subi par un particulier ou une administration, est fini, que doit faire la partie qui veut en faire usage ?

R. Elle le fera signifier, sans qu'il puisse être un sujet d'écritures, de part ni d'autre, 335. (P. C. I, 250.)

De la Comparution des Parties en personne.

D. Quand ordonne-t-on la comparution ?

R. Lorsqu'il est nécessaire d'entendre les parties, pour connoître la vérité. (P. C. I, 251)

D. Que doit contenir le jugement ?

R. Il doit indiquer le jour de la comparution, 119 ; au moyen de quoi, il n'est pas nécessaire de signifier le jugement. (P. C. I, 251.)

D. Comment s'exécute le jugement ?

R. Le juge interroge les deux parties, ou une seule, en présence l'une de l'autre, ou séparément, le tout suivant que le juge l'estime convenable. (P. C. I, 251.)

Du Serment.

D. Que doit contenir le jugement qui ordonne un serment ?

R. Il doit énoncer les faits sur lesquels il sera reçu, 120.

D. Que doit-on faire pour opérer la prestation du serment ?

R. On doit appeler l'autre partie pour prêter le serment, s'il lui est déféré, ou pour le voir prêter, s'il est déféré contre elle.

D. Comment doit-on l'appeler ?

R. Par acte d'avoué à avoué, et s'il n'y a pas d'avoué constitué, par exploit contenant l'indication du jour de la prestation, 121.

D. Où le serment doit-il être prêté ?

R. Il doit l'être à l'audience, 121.

D. Mais si celui qui doit prêter le serment, est empêché de venir à l'audience, où prêtera-t-il serment ?

R. Il le prêtera devant un juge commis à cet effet par le tribunal, dans le cas d'un empêchement légitime et dûment constaté : le juge se transporte chez la partie, assisté de son greffier, 121.

D. Si cette partie est éloignée, la fait-on venir pour prêter serment à l'audience ?

R. Non ; elle le prête devant le tribunal du lieu de sa résidence, 121.

D. Peut-on prêter serment par un mandataire ?

R. Non ; il doit être fait par la partie en personne, 121. (P. C. I, 252 - 261)

SECTION II.

Des Voies par lesquelles le Juge tire la vérité de la bouche des tiers.

D. En quels cas le juge a-t-il recours à des tiers, pour en obtenir la vérité ?

R. En deux cas principaux :

1°. Quand ils sont présumés savoir les faits, afin d'en avoir la révélation ;

2°. Lorsque, pour connoître la vérité, il est nécessaire de recourir aux régles d'un art exercé par des tiers.

D. Quelles voies emploie-t-on pour savoir, des tiers, les faits dont ils ont été témoins ?

R. Deux , l'enquête et la mise en cause.

D. Quelles voies emploie-t-on pour savoir la vérité sur un point qu'on ne peut connoître qu'à l'aide des règles d'un art ?

R. Trois :

1°. Les rapports d'experts , en général ;

2°. La vérification d'écritures ;

3°. L'inscription de faux.

§ PREMIER.

De l'Enquête.

D. Qu'est-ce que l'enquête ?

R. C'est l'audition de gens qui ont été témoins d'un fait.

D. Se fait-elle toujours dans la même forme ?

R. Non :

Si l'affaire est non sommaire , les dépositions sont écrites en entier ; et l'enquête s'appelle *Enquête par écrit.*

Si l'affaire est sommaire, l'enquête ne contient que

le résultat des dépositions; elle s'appelle *Enquête verbale* ou *sommaire*.

Dè l'Enquête par écrit.

D. *Pour faire ordonner la preuve testimoniale, faut-il qu'elle soit demandée par les parties ou l'une d'elles ?*

R. Si les faits sont admissibles, qu'il soient déniés, et que la loi ne défende pas la preuve, elle pourra être ordonnée, 253, sur la demande des parties.

Mais le tribunal peut aussi ordonner d'office la preuve des faits qui lui paroîtront *concluans*, *si la loi ne le défend pas*, 254.

D. *Qu'entend-on par* faits concluans ?

R. On entend les faits qui sont tels que, s'il sont prouvés, on doit en *conclure* que la partie qui en justifie a raison. Exemple : Si vous demandez 150 fr. à Pierre, qu'il nie vous avoir emprunté, et que vous prouviez le prêt, on doit conclure de ce prêt qu'il doit être condamné : mais si vous demandez 150 fr., que Pierre, en avouant le prêt, dise vous l'avoir remis, et que vous veuillez prouver le prêt seulement, le fait ne sera pas concluant, parce qu'il peut vous avoir remis l'argent : il faudroit aussi prouver qu'il n'a pas payé.

D. *Qu'entendez-vous par ces mots :* Si la loi ne défend pas la preuve ? *Est-ce qu'il y a des cas où elle la défend ?*

R. Oui, c'est lorsque la somme excède 150 fr., et dans d'autres cas déterminés par la loi. (P. C. I, 262 - 265.)

D. *Lorsqu'une partie veut prouver les faits par témoins, que doit-elle faire pour y parvenir?*

R. Elle doit les articuler, succinctement, par un simple acte de conclusions, sans écritures ni requête, 252. (P. C. I, 265.)

D. *Que doit faire celui contre qui ils sont articulés ?*

R. Il doit les dénier ou les reconnoître, dans les trois jours, par un simple acte ; sinon, ils pourront être tenus pour confessés et avérés ; 252. (P. C. I, 267-269.)

D. *Si la preuve est ordonnée, sur la demande d'une partie ou d'office, que doit contenir le jugement ?*

R. Il doit contenir,

1°. Les faits à prouver ;

2°. La nomination d'un juge du tribunal devant qui l'enquête sera faite, 255.

D. *Mais si les témoins sont éloignés, les fera-t-on venir pour déposer devant ce juge ?*

R. Non : si les témoins sont trop éloignés, il pourra être ordonné que l'enquête sera faite devant un juge commis par un tribunal désigné à cet effet, 255. (C. P. I, 269.)

D. *Si la preuve d'un fait est ordonnée contre une partie, faut-il, pour qu'elle prouve le fait contraire, qu'on le lui permette ?*

R. Non, la preuve contraire est de droit, 256, parce que la défense est de droit naturel.

D. *Les voies d'instruction autres que l'enquête, doivent-elles être commencées et finies dans un délai fixé ?*

R. Non : on peut les commencer et finir tant que le procès n'est pas jugé.

D. *En est-il de même de l'enquête ?*

R. Non : la preuve du demandeur et la preuve contraire doivent être commencées et terminées dans les délais fixés, 256, par la loi ou le tribunal, 257. Ces délais expirés, on ne le pourroit plus.

D. *Pourquoi la loi veut-elle que l'enquête soit commencée et terminée dans ce délai ?*

R. Pour que les parties aient moins de facilités de corrompre les témoins ; ce qu'elles pourroient faire plus aisément, si elles pouvoient faire faire l'enquête quand bon leur sembleroit.

D. Quand l'enquête doit-elle être commencée, si elle est faite au même lieu où le jugement a été rendu, ou dans la distance de 3 myriamètres?

R. Elle doit être commencée dans la huitaine, 257.

D. Si l'enquête est faite à une plus grande distance que 3 myriamètres, quand l'enquête doit-elle être commencée?

R. Le jugement fixe le délai dans lequel elle sera commencée, 258. Le juge le détermine d'après les circonstances, comme l'éloignement, les difficultés des chemins, etc.

D. De quand le délai fixé par la loi ou par le jugement court-il?

R. Il faut distinguer :

1°. Lorsque le jugement n'est pas susceptible d'opposition, le délai court,

S'il y a avoué, du jour de la signification du jugement à avoué,

Et s'il n'y en a pas, du jour de la signification à personne ou à domicile ;

2°. Si le jugement est susceptible d'opposition, le délai court du jour de l'expiration des délais de l'opposition, 257 ; c'est-à-dire, à commencer de la huitaine qui suit la signification du jugement.

D. Le délai qui court contre celui à qui le jugement est signifié, court-il aussi contre celui qui l'a fait signifier?

R. Oui, 237 ; afin d'éviter au premier la dépense de la levée et de la signification du jugement qu'il n'est pas besoin d'ailleurs de faire signifier au signifiant, pour qu'il le connoisse, puisqu'il l'a levé et fait signifier.

D. Que s'ensuivroit-il, si l'on n'avoit commencé l'enquête qu'après la huitaine ou autre délai?

R. Elle seroit nulle, 257. (P. C. I, 271.)

D. Que fait-on pour commencer l'enquête?

R. Chacune des parties obtient du juge commissaire une ordonnance, à l'effet d'assigner les témoins aux jour et heure par lui indiqués.

L'enquête est dès-lors censée commencée, pour chacune des parties respectivement, 259. (P. C. I, 227.)

D. Que fait-on ensuite pour amener les témoins à déposer?

R. En vertu de l'ordonnance du commissaire, qui -indique les jour et heure où il les entendra, on les assigne à personne ou domicile, 260.

D. Doit-on accorder aux témoins un intervalle entre cette assignation et le jour où ils doivent comparoître?

R. Oui; afin qu'ils aient le temps de se rappeler les faits, et pour ne pas les enlever subitement à leurs occupations.

D. Quel est ce délai?

R. Il est au moins d'un jour, pour ceux domiciliés dans les trois myriamètres du lieu où se fait l'enquête, et d'un jour de plus par chaque trois myriamètres, pour ceux domiciliés à une plus grande distance, 260.

D. Que doit-on faire pour mettre les témoins en état de se rappeler les faits, et de savoir sur quoi ils doivent déposer?

R. On donne à chacun copie du dispositif du jugement, seulement en ce qui concerne les faits admis, et l'ordonnance du juge commissaire, à peine de nullité, 260.

D. Quel seroit l'effet de l'omission du délai et de la copie ci-dessus?

R. Les dépositions des témoins envers lesquels ces formalités n'auroient pas été observées, seroient nulles. 260.

D. Peut-on appeler toutes personnes en témoignage?

R. Nul ne peut être assigné comme témoin, s'il est parent ou allié en ligne directe de l'une des parties, ou son conjoint, même divorcé, 268.

Tous les autres, même les parens, peuvent être

appelés, sauf à les reprocher, comme on le dira ci-après. (P. C. I, 272.)

D. Peut-on appeler les impubères ?

R. Les individus âgés de moins de quinze ans révolus, peuvent être entendus ; sauf à avoir à leurs dépositions, tel égard que de raison, 285.

D. Peut-on faire entendre autant de témoins que l'on veut ?

R. Oui ; mais la partie qui aura fait entendre plus de 5 témoins sur un même fait, ne peut répéter les frais des autres dépositions, 281. comme étant inutiles. (P. C. I, 296.)

D. La partie doit-elle être appelée pour être présente à l'enquête qui se fera contre elle ?

R. Oui, 261 ;

1°. Pour voir quels témoins se présentent contre elle, et les reprocher, s'il y a lieu.

2°. Pour redresser ces témoins, si leurs dépositions sont obscures, incomplètes ou fausses, et les forcer de les expliquer, compléter et dire la vérité.

D. Que fait-on pour amener la partie à venir à l'enquête ?

R. On doit, à peine de nullité :

1°. L'assigner pour être présente à l'enquête ;

2°. Lui notifier les noms, professions et demeures des témoins à produire contre elle, 261.

D. Quel intervalle doit-il y avoir entre l'assignation à la partie et l'audition des témoins ?

R. Trois jours au moins, 261, afin que la partie ait le temps de prendre des informations sur les témoins, pour pouvoir les reprocher, lors de l'enquête, avant la déposition ; car après, on ne peut plus reprocher, à moins que le reproche ne soit justifié par écrit, 282.

D. Où doit être signifié l'exploit contenant cette assignation et cette notification ?

R. Au domicile de son avoué, si elle en a constitué, sinon à son domicile, 261.

7

D. Pourroit-on le signifier au domicile ou à la personne de la partie qui auroit avoué ?

R. Non ; il y auroit nullité, 261 ; quoique, dans ce cas, la partie parût être avertie d'une manière plus sûre, que si elle l'étoit au domicile de son avoué.

La raison est que la loi veut que trois jours au moins avant l'audition, la partie connoisse les témoins, pour s'informer d'eux, afin de les reprocher avant la déposition, puisqu'on ne le peut après, quand le reproche n'est pas justifié par écrit. Si on signifioit au domicile ou à la personne de la partie, cette partie, qui ordinairement ne connoît pas la loi, pouvant ignorer qu'après la déposition on ne peut plus reprocher, pourroit ne pas profiter de ces trois jours pour prendre des informations ; au lieu qu'en signifiant à l'avoué, cet officier, qui sait la loi, avertira son client de profiter de ces trois jours, pour prendre des informations sur les témoins, afin de les reprocher s'il y a lieu, et que, s'il n'en profite pas, il courre risque de perdre son procès par l'effet des dépositions reprochables et non reprochées. (C. P. I, 273.)

D. Si le témoin assigné ne se présente pas, que peut-on faire contre lui ?

R. Il est condamné par le commissaire, envers la partie, à des dommages-intérêts qui ne peuvent être moindres de 10 fr.

Il peut être condamné à une amende qui ne peut excéder 100 fr.

D. L'opposition à cette ordonnance et l'appel en suspendent-ils l'exécution ?

R. Non, l'ordonnance du commissaire qui prononce ces condamnations, est exécutoire nonobstant opposition ou appel, 263.

D. Le témoin, ainsi condamné, est-il pour cela exempt de déposer ?

R. Non ; il est réassigné, mais à ses frais, 261.

D. Si ce témoin est défaillant une seconde fois, que pourra-t-on prononcer contre lui ?

R. On peut prononcer par corps, une amende de 100 fr. : le commissaire peut même décerner contre lui un mandat d'amener, 264.

D. Si néanmoins ce défaillant n'avoit pu se présenter, ces condamnations subsisteront-elles ?

R. S'il en justifie, le commissaire le déchargera, après sa déposition, de l'amende et des frais de réassignation, 265.

D. Si, au lieu de faire défaut, le témoin justifie qu'il ne peut se présenter au jour indiqué, parcequ'il est malade, en prison, etc. que doit-on faire ?

R. Le commissaire lui accorde un délai suffisant, qui néanmoins ne peut excéder celui fixé pour l'enquête, ou se transporte pour recevoir sa déposition, 266. (P. C. I, 274-278.)

D. Si le témoin est éloigné le fera-t-on venir ?

R. Le commissaire renverra devant le président du lieu, qui entendra le témoin ou commettra un juge, 266.

D. Comment le tribunal qui a ordonné l'enquête aura-t-il connoissance de la déposition de ce témoin ?

R. Le greffier fera parvenir de suite la minute du procès-verbal au greffe du tribunal où le procès est pendant, sauf à lui à prendre exécutoire, pour les frais, contre la partie à la requête de qui le témoin aura été entendu, 266.

D. Lorsque le témoin se présente, que doit-il déclarer et faire avant de déposer ?

R. Chaque témoin, avant d'être entendu, déclare ses noms, profession et demeure, 262, son âge, *id.,* afin qu'on voie s'il n'est pas impubère ; (auquel cas, on n'a que tel égard que de raison à sa déposition); s'il est parent ou allié de l'une des parties, à quel degré ; s'il est serviteur ou domestique de l'une d'elles, *idem,* pour voir s'il n'est pas reprochable, ce que l'autre partie pourroit ignorer : enfin il fait serment de dire vérité ; le tout à peine de nullité, *idem.*

D. *Après cette déclaration et ce serment , que peut faire la partie contre laquelle est produit ce témoin?*

R. Elle doit, par elle-même ou par son avoué, et *avant la déposition* du témoin, proposer les reproches contre celui-ci, si elle en a, 270.

D. *Peut-on proposer des reproches après la déposition ?*

R. Non, 282, de crainte qu'on ne les imagine après coup., en haine de la déposition, pour l'écarter, et non par amour de la vérité et dans la vue d'une juste défense. Cependant, on peut proposer après, ceux qui sont justfiés par écrit, 282 ; parce qu'on ne peut supposer qu'il ont été inventés. (P. C. I, 279.)

D. *Quels témoins peut-on reprocher ?*

R. 1°. Les parens ou alliés de l'une ou de l'autre des parties, jusqu'au degré de cousin issu de germain inclusivement ; 283.

2°. Les paréns et alliés des conjoints des parties au degrés ci-dessus, si le conjoint est vivant, ou si la partie ou le témoin en a des enfans vivans.

En cas que le conjoint soit décédé et qu'il n'ait pas laissé de descendans, pourront être reprochés les parens et alliés en ligne directe, les frères, beaux-frères, sœurs et belles-sœurs du conjoint, *idem.*

3°. Le témoin héritier présomptif ;

4°. Le témoin donataire ;

5°. Celui qui a bu ou mangé avec la partie et à ses frais depuis la prononciation du jugement qui a ordonné l'enquête ;

6°. Celui qui a donné des certificats sur les faits relatifs au procès ;

7°. Les serviteurs et domestiques ;

8°. Le témoin en état d'accusation ;

9°. Celui qui a été condamné à une peine afflictive ou infamante, ou même à une peine correctionnelle pour cause de vol, 283. (P. C. I, 280 - 284.)

D. *Est-il nécessaire de préciser les reproches?*

R. Oui, les reproches seront circonstanciés et pertinens, et non en termes vagues et généraux, 270 : ainsi, on ne pourroit pas dire que le témoin est malhonnête homme ; il faudroit circonstancier le fait.

D. Quel acte constate que l'on a présenté les reproches ?

R. Ils doivent être consignés dans le procès-verbal, 260.

D. Que doit faire le témoin reproché ?

R. Il doit s'expliquer sur les reproches : ses explications seront consignées dans le procès-verbal, 270.

D. Le reproche empêche-t-il le témoin de déposer ?

R. Non, il sera entendu dans sa déposition, 284 ; parce que le reproche n'est pas jugé par le commissaire avant l'enquête, mais par le tribunal, après l'enquête ; que le tribunal peut le rejeter ; et alors la déposition étant faite, le tribunal peut la prendre en considération pour décider le fond de l'affaire. (P. C: I, 284.)

D. Après le reproche, s'il en est proposé, ou s'il n'y en a pas, que doit faire le témoin ?

R. Il doit déposer, mais sans qu'il lui soit permis de lire aucun projet écrit, 271.

D. Si la déposition est fausse, peu claire, ou insuffisante, que peut faire le juge ?

R. Il peut, d'office, faire aux témoins les interpellations qu'il croira convenables pour éclaircir la déposition, 273.

D. La partie pour qui, et celle contre qui le témoin est produit, peuvent-elles aussi faire des interpellations ?

R. Non ; elles ne peuvent faire aucune interpellation directe, mais doivent s'adresser au juge commissaire, à peine de 10 fr. d'amende ; et s'il y a récidive, à peine de plus forte amende et d'exclusion, le tout prononcé par le commissaire, 276.

D. Les parties peuvent-elles s'adresser au commandant le cours de la déposition ?

R. Non, elles doivent, pour s'adresser au juge, attendre que le témoin ait achevé : elles ne peuvent l'interrompre, sous les peines ci-dessus, 276.

D. *Le témoin doit-il répondre aux interpellations
faites d'office ou sur la réquisition des parties?*

R. Oui, et ses réponses seront signées de lui, après
lui avoir été lues, ou mention sera faite s'il ne veut ou
ne peut signer, 273.

D. *La déposition achevée, que fait-on?*

R. Elle est lue au témoin ; il lui est demandé s'il
y persiste, à peine de nullité, et s'il requiert taxe,
271.

D. *Si, lors de cette lecture, le témoin s'aperçoit que
sa déposition est erronée, obscure ou incomplète, que
peut-il faire ?*

R. Il peut faire tels changemens et additions que
bon lui semble : on les écrit à la suite ou en marge de
sa déposition; on lui en donne lecture, ainsi que de la
déposition, à peine de nullité, 272.

D. *Si le témoin requiert taxe, comment est-elle
faite ?*

R. Par le commissaire, sur la copie de l'assignation, laquelle vaut exécutoire, 277.

D. *Les témoins sont-ils entendus en présence les uns
des autres ?*

R. Non, ils le sont séparément, 262, pour qu'ils
ne se copient pas.

D. *Le sont-ils en présence des parties ?*

R. Oui, 262, puisqu'elles ont le droit de leur faire
faire des interpellations, 276.

D. *Le sont-ils, si les parties sont absentes ?*

R. Oui, 262; c'est à elles à s'y présenter.

D. *Si les témoins ne peuvent être entendus le même
jour, que fait le commissaire ?*

R. Il remet à jour et heure certains, et par conséquent, il n'est pas donné nouvelle assignation ni aux
témoins, ni à la partie, encore qu'elle n'ait pas comparu, 267. (P. C. I, 285-291).

*D. Dans quel délai, les parties doivent-elles respec-
tivement achever leurs enquétes ?*

R. Dans la huitaine de l'audition des premiers témoins, à peine de nullité;

A moins que le jugement n'ait fixé un plus long
délai, 278.

*D. Mais si ce délai étoit trop court pour faire l'en-
quête, que faire pour y remédier ?*

R. Les parties peuvent demander une prorogation, mais dans le délai fixé pour la confection de l'enquête, 279.

D. Comment se demande cette prorogation ?

R. Sur le procès-verbal du commissaire, 280.

*D. Comment procède-t-on pour faire statuer sur cette
demande en prorogation ?*

R. Le commissaire ordonne qu'il en référera au
tribunal, à jour indiqué;

Ce jour-là, sans sommation ni à venir, si les parties
ou leurs avoués ont été présens à la demande en prorogation, le commissaire en réfère à l'audience, 280.

Et le tribunal peut accorder la prorogation, 279.

*D. Le tribunal peut-il accorder une seconde proro-
gation ?*

R. Non : il ne peut en accorder qu'une seule, à
peine de nullité, 280. (P. C. I, 251-253.)

*D. Le délai de faire l'enquête étant expiré, que
doit-on faire pour obtenir le jugement de l'affaire ?*

R. La partie la plus diligente fait signifier à avoué
copie des procès-verbaux, et poursuit l'audience sur
un simple acte, 286.

*D. Que doit-on examiner, avant de peser les dé-
positions ?*

R. On doit examiner,

1°. Si l'enquête est valable; car, si les formes
étoient violées, l'enquête étant rejetée, il est inutile
de voir les dépositions :

2°. Ensuite, supposé l'enquête valable, on doit voir
s'il y a des reproches fondés; car si les reproches sont

admis, la déposition du témoin reproché ne sera point lue, 291.

D. *Quand l'enquête est-elle nulle?*

R. Lorsqu'il y a violation de formes prescrites à peine de nullité. Exemple : Si les témoins qui ont déposé n'avoient pas été assignés, ou qu'il n'y eût pas, entre l'assignation aux témoins et l'enquête, le délai d'un jour ou autre prescrit par l'art. 260.

D. *Mais si la nullité n'est que dans une ou plu-sieurs dépositions, les autres seront-elles nulles?*

R. Non, elle n'entraîne pas la nullité de l'enquête, 294, mais seulement de la déposition.

D. *Si l'enquête ou une partie est nulle, peut-on la recommencer?*

R. Distinguez :

1°. Si elle l'est par la faute de l'avoué ou de l'huis-sier, elle ne sera pas recommencée, 293. Ils pour-roient avoir fait cette nullité de concert avec leur client, afin de lui procurer indirectement par là un moyen de prolonger l'enquête, pour avoir plus de fa-cilité de suborner des témoins : mais la partie pourra répéter les frais contre eux, même des dommages-in-térêts, en cas de manifeste négligence, *idem.*

2°. Si l'enquête est nullé par la faute du commis-saire, elle sera recommencée à ses frais, 292.

D. *En ce dernier cas, dé quand commence le délai de la nouvelle enquête?*

R. Du jour de la signification du jugement qui l'a ordonnée, 292.

D. *Peut-on faire entendre les mêmes témoins?*

R. Oui, et si quelques-uns ne peuvent être enten-dus, les juges auront tel égard que de raison à leurs dépositions dans la première enquête, 292.

D. *S'il y a des reproches, il faut les examiner et les juger avant de passer aux dépositions : mais si ces reproches sont justifiés par écrit, que fera le juge?*

R. Si ces reproches sont admis, la déposition ne sera pas lue, 291.

D. Mais si le reproche, étant du nombre de ceux admis par la loi, n'est pas justifié par écrit; par exemple, si la partie prétend que le témoin a bu et mangé aux frais de son adversaire, depuis le jugement, comment le prouver ?

R. La partie sera tenue d'en offrir la preuve et de désigner les témoins; autrement elle n'y sera plus reçue, 289.

D. Si les reproches attaquent le témoin dans son honneur mal à propos, peut-il s'en plaindre ?

R. Oui, il peut demander des réparations et des dommages et intérêts, 289.

D. Par qui doit être ordonnée la preuve des reproches non établis par écrit?

R. Par le tribunal, sauf la preuve contraire, 290.

D. Dans quelle forme doit-elle être faite ?

R. Dans la forme ci-après réglée pour les enquêtes sommaires, 290.

D. Peut-on reprocher les témoins dans cette enquête?

R. Aucun reproche ne peut y être proposé, s'il n'est justifié par écrit; 290. (P. C. I, 294.)

D. Si l'enquête est valable, qu'il n'y ait pas de reproches ou qu'ils soient rejetés, que doit faire le juge ?

R. Il doit examiner les enquêtes, peser les dépositions, et décider le fond en conséquence, si elles sont concluantes. (P. C. I, 296.)

De l'Enquête sommaire.

D. Comment articule-t-on les faits en matière sommaire ?

R. A l'audience, sans qu'il soit besoin de les articuler préalablement, 407.

D. Que contient le jugement qui ordonne l'enquête ?

R. Il contient,

1°. Les faits;

2°. Les jour et heure où les témoins seront entendus, 407. (P. C. I, 297.)

D. Observe-t-on, dans cette enquête, les mêmes règles que dans l'enquête non sommaire ?

R. On observe les règles qui concernent :

La copie aux témoins, du dispositif du jugement par lequel ils sont appelés ;

Copie à la partie des noms des témoins ;

L'amende et les peines contre les témoins défaillans ;

La prohibition d'entendre les conjoints des parties, des parens et alliés en ligne directe ;

Les reproches par la partie présente, la manière de les juger, les interpellations aux témoins, la taxe ;

Le nombre des témoins dont les voyages passent en taxe ;

La faculté d'entendre les individus âgés de moins de quinze ans révolus, 413.

D. Quel délai doit-il y avoir entre l'assignation aux témoins et leur audition ?

R. Ils sont assignés au moins un jour avant celui de l'audition, 408.

D. Est-il nécessaire d'appeler la partie ?

R. Non, cela est inutile quand le jugement est contradictoire, puisqu'il fixe les jour et heure de l'enquête ; mais il faut toujours donner copie à la partie, des noms des témoins, 413.

D. Les parties peuvent-elles demander porogation de faire enquête ?

R. Oui ; mais l'incident sera jugé sur le champ, 409.

D. Comment est rédigée l'enquête, si l'affaire est susceptible d'être jugée en dernier ressort ?

R. Il n'est point dressé procès-verbal de l'enquête : il est seulement fait mention, dans le jugement, des noms des témoins, et du résultat de leurs dépositions, 410.

D. Comment est-elle rédigée, si l'affaire doit être jugée à charge d'appel ?

R. Il est dressé un procès-verbal qui contient les sermens des témoins, leur déclaration s'ils sont parens, alliés, serviteurs ou domestiques des parties, les reproches formés contre eux, et le résultat de leurs dépositions, 411.

D. Si les témoins sont éloignés, comment se rédige l'enquête ?

R. Le tribunal peut commettre le tribunal ou le juge de paix de leur résidence; l'enquête est rédigée par écrit, et il en est dressé procès-verbal, 412. (P. C. l, 297-300.)

De la Mise en cause.

D. Quest-ce que la mise en cause ?

R. La mise en cause dont on parle ici est l'intervention d'un tiers, dans une contestation dans laquelle il n'a aucun intérêt, mais sur laquelle il peut répandre la lumière, d'après la connoissance qu'il a des faits de cette contestation. Exemple : Pierre, chargé des affaires de Paul, commande des travaux pour celui-ci : les ouvriers en demandent le paiement à Paul, qui prétend qu'ils ne les ont pas faits tels que Pierre les a ordonnés : les ouvriers soutiennent qu'ils sont conformes aux ordres de Pierre. Le juge, pour savoir la vérité, ordonne que Pierre sera mis en cause, pour déclarer s'il a ordonné, ou non, de faire les travaux tels qu'ils ont été faits.

D. Comment met-on ce tiers en cause ?

R. On lui signifie le jugement, avec assignation pour venir donner au tribunal les éclaircissemens prescrits par ce jugement.

D. Cette assignation doit-elle être précédée du préliminaire de conciliation ?

R. Non; parce que ce tiers est considéré comme un témoin, par conséquent comme étant sans intérêt personnel dans l'affaire.

D. Que doit faire celui qui est mis en cause ?

R. Il doit signifier à chaque partie sa déclaration

contenant les faits et renseignemens dont la justice demande la révélation, afin que chaque partie puisse la combattre si elle a des moyens, sinon, en tirer avantage.

D. *Après sa déclaration, reste-il dans l'affaire?*

R. Non; il se retire, sa mission étant finie; à moins qu'une des parties n'ait intérêt de le faire rester. Exemple: Un ouvrier demande des travaux à un propriétaire, comme lui ayant été ordonnés par Pierre, mandataire du propriétaire. Celui-ci nie avoir autorisé Pierre a faire faire ces travaux. Le juge ordonne la mise en cause de Pierre. Pierre déclare qu'il a ordonné les travaux, autorisés par le propriétaire. Ce dernier persiste à dénier l'autorisation: l'ouvrier demande que Pierre reste en cause, pour être condamné à payer, s'il n'étoit pas autorisé. Le juge pourra l'accorder.

D. *Qui paie les frais faits par le mis en cause?*

R. Ils lui sont avancés par la partie qui l'a assigné, et supportés par celle qui succombe en définitif.

D. *De quel poids est la déclaration du mis en cause?*

R. Si elle n'est pas accompagnée de preuves, on y a tel égard que de raison: elle est comparée à la déposition d'un témoin unique, laquelle ne fait pas preuve complète. (P. C. I, 300.)

Des Rapports d'Experts.

D. *Qu'est-ce qu'un rapport d'experts ordonné par justice?*

R. C'est un compte que des experts rendent à la justice, de l'examen qu'elle leur a confié d'un point de difficulté qui ne peut être éclairci que d'après les règles de leur art, avec leur opinion sur ce point.

D. *Donnez-moi des exemples de cas où l'on a recours à cette voie?*

R. Le nombre de cas où l'on y a recours est infini; mais en voici quelques-uns. 1°. Si un ouvrier demande le paiement de travaux, que le défendeur conteste la bonté ou le prix de ces travaux; 2°. si un co-propriétaire demande le partage d'un bien indivis, que l'autre soutienne qu'il ne peut se partager : il faut voir si ce bien peut se diviser ou non, si l'on doit le partager ou liciter. (P. C. I, 302.)

D. Que doit contenir le jugement qui ordonne l'expertise?

R. Il doit énoncer clairement les objets de l'expertise, 302. (C. P. I, 302.)

D. Combien nomme-t-on d'experts ?

R. L'expertise ne peut se faire que par trois experts, à moins que les parties ne consentent qu'il soit procédé par un seul, 303.

D. Les parties peuvent-elles les nommer ?

R. Oui, elles peuvent s'accorder pour nommer les experts avant ou lors du jugement qui ordonne l'expertise; et alors ce jugement leur donne acte de la nomination, 304.

D. Si elles ne les ont pas nommés de cette manière, comment et par qui doivent-ils être nommés ?

R. Le jugement ordonne qu'elles en nommeront dans les trois jours de la signification ; et que, faute de le faire, il sera procédé à l'opération par des experts nommés d'office par ce jugement, 305.

D. Si, depuis le jugement, les parties s'accordent pour cette nomination, comment la font-elles ?

R. Par une déclaration au greffe, 306; et alors la nomination d'office s'évanouit. (P. C. I, 303.)

D. Devant qui les experts convenus ou nommés d'office prêtent-ils serment ?

R. Devant un juge commissaire nommé par le jugement, 305.

D. Si les experts ou les lieux contentieux, sont éloignés du tribunal qui ordonne l'expertise, fera-t-on venir les experts à ce tribunal pour le serment?

R. Non, les juges peuvent commettre un tribunal voisin, un juge, ou même un juge de paix, suivant l'exigence des cas : ils peuvent même autoriser un tribunal à nommer, soit un de ses membres, soit un juge de paix, 1035. (P. C. I, 304.)

D. *Les experts nommés par les parties peuvent-ils être récusés ?*

R. Ils ne peuvent l'être ; parce qu'en les nommant, les parties les ont reconnus impartiaux et ont renoncé à les récuser.

Cependant, elles pourroient les récuser pour causes survenues depuis la nomination et avant le serment 308, comme si l'expert étoit devenu l'allié d'une des parties au degré prohibé.

D. *Les experts nommés d'office, peuvent-ils être récusés ?*

R. Oui ; ils peuvent l'être, même pour causes antérieures à la nommination ; parce que les parties n'ont eu aucune part à cette nomination.

D. *Pour quelles causes peut-on les récuser ?*

R. Pour celles pour lesquelles les témoins peuvent être reprochés, 310. *Voy.* p. 100.

D. *Quand doit-on proposer la récusation ?*

R. Dans les trois jours de la nomination : ce délai expiré, la récusation ne pourra être proposée, et l'expert prêtera serment, 309.

D. *Comment doit-elle être proposée ?*

R. Par un simple acte, signifié à avoué, signé de la partie, ou de son mandataire spécial, contenant les causes de la récusation et les preuves, s'il y en a, ou l'offre de les vérifier par témoins, 309.

D. *Si la récusation est contestée, comment sera-t-elle jugée ?*

R. Elle le sera sommairement à l'audience, et sur les conclusions du ministère public, 311.

D. *Si la cause de la récusation n'est pas du nombre de celles admises par la loi, qu'ordonnera-t-on ?*

R. La récusation est rejetée ; la partie qui l'aura faite, sera condamnée en tels dommages-intérêts qu'il appartiendra, 314, envers son adversaire à qui il a nui en retardant le jugement.

D. Si la récusation attaque l'expert dans son hon-neur, peut-il demander réparation?

R. Oui; et la partie sera condamnée envers lui en des dommages-intérêts, 314.

D. Dans ce dernier cas, l'expert pourra-t-il demeurer expert?

R. Non, 314; parce qu'en demandant une réparation, il est sorti de cet état d'impartialité où l'on doit être pour donner un avis.

D. Si la cause de la récusation est du nombre de celles admises par la loi, mais ne soit pas prouvée (par exemple, que l'expert a bu et mangé aux frais d'une partie depuis le jugement), qu'ordonnera-t-on?

R. Les juges pourront ordonner la preuve par témoins, laquelle sera faite dans la forme prescrite pour les affaires sommaires, 311 *Voy.* p. 105.

Et si les enquêtes ne prouvent rien, la récusation est rejetée, et il faut appliquer ce qu'on vient de dire.

D. Si la récusation est fondée sur une cause admise par la loi, que cette cause soit prouvée au moment où l'on propose la récusation, ou après par témoins, qu'ordonne-t-on?

R. La récusation est admise, et il est d'office nommé un nouvel expert ou de nouveaux experts à la place de celui ou de ceux récusés, 313.

D. S'il y a appel du jugement rendu sur la récusation, cet appel est-il suspensif?

R. Non; le jugement est exécutoire nonobstant l'appel, 312. Si donc le jugement rejette la récusation, l'expert récusé peut procéder à l'opération, nonobstant l'appel. S'il admet la récusation, l'opération est faite par l'expert nommé à la place du récusé. (P. C. I, 306-308.)

D. Que doit-on observer pour faire prêter serment aux experts?

R. Après l'expiration du délai de trois jours, donné aux parties pour convenir d'experts (et après la récusation jugée, s'il y en a eu), la partie la plus diligente prendra l'ordonnance du juge, 307, qui fixe les lieu, jour et heure où se prêtera le serment.

D. Comment appelle-t-on les experts à prêter serment ?

R. Par une sommation aux experts nommés par les parties ou d'office, pour faire leur serment, aux lieu, jour et heure indiqués, 307.

D. Est-il nécessaire d'y appeler les parties ?

R. Non, il n'est pas nécessaire qu'elles soient présentes, 307.

D. L'expert peut-il refuser d'accepter sa mission et de prêter serment ?

R. Oui; l'art. 316 ne prononce de condamnation contre lui, que l'orsqu'après avoir prêté serment, il ne remplit pas sa mission; ce n'est qu'alors qu'il est engagé.

D. S'il refuse , que doit-on faire ?

R. Les parties s'accordent sur-le-champ pour en nommer un autre à sa place, sinon la nomination d'office pourra être faite par le tribunal, 316.

D. Si les experts se présentent pour le serment , que contient le procès-verbal ?

R. Il contient :

1°. La prestation de serment;

2°. Indication par les experts, des lieu, jour et heure de leur opération, 315. (P. C. I, 304 - 306.)

D. Que fait-on ensuite pour poursuivre le rapport ?

R. Les experts et les parties se rendent d'eux-mêmes aux lieu, jour et heure de l'opération, indiqués lors de la prestation du serment.

D. N'est-il pas nécessaire que la partie la plus diligente leur fasse sommation à cet effet ?

R. Non, quand aux experts; puisqu'ayant indiqué, lors de leur serment, les lieu, jour et heure, ils le savent;

Quand aux parties, si elles ont été présentes lors de l'indication, cette indication vaut sommation, 315;

mais si elles ont été absentes, elles sont sommées, par acte d'avoué, de se trouver aux lieu, jour et heure que les experts ont indiqués, 315. (P. C. I, 308.)

D. *Si quelqu'expert, ayant prêté serment ne se présente point pour l'expertise, aux lieu jour et heure indiqués, que fait-on ?*

R. Les parties s'accorderont sur-le-champ pour en nommer un autre à sa place ; sinon la nomination pourra être faite d'office par le tribunal, 316.

D. *L'expert qui ne s'est pas présenté peut-il être actionné pour n'avoir pas rempli sa mission ?*

R. Oui ; et (s'il n'a pas d'excuse valable) il pourra être condamné par le tribunal qui l'a commis, à tous les frais frustratoires, et même aux dommages-intérêts, s'il y échet, 316 ; parce qu'il a manqué à son engagement. (P. C. I, 309.)

D. *Que fait-on pour mettre les experts en état d'opérer ?*

R. On leur remet, 1°. le jugement qui a ordonné leur rapport, 317, afin qu'ils connoissent leur mission ;

2°. Les pièces nécessaires, *idem*, pour pouvoir donner leur avis.

Les parties peuvent faire tels dires et réquisitions qu'elles jugeront convenables, et il en est fait mention dans le rapport, *idem*. (P. C. I, 309.)

D. *Où le rapport est-il rédigé ?*

R. Il l'est sur le lieu contentieux ou dans le lieu et aux jour et heure qui seront indiqués par les experts, 317.

D. *Par qui est-il rédigé ?*

R. Par un des experts ; il est signé par tous, 317.

D. *Si les experts ne savent pas tous écrire, par qui le rapport est-il écrit ?*

R. Il est écrit et signé par le greffier de la justice de paix du lieu où ils ont procédé, 317. (P. C. I, 310.)

D. *Comment doit-on rédiger l'avis, si tous les experts ou la pluralité sont de même opinion ?*

R. Ils doivent dresser un seul rapport.

Ils ne formeront qu'un seul avis à la pluralité des voix, 318.

D. Comment doit-on le rédiger, s'ils sont d'avis différens ?

R. En cas d'avis différens, ils indiqueront les motifs des divers avis, mais sans faire connoître quel a été l'avis personnel de chacun d'eux, 318; afin de ne pas les exposer au mécontentement des parties (P. C. I, 310 et 311.)

D. Où est déposée la minute du rapport ?

R. Au greffe du tribunal qui a ordonné l'expertise, sans nouveau serment de la part des experts, 319. (P. C. I, 312.)

D. Si les experts retardent ou refusent de faire ce dépôt, que faire pour les y contraindre ?

R. Ils peuvent être assignés à trois jours, sans préliminaire de conciliation, devant le tribunal qui les a commis, pour se voir condamner, même par corps, s'il y échet, à faire ce dépôt, 320.

D. Comment statue-t-on sur cette demande ?

R. Il y sera statué sommairement et sans instruction, 320. (P. C. I, 314.)

D. Par qui et comment les vacations des experts sont-elles taxées ?

R. Elles le sont par le président, au bas de la minute du rapport, 319.

D. Que peuvent faire les experts si on ne les paie pas volontairement ?

R. Il leur est délivré exécutoire contre la partie qui a requis l'expertise, ou qui l'a poursuivie, si elle a été ordonnée d'office, 319. (P. C. I, 313.)

D. Lorsque le rapport est déposé, que fait-on pour faire juger ?

R. Le rapport est levé et signifié à avoué, par la partie la plus diligente. L'audience est poursuivie sur un simple acte, 321.

D. Si les juges ne trouvent point dans le rapport des éclaircissemens suffisans, que peuvent-ils faire ?

R. Ils peuvent ordonner d'office une nouvelle expertise par un ou plusieurs experts qu'ils nommeront également d'office, 322.

D. Que pourront faire ces nouveaux experts, pour opérer ?

R. Ils pourront demander aux précédens les renseignemens qu'ils trouveront convenables, 322.

D. Les juges sont-ils astreints à suivre l'avis des experts ?

R. Non, si leur conviction s'y oppose, 323. (P. C. I, 314.)

De la Vérification d'Ecritures.

D. Que doit faire celui contre qui on demande la reconnoissance d'un écrit privé, comme on l'a dit, p. 41, et celui contre qui on produit un tel écrit, dans le cours d'une instance ?

R. Si l'écrit est présenté comme signé de lui, il est obligé d'avouer ou de désavouer formellement son écriture ou sa signature. C. C. 1323. Il ne pourroit pas se borner à dire qu'il ne la connoît pas, parce qu'il doit savoir s'il a signé ou non.

D. Que doit-il faire, si l'écrit est présenté comme signé, non de lui, mais de son auteur, par exemple, de celui dont il est héritier ?

R. Il est obligé d'avouer ou de déclarer qu'il ne connoît pas l'écriture ou la signature de son auteur. C.C. 1323 ; parce qu'il peut se faire qu'il ne la connoisse pas, et qu'il ignore si son auteur a signé cet écrit. (P. C. I, 317.)

D. Si, dans le premier cas, la partie désavoue la signature, ou, dans le second, déclare ne pas la connoître, cela suffit-il pour suspendre la foi et l'exécution de cet écrit ?

R. Oui, parce que celui qui présente l'écrit, affirmant la vérité de l'écrit, et l'autre le niant ou disant ne pas le connoître, et aucun d'eux ne méritant, aux yeux de la justice (devant qui tous les hommes sont égaux), plus de foi l'un que l'autre, la justice est dans un état d'incertitude, jusqu'à ce qu'on l'en tire en lui démontrant que l'écrit est ou n'est pas de celui à qui il est attribué.

D. En seroit-il de même si l'écrit étoit authentique, c'est-à-dire s'il étoit passé devant un homme public, par exemple un notaire ayant droit d'instrumenter dans le lieu où l'acte a été rédigé et avec les solennités requises ?

R. Non ; l'écrit est cru contre celui contre qui il est produit, jusqu'à ce qu'il le prouve faux, sur l'inscription de faux dont il sera parlé ci-après ; parce qu'il y a, entre lui et celui qui produit l'écrit, un homme public qui atteste la vérité de l'écrit, auquel on doit ajouter foi ; ce qui ne se rencontre pas dans l'écrit privé.

D. Lorsque l'écrit privé est dénié ou non reconnu, qui doit prouver qu'il est de celui à qui il est attribué ?

R. C'est celui qui le produit ; car il ne suffit pas à celui qui allégue un fait pour appuyer sa demande ou sa défense, d'alléguer ce fait ; il doit le prouver.

D. Comment lui ordonne-t-on de prouver que l'écrit est de celui à qui il l'attribue ?

R. En ordonnant que la vérification en sera faite, 195.

D. Comment se fera cette vérification ?

R. Le jugement qui l'ordonne porte qu'elle sera faite, tant par titres que par experts et par témoins, 195.

D. Par combien d'experts sera-t-elle faite ?

R. Par trois experts que le jugement nomme d'office, à moins que les parties ne se soient accordées à les nommer, 196.

D. Devant qui se fera cette vérification ?

R. Le jugement nomme un juge devant qui la vérification se fera, 196, c'est-à-dire, devant qui les experts préteront serment, et feront la vérification, et qui entendra les témoins.

D. *Qu'ordonne le jugement relativement à la pièce à vérifier ?*

R. Il ordonne que cette pièce sera déposée au greffe, 196, afin qu'on puisse la vérifier. (P. C. I, 317.)

D. *Que fait, en exécution de ce jugement, celui qui produit l'écrit, pour le faire vérifier ?*

R. Il signe et paraphe l'écrit, avec son avoué èt le greffier; l'état en est ensuite constaté par le greffier; l'écrit est déposé au greffe, et le greffier dresse du tout un procès-verbal, 196.

D. *Celui contre qui l'écrit est produit peut-il en prendre communication au greffe ?*

R. Oui, il le peut dans les trois jours du dépôt, 198, pour l'examiner et le faire examiner par des gens à ce connoissant; afin de s'assurer davantage que l'écrit n'est pas de lui ou de son auteur, et observer dans l'écrit, ce qui pourra prouver aux experts la vérité de son assertion.

D. *Peut-il prendre cette communication avec déplacement ?*

R. Non, il doit la prendre sans déplacement, 198; autrement il pourroit altérer l'écrit.

D. *Comment constate-t-on cette communication ?*

R. La pièce est paraphée par la partie ou son avoué, ou son fondé de pouvoir spécial, 198, afin qu'on ne puisse pas la changer ou l'altérer; et le greffier en dresse procès-verbal, *idem.*

D. *Comment se poursuit et se fait ensuite la vérification ?*

R. De trois manières; par *titres*, par *experts*, et par *témoins.* (P. C. I, 318-320.)

De la Vérification par Titres.

D. *Comment se fait la vérification par titres ?*

R. Par des actes authentiques : elle peut aussi se

faire par des actes privés, mais reconnus par les parties devant un officier public ou en justice, desquels il résulte, ou que celui contre qui l'écrit est produit l'a reconnu vrai (comme si l'on présentoit un acte devant notaires, où il avoit reconnu comme vrai le billet qu'il a depuis dénié, ou que celui qui produit l'écrit a reconnu directement ou indirectement qu'il n'existe pas. (P. C. I, 320.)

De la Vérification par Experts.

D. Comment se fait la vérification par experts ?

R. En comparant, par des experts, la signature qui est au bas de l'écrit, avec d'autres signatures de la même personne étant au bas d'autres pièces, 200, ou avec un corps d'écritures fait par cette personne, 206; pour voir si l'écrit est ou n'est pas de cette personne.

D. Quelles règles suit-on, pour les nomination, récusation et prestation de serment des experts ?

R. Celles prescrites pour les rapports d'experts en général. *Voy.* p. 108 - 115.

D. Comment se poursuit cette vérification ?

R. 1°. La partie la plus diligente, présente requête au commissaire, pour fixer les lieu, jour et heure de la vérification ;

2°. Le commissaire rend ordonnance, fixe les lieu, jour et heure, 199.

D. Comment est signifiée cette ordonnance ?

R. Elle est signifié, à avoué, s'il y en a de constitué; sinon, par un huissier commis par cette ordonnance; et les parties contre qui se poursuit la vérification, sont sommées de comparoître devant le commissaire, pour convenir de pièces de comparaison, 199.

D. Si le demandeur en vérification ne comparoît pas, que fait-on ?

R. Le commissaire donne défaut, et ordonne qu'il en sera par lui fait rapport à la prochaine audience, sans acte à venir plaider, 199 et 1034; parce qu'il n'a tenu qu'au demandeur de savoir le jour de l'audience, en se trouvant devant le commissaire, aux lieu, jour et heure indiqués.

D. Qu'ordonne-t-on sur le rapport du commissaire ?

R. Si le demandeur ne comparoît pas, la pièce est rejetée, mais le jugement est susceptible d'opposition, 199, c'est-à dire que, si le demandeur a des raisons pour justifier ou excuser la non-comparution, on rétracte le jugement, et l'on procède à la vérification comme on verra ci-après.

D. Mais si c'est le défendeur en vérification qui ne comparoît pas, que fait-on ?

R. On suit la marche ci-dessus : défaut, renvoi à l'audience, rapport; et le tribunal peut tenir la pièce pour reconnue. Si le jugement est par défaut, il est susceptible d'opposition, 199. (P. C. I, 321 - 325.)

D. Si les parties comparoissent devant le commissaire, peuvent-elles convenir de pièces de comparaison ?

R. Oui ; l'art. 200 ne donne au commissaire le droit de les choisir, qu'autant que les parties ne s'accordent pas.

D. Si les parties ne s'accordent pas, qui fait ce choix ?

R. Le juge, 200 ; c'est-à-dire le commissaire.

D. Peut-il prendre les pièces qu'il estime convenables ?

R. Il ne peut choisir que les pièces suivantes :

1°. Les signatures apposées au bas des actes devant notaires, 200.

2°. Celles apposées aux actes judiciaires faits en présence du juge et du greffier, *idem ;* par exemple celles qu'on a apposées au bas d'un procès-verbal d'enquête ou autre. Si un procès-verbal étoit fait par le greffier seul, il ne suffiroit pas ; tel est celui dont on a parlé plus haut, constatant l'état de la pièce.

3°. Les pièces écrites et celles signées par celui dont

il s'agit de comparer l'écriture, comme personne publique, 200. Si donc l'écrit privé attribué à un notaire ou autre officier étoit dénié par lui, on pourroit prendre pour pièces de comparaison, les pièces écrites et signées par lui comme notaire.

4°. Les écritures et signatures privées reconnues par celui même à qui est attribuée la pièce à vérifier, *idem*. Exemple : un autre billet qu'on auroit reconnu en justice ou devant un homme public.

5°. Enfin, si la dénégation ou méconnoissance ne porte que sur une partie de la pièce à vérifier, le juge peut ordonner que le surplus de cette pièce servira de pièce de comparaison, *idem*. Exemple : on présente un billet de *deux* mille francs, écrit par moi : je soutiens que le billet n'est que de 1000 fr., que le mot *deux* a été ajouté, et je dénie ce mot; le juge pourra ordonner que le surplus de la pièce, reconnu par moi, sera comparé au mot *deux*, pour voir si ce mot est de la même main.

D. *Le juge peut-il prendre pour pièces de comparaison, les pièces précédemment déniées ou non-reconnues par le défendeur, si elles ont été vérifiées et reconnues être de lui, en justice ?*

R. Non, 200; parce que quoique la justice les ait reconnues vraies, comme elle ne l'a fait que sur un rapport d'experts écrivains dont l'art est très-conjectural, ou sur des dépositions de témoins qui ont pu être subornés ou trompés, ces pièces n'offrent pas la même certitude que celles qui ont été reconnues par la partie elle-même. (P. C. I, 325.)

D. *Si les pièces de comparaison sont entre les mains de notaires ou autres dépositaires publics ou même d'un particulier, que faut-il faire pour les faire apporter à la vérification ?*

R. Le commissaire ordonne qu'aux jour et heure par lui indiqués, les détenteurs de ces pièces les apporteront au lieu où se fera la vérification, à peine, contre les dépositaires publics, d'être contraints par corps, et les autres, par les voies ordinaires, sauf même à prononcer contre ces derniers, la contrainte par corps, s'il y échet, 201. (P. C. I, 326.)

D. Mais si les pièces ne peuvent être déplacées, par exemple, un registre de l'état civil, un acte judiciaire, ou si les détenteurs sont trop éloignés, qu'ordonne-t-on?

R. Le juge commissaire en fait son rapport au tribunal; le procureur du Roi est entendu; et il est laissé à la prudence du tribunal d'ordonner que la vérification se fera dans le lieu de la demeure des dépositaires, ou dans le lieu le plus proche, ou que, dans un délai déterminé, les pièces seront envoyées au greffe par les voies que le tribunal indiquera par son jugement, 202. (P. C. I, 327.)

D. Si l'on ordonne l'envoi des pièces, et que, pendant qu'elles resteront au greffe où se fera la vérification, on ait besoin d'en avoir expédition ou copie, comment pourra-t-on se la procurer?

R. Dans la prévoyance de ce cas, la loi ordonne que si le dépositaire est personne publique, il fera préalablement expédition ou copie collationnée des pièces, laquelle sera vérifiée sur la minute ou l'original, par le président du tribunal de son arrondissement, qui en dressera procès-verbal, 203.

Cette expédition ou copie sera mise par le dépositaire au rang de ses minutes, pour en tenir lieu jusqu'au renvoi des pièces; et il pourra en délivrer des grosses ou expéditions, en faisant mention du procès-verbal qui aura été dressé, *idem.*

D. Comment ce dépositaire est-il remboursé de ses frais?

R. Le juge qui a dressé le procès-verbal les taxe par cet acte d'après lequel il est délivré exécutoire contre celui qui poursuit la vérification, 203. (P. C. I, 329.

D. Si les pièces peuvent être déplacées et que les dépositaires ne soient pas trop éloignés, comment pro

cède-t-on pour leur faire apporter les pièces , faire prê-
ter serment aux experts et faire la vérification ?

R. 1°. Le commissaire rend ordonnance qui indique
les lieu , jour et heure où seront faits l'apport, le serment et la vérification ;

2°. Les experts sont sommés de prêter serment et de
procéder à la vérification ;

3°. Les dépositaires sont sommés de représenter les
pièces ;

4°. La partie est sommée , par acte d'avoué , d'être
présente ;

5°. Il est du tout dressé procès-verbal ;

6°. Copie par extrait de ce procès-verbal et du jugement est donnée aux dépositaires, en ce qui les concerne, 204. (P. C. I, 328.)

D. Si les dépositaires apportent les pièces , comme
elles doivent être remises aux experts , qui répondra
de la conservation et de la restitution de ces pièces ,
lesquelles peuvent se perdre ?

R. Il est laissé à la prudence du commissaire d'ordonner,

Ou que ces dépositaires resteront présens à la vérification , pour la garde des pièces , et qu'ils les retireront et représenteront à chaque vacation ;

Ou d'ordonner que ces pièces resteront déposées ès-
mains du greffier, qui s'en chargera par procès-verbal,
205. (P. C. I, 331.)

D. Si le dépôt est ordonné , et que pendant sa durée ,
on ait besoin d'une expédition ou copie , comment
pourra-t-on se la procurer ?

R. On procédera, comme dans le cas de l'envoi des
pièces (V. p. 121), c'est-à-dire que le dépositaire fera
expédition ou copie ; et il pourra la faire , encore qu'il
n'ait pas droit d'instrumenter dans le lieu où se fait la
vérification , 205. (P. C. I, 331.)

D. S'il n'y a pas de pièces , ou qu'elles soient insuf-
fisantes , sur quoi les experts feront-ils la vérification
par comparaison d'écritures ?

R. Le commissaire peut ordonner qu'il sera fait un corps d'écriture ;

Il est dicté par les experts,

Et il est fait, le demandeur présent ou appelé, 206. (P. C. I, 331.)

D. Que doivent faire les experts avant d'opérer ?

R. Ils doivent prêter serment, 207.

D. Après l'apport des pièces et ce serment, que doivent faire les parties pour mettre lés experts en état d'opérer ?

R. 1°. On leur communique les pièces ;

2°. S'il n'y en a pas, ou si elles sont insuffisantes, il est fait un corps d'écriture ;

3°. Les parties font, sur le procès-verbal du commissaire, telles réquisitions et observations qu'elles avisent, 207. (P. C. I, 332.)

D. Comment procède-t-on ensuite à la vérification ?

R. 1°. Les parties se retirent, 207, pour laisser toute liberté aux experts ;

2°. Les experts procèdent conjointement à la vérification, au greffe, devant le juge, ou devant le greffier, si le juge l'a ainsi ordonné.

Et s'ils ne peuvent terminer le même jour, ils remettent à jour et heure certains, indiqués par le juge ou le greffier, 208. (P. C. I, 332.)

D. Comment les experts donnent-ils leur avis ?

R. Par un rapport commun et motivé ; et ils ne doivent former qu'un seul avis, à la pluralité des voix.

S'il y a des avis différens, le rapport en contiendra les motifs, sans qu'il soit permis de faire connoître l'avis particulier des experts, 210. (P. C. I, 332.)

D. Le rapport achevé, où les experts le remettent-ils ?

R. Il est annexé à la minute du procès-verbal du commissaire, sans qu'il soit besoin de l'affirmer, 209.

D. Que deviennent les pièces de comparaison?

R. Elles sont remises aux dépositaires, qui en déchargent le greffier sur son procès-verbal, 209.

D. Comment sont taxées les vacations des experts?

R. Par le commissaire, sur son procès-verbal; et il leur en est délivré exécutoire contre celui qui a poursuivi la vérification, 209. (P. C. I, 333.)

Nota. Appliquez au surplus à ce rapport les règles posées, page 108, sur les rapports d'experts en général.

De la Vérification par Témoins.

D. Comment fait-on la vérification par témoins?
R. Par une enquête, 211.

D. Quels sont ceux qui peuvent être entendus comme témoins?

R. 1°. Ceux qui ont vu écrire ou signer l'écrit en question;

2°. Ceux qui ont connoissance de faits pouvant servir à découvrir la vérité, 211 : par exemple, ceux qui ont entendu le débiteur avouer le billet.

D. Quelles règles suit-on dans cette enquête?

R. On suit les règles prescrites pour les enquêtes, 212. V. p. 93.

En outre, en procédant à l'audition des témoins, les pièces déniées ou méconnues leur sont représentées; elles sont paraphées par eux; il en est fait mention, ainsi que de leur refus, 212. (P. C. I, 334.)

Du Jugement après la Vérification.

D. Si d'après les titres, le rapport ou l'enquête, la pièce n'est pas de celui à qui elle est attribuée, que prononce-t-on?

R. Elle est rejetée.

D. Mais si elle est reconnue pour être écrite ou signée par celui qui l'a déniée, à quoi est-il condamné?

R. Il est condamné :

1°. Envers le domaine, à 15o fr. d'amende ;

2°. Envers la partie, au principal, à des dommages-intérêts et aux dépens, et pourra être condamné par corps, 213.

D. Prononce-t-on l'amende, les dommages-intérêts et la contrainte par corps contre celui qui a méconnu l'écriture ou la signature de son auteur, si elles sont reconnues pour être de celui-ci ?

R. Non ; car s'il doit connoître certainement son écriture et sa signature propres, il n'en est pas de même de celles de son auteur. (P. C. I, 335.)

De l'Inscription de faux.

D. Quand y a-t-il lieu à s'inscrire en faux contre un acte ?

R. Quand un acte est faux, falsifié ou altéré, et que le faux, la falsification ou l'altération préjudicie.

D. Combien y a-t-il de sortes d'inscriptions en faux ?

R. Il y en a deux : l'inscription principale et l'inscription incidente.

D. Qu'est-ce que l'inscription principale ?

R. C'est l'action par laquelle, sans attendre qu'on fasse usage contre une partie, d'un acte faux, falsifié ou altéré, cette partie demande que cet acte soit déclaré faux, falsifié ou altéré.

D. Par quel motif l'appelle-t-on principale ?

R. Parce qu'elle est le *principe* du procès en faux ; puisque ce procès n'est précédé d'aucune instance civile ni criminelle.

D. Qu'est-ce que l'inscription incidente ?

R. C'est celle qui est dirigée contre un acte faux ou falsifié, produit dans un procès criminel ou civil, auquel cette inscription est un incident. (P. C. I, 337.)

Nota. On ne parlera ici que de l'inscription incidente à un procès civil.

D. Quand y a-t-il lieu à prendre cette voie en procès civil ?

R. Lorsqu'une pièce signifiée, produite ou communiquée dans le cours de la procédure, est fausse ou falsifiée, 214.

D. *Est-il toujours nécessaire, pour écarter une pièce fausse ou falsifiée, de s'inscrire en faux contre cette pièce ?*

R. Cela est nécessaire lorsque la pièce porte extérieurement le caractère d'acte authentique; par exemple, une expédition signée d'un notaire ou autre homme public, ou revêtue du sceau de l'autorité dont la pièce paroît émanée ; parce que la foi est due à toute pièce revêtue d'un tel caractère, jusqu'à ce que celui contre qui on en fait usage, l'ait fait dépouiller de ce caractère, en la faisant déclarer fausse, sur inscription en faux.

D. *Si la pièce fausse ou falsifiée, est une pièce privée, est-il nécessaire de s'inscrire en faux, pour l'écarter ?*

R. Non ; cela n'est pas nécessaire : il suffit, à celui contre qui on la produit, de la dénier ou la méconnoître, en totalité, s'il prétend qu'elle n'est pas de lui ou de son auteur, ou en partie, s'il prétend qu'une partie est vraie et que l'autre ne l'est pas; comme s'il soutient que, dans un billet de *deux* mille francs, le mot *deux* a été ajouté dans le cours du billet, il peut soutenir qu'il est vrai pour mille francs, mais que le mot *deux* n'est pas vrai. Dans ces deux cas, il suffit de dénier ou méconnoître, et l'on a recours à la vérification.

Voyez la raison de cette différence, p. 115 et 116.

D. *Lorsqu'un acte privé a été reconnu par celui auquel on l'oppose, peut-on l'arrêter par une simple dénégation, sans s'inscrire en faux ?*

R. Non : comme il a la même foi que l'acte authentique, C. C, 1322, il est devenu authentique, et ne peut être détruit que sur une inscription de faux, que la partie qui l'a reconnu peut poursuivre, malgré sa reconnoissance ; parce qu'il n'est pas sans exemple, qu'un homme, trompé par une parfaite imitation de son écriture et de sa signature, ait reconnu comme vrai un écrit que la justice a ensuite reconnu faux.

D. Lorsqu'un acte privé a été légalement tenu pour reconnu, peut-il être arrêté par une simple dénégation, sans inscription de faux ?

R. Non : comme il a la même foi que l'acte authentique, C. C, 1322, il est authenthique. Tel est celui présenté contre un homme assigné en vérification d'écriture et qui ne comparoît pas : l'écrit est tenu pour reconnu, 194, par un jugement. Si le condamné ne fait pas réformer ce jugement (par les voies d'opposition, d'appel, de requête civile et de cassation, qui seront développées Partie IV), ce jugement subsistant, l'authenticité qu'il a conférée à l'acte privé subsiste aussi, et cet acte ne peut être détruit que sur une inscription de faux.

D. Si, sur une vérification d'écritures, une pièce privée a été déclarée être de celui à qui elle est attribuée, peut-elle être arrêtée ensuite par une simple dénégation sans inscription de faux ?

R. Non : lorsque la pièce a été vérifiée, soit avec le demandeur, soit avec le défendeur en faux ; s'il est intervenu un jugement sur le fondement de cette pièce, comme véritable, la pièce ayant été reconnue comme vraie par la justice, elle est devenue par-là authentique : mais la partie peut l'arguer de faux, malgré ce jugement, 214 ; parce que ce jugement est basé, ou sur un rapport d'experts écrivains dont l'art est très-conjectural, ou sur des témoignages qui ont pu être subornés ou erronnés.

D. Peut-on s'inscrire en faux incident au civil contre un acte déjà attaqué comme faux et déclaré vrai sur une première inscription en faux ?

R. Non, 214 ; parce que la chose est jugée (C. C., 1350 et 1351). C'est une règle générale que l'on ne peut remettre en question ce qui est décidé ; autrement, il n'y auroit point de terme aux débats judi-

ciaires, et les gens de mauvaise foi, à force de chicanes, obligeroient l'homme de probité d'abandonner
son droit. (P. C, I, 336 - 337.)

I. De l'Inscription de faux, depuis sa naissance,
jusques et compris le jugement qui l'admet et
permet de la poursuivre.

*D. Celui contre qui est produit ou communiqué ou à
qui est signifié, dans le cours d'une instance, un acte
qu'il prétend faux ou falsifié, peut-il sur-le-champ
s'inscrire en faux ?*

R. Non : il est tenu préalablement de sommer l'autre partie, par acte d'avoué à avoué, de déclarer si
elle veut ou non se servir de la pièce, avec déclaration que dans le cas où elle s'en serviroit, il s'inscrira
en faux, 215; afin que si le faux existe, et si c'est
cette partie qui l'a commis, elle réfléchisse sur son
crime et abandonne son acte; que si le crime a été
commis par un tiers, par exemple, par son auteur,
elle abandonne sa pièce; et que dans tous les cas elle
ne se laisse pas embarrasser dans une poursuite dont
l'issue pourroit lui être funeste ou au moins préjudiciable. (P. C. I, 339.)

D. Sur cette sommation, que doit faire l'autre partie?

R. Dans les huit jours, elle doit faire signifier par
acte d'avoué, sa déclaration signée d'elle ou du porteur de sa procuration spéciale et authentique, dont
copie sera donnée, si elle entend, ou non, se servir
de la pièce arguée de faux, 216. (P. C. I, 340.)

*D. Si elle ne fait pas cette déclaration, ou si elle
déclare qu'elle ne veut pas se servir de la pièce, que
pourra faire le demandeur en faux ?*

R. Il pourra se pourvoir a l'audience, sur un simple acte, pour faire ordonner que la pièce qu'il prétend fausse, sera rejetée par rapport au défendeur;
sauf à lui demandeur à en tirer telles inductions ou
conséquences qu'il jugera à propos, ou à former telles

demandes qu'il avisera pour ses dommages-intérêts, 217. (P. C. I, 340 - 343.)

D. Si le défendeur déclare qu'il veut se servir de la pièce, comment le demandeur doit-il s'inscrire en faux ?

R. Par un acte au greffe, signé de lui ou de son fondé de pouvoir spécial et authentique, portant qu'il entend s'inscrire en faux, 218.

D. Cet acte suffit-il au demandeur, pour qu'il puisse ensuite poursuivre le faux ?

R. Non, il ne le peut qu'après avoir, sur un simple acte, fait rendre à l'audience un jugement qui admet l'inscription, et nomme le commissaire devant qui elle sera poursuivie, 218.

D. Pourquoi faut-il faire juger que cette inscription sera admise ?

R. Parce qu'il peut se faire que cette inscription et la poursuite du faux soient inutiles pour la décision de l'affaire ; comme lorsque , indépendamment de l'acte argué de faux, la partie produit d'autres preuves non attaquées, et qui suffisent pour lui donner gain de cause, même en écartant cet acte. Il est possible aussi que le défendeur donne dès-à-présent des preuves que l'inscription n'est qu'une chicane. Enfin, lors-même que l'inscription doit être admise, il faut un jugement pour nommer le commissaire devant qui elle sera poursuivie. (P. C. I, 343-345.)

II. De l'Inscription, depuis le Jugement d'admission, exclusivement, jusques et compris le jugement qui ordonne que le faux sera instruit.

D. Si l'inscription est admise, que doit faire celui dont la pièce est arguée de faux ?

R. Il est tenu,

1°. De la remettre au greffe, dans les trois jours de la signification du jugement d'admission ;

2°. De signifier, dans les trois jours suivans, l'acte de mise au greffe, 219.

D. S'il n'y satisfait pas, que peut faire le demandeur en faux ?

R. Il peut se pourvoir à l'audience pour faire statuer sur le rejet de la pièce :

Il peut, s'il le préfère, demander qu'il lui soit permis de faire remettre la pièce au greffe, 220, par le détenteur, 220, s'il est plus avantageux à ce demandeur en faux, de prouver le faux, que de rejeter la pièce. (P. C. I, 345-346.)

D. Lorsque la pièce est déposée, soit par le défendeur, soit par le détenteur, que fait-on ?

R. Le commissaire, en présence du procureur du Roi et des parties ou de leurs mandataires, dresse procès-verbal de l'état de la pièce, contenant description des ratures, surcharges, interlignes et autres circonstances du même genre, 227. (P. C. I, 347-349.)

D. Lorsque cet état est dressé, que doit faire le demandeur en faux ?

R. Il peut prendre communication de la pièce, par les mains du greffier, sans déplacement, 228 ; pour l'examiner et voir en quoi elle est fausse.

D. Lorsqu'il a examiné la pièce, que doit-il faire?

R. Dans les huit jours qui suivent le procès-verbal de l'état de la pièce, il doit signifier ses moyens de faux, lesquels contiendront les faits, circonstances et preuves par lesquels il prétend établir le faux ou la falsification, 229. (P. C. I, 353.)

D. S'il ne fournit pas ses moyens, que peut faire le défendeur en faux ?

R. Il peut demander que le demandeur soit déchu de son inscription en faux ; 229. (P. C. I, 354.)

D. Si le demandeur présente des moyens, que doit faire le défendeur ?

R. Dans les huit jours de la signification des moyens de faux, il doit y répondre par écrit ;

Sinon le demandeur peut demander le rejet de la pièce, 230. (P. C. I, 355.)

D. *Lorsque les moyens et les réponses sont fournis, qu'ordonne le tribunal si les moyens sont mal fondés en totalité ?*

R. Il les rejette, 231 ; et juge le fond, s'il est en état ; par exemple, si l'inscription est contre une obligation, il condamne à l'acquitter.

D. *Que décide le tribunal, s'il y a des moyens de faux, mal fondés, et d'autres bien fondés ?*

R. Il rejette les uns, admet les autres, et permet de prouver ceux-ci, 231.

D. *Lorsque le tribunal ne peut voir actuellement si les moyens ou quelques-uns sont fondés ou non, qu'ordonne-t-il ?*

R. Il joint ces moyens, soit à l'incident en faux, si quelques-uns de ces moyens ont été admis, soit au procès principal, 231 ; sauf, lorsqu'il sera démontré ensuite, si les moyens admis sont bons ou mauvais, à admettre ou rejeter ceux qui ont été joints.

D. *Lorsque le tribunal permet de prouver les moyens, que doit contenir le jugement ?*

R. Il doit :

1°. Enoncer expressément les moyens qui sont déclarés pertinens et admissibles, et dont on permet la preuve, 233 ;

2°. Ordonner que ces moyens seront prouvés,

Par titres,

Par vérification des pièces arguées de faux, laquelle sera faite par trois experts écrivains, que ce jugement nomme d'office ;

Par témoins, devant le juge commis, sauf la preuve contraire, 232. (P. C. I, 356-358.)

III. De l'Instruction du Faux, depuis le jugement qui ordonne cette instruction, exclusivement, jusques et compris le jugement qui statue sur le Faux.

D. Comment se prouve le faux ?

R. De trois manières : par titres, par experts, par témoins.

Instruction par titres.

D. Comment le faux s'instruit-il par titres ?

R. Par des actes qui démontrent la véracité ou la fausseté de l'acte argué de faux ; par exemple, une obligation où le demandeur en faux a reconnu comme vraie celle qu'il attaque aujourd'hui comme fausse; l'acte où le défendeur en faux a reconnu que l'obligation étoit fausse. (P. C. I, 358.)

Instruction par experts.

D. Comment le faux s'instruit-il par experts?

R. Par une vérification d'experts, faite en la forme ci-dessus, page 115.

D. Sur quelles pièces de comparaison se fait cette vérification ?

R. Sur pièces convenues entre les parties ou indiquées par le juge, 236. *Voy.* ci-dessus, pag. 119.

D. Les experts peuvent-ils donner leur avis sur des moyens de faux autres que ceux dont la preuve est permise ?

R. Les parties ne peuvent faire preuve que des moyens admis : mais les experts peuvent faire telles observations dépendantes de leur art, qu'ils jugent à propos, sur les pièces prétendues fausses ; sauf aux juges à y avoir tel égard que de raison, 233. Si donc le demandeur avoit omis de relever, dans l'acte, une circonstance servant à prouver le faux ; par exemple, des gratures, des surcharches et autres choses qui peuvent échapper à un particulier non versé dans l'art de l'écriture, les experts pourroient en faire l'observation ; et les juges y auroient tel égard que de raison.

Du reste, appliquez à cette vérification, ce qu'on a dit page 118. (P. C. I, 359-361.)

Instruction par Témoins.

D. Comment le faux s'instruit-il par témoins?

R. Par des enquêtes où sont entendus les témoins qui déposent de faits servant à établir la fausseté ou la véracité de l'acte.

D. Quelles formalités observe-t-on dans ces enquêtes?

R. Celles prescrites pour les enquêtes, 234. *Voy.* page 93.

En outre, les pièces prétendues fausses sont représentées aux témoins, *idem.*

D. Représente-t-on aux témoins les pièces de comparaison et autres remises aux experts?

R. Elles ne sont représentées aux témoins, qu'autant que le commissaire l'estime convenable, *idem.* (P. C. I., 358.)

D. Pendant l'instruction du faux, celui qui est porteur de l'acte argué, peut-il en poursuivre l'exécution?

R. Il faut distinguer :

Si l'acte est privé, et n'est point devenu authentique par la reconnoissance faite par la partie ou la justice (*Voy.* pag. 116) celui à qui on l'oppose peut se borner à le dénier ou le méconnoître, comme on l'a dit, page 115 ; ou il peut, s'il le préfère, passer à l'inscription de faux : s'il le fait, cette inscription étant une véritable dénégation ou méconnoissance d'un acte privé, laquelle suffit pour suspendre la foi et l'exécution de l'acte, l'exécution du titre est arrêtée par l'inscription même, sans qu'il soit besoin de jugement.

Mais si l'acte argué, porte extérieurement le caractère d'authenticité, l'inscription ne suffit pas pour suspendre l'exécution, par les raisons exposées pag. 126; il faut un jugement; et les tribunaux peuvent, suivant les circonstances, suspendre provisoirement l'exécution de l'acte. C. C. 1319. Il peuvent le faire à quelqu'époque que ce soit de l'instruction, dès qu'il s'élève, contre l'acte, des présomptions graves de faux. (P. C. I, 358.)

D. *Peut-on transiger sur le faux?*

R. On le peut sur l'intérêt civil qui résulte du délit, mais la transaction n'empêche pas la poursuite du délit, par le ministère public. C. C. 2046.

D. *Si l'on transigeoit sur cet intérêt civil, la transaction pourroit-elle être exécutée; par exemple, pour se faire remettre, par le greffier, la pièce arguée de faux et faire rendre aux dépositaires les pièces de comparaison?*

R. Il faudroit, pour en poursuivre l'exécution en ce qui concerne le greffier et autres que les parties, que la transaction fût homologuée, c'est-à-dire, que la justice, sur les conclusions du ministère public, en ordonnât l'exécution, 249.

D. *Comment le ministère public peut-il consentir, et la justice ordonner cette exécution, dont l'effet seroit, en remettant les pièces, de soustraire les preuves du crime et de dérober le coupable à la punition?*

R. La justice ne l'ordonne qu'après s'être assurée, ou qu'il n'y a pas de crime, ou que le crime est éteint par la mort du coupable ou la prescription.

Elle peut aussi l'ordonner, quand le crime n'est point éteint; mais alors le ministère public peut faire telles réquisitions qu'il jugera à propos, 249, et le tribunal ordonner ce qu'il estimera convenable pour conserver les preuves et pour la poursuite du crime, nonobstant l'exécution de la transaction, qui n'a lieu, dans ce cas, que dans l'intérêt des parties. (P. C. I, 360.)

Du Jugement sur l'Inscription de faux.

D. Lorsque l'instruction est achevée, comment se poursuit le jugement ?

R. Sur un simple acte, 238.

D. Qu'ordonne-t-on, s'il n'y a pas de faux ?

R. L'inscription est rejetée ; en conséquence, on ordonne la remise des pièces arguées de faux, de celles de comparaison et autres ;

Le demandeur en faux est condamné à une amende qui ne peut être moindre de 300 fr., et à tels dommages-intérêts qu'il appartient, 246. (P. C. I, 361 364.)

D. Qu'ordonne-t-on, s'il y a faux ?

R. Il faut distinguer si le crime est éteint, ou non.

D. Comment le crime peut-il être éteint ?

R. De deux manières : 1°. Par la mort du coupable, 239, et Code d'Instruction criminelle, 2 ; 2°. Par la prescription, 239, et Code d'Instruction criminelle, 635.

D. Si le crime est prouvé, mais est éteint, par la mort seulement, qu'ordonne-t-on ?

R. L'action criminelle étant seule éteinte, et l'action civile subsistant toujours, Code d'instruction criminelle, 2, on ordonne que l'acte argué sera, suivant les cas, supprimé, lacéré, rayé, réformé ou rétabli, 241 ; et la remise des pièces aux dépositaires, parties et témoins qui les ont fournies, 242.

D. Que prononce-t-on, quand le crime est éteint par prescription ?

R. L'action criminelle et l'action civile étant toutes deux éteintes, Code d'Instruction criminelle, 2 ; l'acte argué subsiste dans toute sa force : l'inscription est rejetée ; et l'on prononce, comme on l'a dit ci-dessus dans les cas où il n'y a pas de faux.

D. S'il résulte de la procédure, des indices de faux ou de falsification, et que le crime ne soit éteint, ni par mort, ni par prescription, que fait-on ?

R. Le président délivre mandat d'amener contre les prévenus, 239, et Code d'Instr. crim., 462.

D. Prononce-t-on alors sur le civil, c'est-à-dire, sur la contestation à l'occasion de laquelle a été produit l'acte argué de faux ?

R. Non : il est sursis à statuer, sur le civil, jusqu'après le jugement sur le faux, 240, et Cod. d'instruction crim. 460 ; puisqu'on ne peut juger le civil qu'après qu'on a vérifié si l'acte est vrai ou faux.

D. Le ministère public doit-il être entendu, lors des jugemens rendus en matière de faux ?

R. Tout jugement d'instruction ou définitif, rendu en cette matière, ne peut l'être que sur les conclusions du ministère public, 251 ; parce qu'il peut y avoir crime, et lieu par conséquent à exercer sa vigilance. (P. C. I, 364 - 366.)

IV. De l'exécution du Jugement définitif sur l'Inscription de faux.

D. Si, en statuant sur l'inscription de faux, on déclare la pièce fausse, et qu'on en ordonne la suppression, la lacération, la radiation totale ou partielle, ou sa réformation ou son rétablissement, peut-on exécuter le jugement de suite ?

R. Non : il est sursis à l'exécution de ce chef du jugement, tant que le condamné sera dans le délai de se pourvoir par appel, requête civile ou cassation, ou qu'il n'aura pas formellement et valablement acquiescé au jugement, 241. Le jugement pouvant être réformé, le mal seroit irréparable, si l'acte étoit supprimé ou lacéré : dans les autres cas, il faudroit remettre l'acte dans son premier état ; on ne doit donc y toucher que lorsque son sort est décidé irrévocablement.

D. Si, dans ce cas de pièce déclarée fausse, on a ordonné la remise des autres pièces aux parties et aux témoins qui les ont fournies ou représentées, cette remise a-t-elle lieu immédiatement après le jugement?

R. Non ; il est sursis à cette remise, tant que dure le délai de l'appel, de la requête civile et de la cassation, 242 ; parce que si l'on venoit à se pourvoir contre le jugement, et que ces pièces eussent été remises, il seroit souvent impossible ou du moins difficile de se les procurer de nouveau, pour prouver, soit le faux, soit la véracité de l'acte argué.

D. Est-il sursis également à la remise des pièces de comparaison ?

R. Oui ; si ce n'est qu'il en soit autrement ordonné par le tribunal, sur la requête des dépositaires des pièces, ou des parties qui auroient intérêt de la demander, 243 ; par exemple, si ces pièces, qui sont des minutes, venoient à être arguées de faux, ou si l'on en avoit besoin pour servir de comparaison dans d'autres affaires. (P. C. I, 367.)

D. Si la pièce étoit déclarée vraie, seroit-il également sursis à la remise, tant de la pièce prétendue fausse, que des pièces fournies par les parties et témoins, et des pièces de comparaison ?

R. Oui, 242 et 243 ; parce que le jugement peut être attaqué et réformé, qu'on rentreroit alors dans l'examen de la question de savoir si l'acte est faux ou vrai, et qu'on peut avoir besoin de ces pièces pour prouver le faux. (P. C. I, 367.)

SECTION III.

Du Cas où le juge cherche la vérité, par l'examen des objets contentieux, ou de la Descente de Juges.

D. Quand ordonne-t-on la descente de Juges ?

R. Dans tous les cas où le tribunal la croit nécessaire, 295, c'est-à-dire, lorsqu'on ne peut avoir une idée juste du point contentieux, ni le décider, sans voir et examiner l'objet qui en fait la matière ; comme, par exemple, s'il s'agit d'une servitude.

D. Qu'ordonne-t-on alors pour mettre le tribunal en état de connoître et de juger ce point?

R. Le tribunal ordonne que l'un des juges qui auront assisté, 296, à l'examen de l'affaire, se transportera sur les lieux, 295, pour les voir, et en rendre compte au tribunal.

D. Ne pourroit-on pas, au lieu de commettre un des juges, envoyer des experts pour en faire leur rapport?

R. On ne peut ordonner d'office la descente dans les matières où il n'échet qu'un simple rapport d'expert, 295. Si donc le rapport d'expert suffit, on doit s'y borner : mais lorsqu'on voit qu'il ne rempliroit pas l'objet, on ordonne le transport d'un des juges assistans, parce que, sachant mieux que ne le feroient des experts, quel est le point de la difficulté, et ce qui est nécessaire au tribunal, pour l'éclairer, il en rendra mieux compte que des experts. D'ailleurs, si, lors du jugement, le compte par écrit qu'il a dressé, laisse quelques nuages, il pourra les dissiper a l'aide des connoissances locales qu'il a ; ce qu'on ne pourroit obtenir par les experts, puisqu'il n'assistent pas au jugement.

D. Lorsque ce rapport suffit, on ne peut donc jamais ordonner la descente?

R. Non, on ne le peut d'office ; mais le tribunal peut ordonner le rapport et la descente, simultanés, s'il en est requis par l'une ou l'autre des parties, 295.

D. Pourquoi peut-il les ordonner, quand il en est requis, et ne le peut-il pas d'office?

R. C'est que, quand il en est requis par l'une des parties, il y a à présumer que cette partie croit avoir besoin de la présence d'un juge au rapport d'experts, soit pour que le juge, par son autorité, contienne tout dans l'ordre, et empêche que ces experts ne soient troublés et influencés par l'autre partie ; soit pour faire ordonner par ce juge ce qui sera convenable, pour faciliter le moyen de faire leur rapport, comme de aire des visites chez des tiers, faire des percemens, es fouilles et autres opérations que les experts ne pourroient que demander, sans pouvoir les ordonner, n'ayant pas caractère pour le faire.

Mais lorsque les parties ne requièrent pas la descente, et qu'un simple rapport suffit, le juge ne doit pas ordonner cette descente; les parties annonçant, par leur silence, qu'elles n'en ont pas besoin. (P. C. I, 368-371.)

D. Comment poursuit-on la descente ?

R. 1º. La partie la plus diligente présente requête au commissaire, pour qu'il fixe les lieu, jour et heure de la descente;

2º. Le commissaire les fixe par une ordonnance ;

3º. On signifie cette ordonnance à l'avoué de l'autre partie, et cette signification lui vaut sommation, 297, d'y assister.

D. Est-il nécessaire d'y appeler le ministère public ?

R. Non ; sa présence n'est nécessaire que quand il est lui même partie, 300.

D. Est-il considéré comme partie, par cela seul qu'il a donné ses conclusions ?

R. Non, il n'est considéré comme tel que quand il est réellement partie, comme demandeur, comme défendeur, ou comme intervenant; par exemple, quand il agit pour les intérêts d'un présumé absent qui n'a pas laissé de mandataire, et aux biens duquel il n'a pas été nommé d'administrateur : mais lorsqu'il ne fait que donner des conclusions, comme les intérêts du mineur ou autre pour lequel son intervention est requise, sont défendus par un préposé, c'est à ce préposé à assister à la descente.

D. Par qui sont avancés les frais de transport ?

R. Par la partie qui requiert la descente : elle doit les consigner au greffe, 301.

D. Que doit contenir le procès-verbal de descente ?

R. Il doit contenir,

1º. La description des objets contentieux; de manière que le tribunal soit à portée de bien connoître et de décider le point contentieux ;

2°. Mention, sur la minute, des jours employés aux transport, séjour et retour, 298.

D. Lorsque l'opération est finie, comment poursuit-on le jugement ?

R. La partie la plus diligente signifie le procès-verbal aux avoués des autres parties, et elle poursuit l'audience sur un simple acte, 299. (P. C 1, 371 - 375.)

<hr>

CHAPITRE II.

Des Voies qu'on emploie pour éclaircir un Point de Droit.

D. Lorsque le fait est établi, comment prouve-t-on que, d'après ce fait, la loi décide en notre faveur?

R. En rapportant la loi, et à défaut, la jurisprudence qui décide pour nous, d'après ce fait.

D. Mais si la loi renvoie, pour la décision du droit, à des usages locaux, que les parties ne soient pas d'accord sur ces usages, et que le juge ne les connoisse pas, que fera-t-il pour les connoître, ne pouvant décider sans cela?

R. Il renverra devant le tribunal des lieux, pour être délivré acte de notoriété, c'est-à-dire, un acte qui atteste qu'il est de notoriété, dans le pays, que telle ou telle chose se pratique. Exemple, l'art. 1736 du C. C., porte que : Si un bail est fait sans écrit, l'une des parties ne pourra donner congé à l'autre, qu'en observant les délais fixés par l'usage des lieux. Supposé qu'un habitant de Paris ait loué verbalement à Lyon, une maison ; qu'on lui donne congé pour sortir dans six mois, que la cause soit portée à Paris, attendu qu'il y demeure et qu'il est défendeur ; s'il soutient que l'usage à Lyon est de donner un an, et que le tribunal de la Seine ignore lequel de ces deux délais on suit, il renverra devant le tribunal de Lyon, pour savoir quel délai se pratique.

D. *Comment se poursuit et se délivre cet acte de notoriété ?*

R. 1°. La partie la plus diligente présente requête au président du tribunal qui doit délivrer l'acte, pour fixer les jour et heure où il pourra être délivré ;

2°. Le président les fixe par une ordonnance ;

3°. On assigne l'autre partie.

D. *Pourquoi appeler l'autre partie ? Ne suffiroit-il pas de présenter au tribunal le jugement qui relate le point contentieux, pour le mettre en état d'attester ?*

R. Non, il est bon que cette partie soit appelée, afin que le tribunal connoisse toutes les circonstances et nuances du point contentieux que le jugement peut ne pas développer avec autant d'exactitude que le feront les parties qui y sont intéressées.

D. *Que fait le tribunal ?*

R. Après avoir entendu les parties, il atteste qu'il est de notoriété que telle chose se pratique dans le cas qui lui est déféré.

D. *Comment poursuit-on ensuite le jugement au tribunal qui a ordonné l'acte de notoriété ?*

R. La partie la plus diligente signifie cet acte à avoué, et poursuit sur un simple acte. (P. C. I, 375-379.)

CHAPITRE III.

Des *Voies d'Instruction communes aux Questions de Droit et aux Questions de Fait.*

D. Combien est-il de voies d'instruction communes aux questions de droit, et aux questions de fait ?

R. Il y en a deux : le délibéré et l'instruction par écrit.

Du Délibéré.

D. Qu'est-ce que le délibéré ?

R. C'est un jugement par lequel un tribunal considérant que l'affaire est instruite du côté des parties, qu'il n'est plus besoin que d'examiner leurs titres et moyens, et que cet examen ne peut se faire à l'audience, à cause des distractions qu'on y éprouveroit, ou du temps et de la méditation que cet examen exige, ordonne qu'il en délibérera en particulier en la chambre du conseil.

D. Combien y a-t-il de sortes de délibérés ?

R. Il y en a trois :

Le délibéré sur-le-champ ;

Le délibéré sans rapport ;

Le délibéré sur rapport.

D. Qu'est-ce que le délibéré sur-le-champ ?

R. C'est celui par lequel les juges ordonnent qu'ils se retireront sur-le-champ dans la chambre du conseil, pour y recueillir les avis, 116.

Ils ordonnent qu'à cet effet, les parties remettront leurs pièces et dossiers sur le bureau, pour procéder à l'examen.

D. Ce jugement doit-il être signifié ?

R. Non ; car étant rendu en présence des parties, ou de leurs défenseurs, elles n'ont pas besoin qu'on le leur fasse connoître, pour remettre leurs pièces, (P, C. I, 380.)

D. Qu'est-ce que le délibéré sans rapport ?

R. C'est celui par lequel les juges, qui ne peuvent décider sur-le-champ, ordonnent que la cause est continuée à une des prochaines audiences, pour prononcer le jugement, 116 ; afin que, pendant l'intervalle, ils puissent examiner l'affaire.

Ce jugement n'est pas signifié, par la raison ci-dessus. (P. C. I, 380.)

D. Qu'est-ce que le délibéré sur rapport ?

R. C'est celui par lequel les juges ordonnent que les pièces seront remises sur le bureau, pour en être délibéré au rapport d'un juge nommé par le jugement, avec indication du jour auquel le rapport sera fait, 93.

D. Est-il nécessaire de signifier le jugement, pour remettre les pièces ?

R. Non : les parties et leurs défenseurs sont tenus d'exécuter ce jugement, sans qu'il soit besoin de le lever ni signifier, et sans sommation, 94.

Si l'une des parties ne remet point ses pièces, la cause sera jugée sur les pièces de l'autre, *idem.*

D. Si le rapporteur décède, se démet ou ne peut faire le rapport, comment le fait-on remplacer ?

R. On présente requête au président pour en faire nommer un autre :

Le président commet ;

Son ordonnance est signifiée à partie ou à son avoué, trois jours au moins avant le rapport, 110, afin qu'elle puisse récuser le nouveau rapporteur, s'il y a lieu, ou communiquer avec lui, s'il n'est pas récusable.

D. Comment se fait le rapport ?

R. Il se fait à l'audience :

Le rapporteur résume le fait et les moyens sans ouvrir son avis, 111.

D. Les défenseurs des parties peuvent-ils parler après le rapport, pour y ajouter ou le redresser, s'il y a lieu ?

R. Non, ils peuvent seulement remettre sur-le-champ au président de simples notes énonciatives des faits sur lesquels ils prétendroient que le rapport a été incomplet ou inexact, 111.

D. Si la cause est susceptible de communication, doit-on communiquer au ministère public ?

R. Oui, et il est entendu en ses conclusions, à l'audience, 112, mais après le rapport ; parce que ce rapport, contenant le résumé des faits et moyens seulement, représente la plaidoirie, et que le ministère public n'est entendu qu'après les parties.

D. Si le jugement est rendu sur les pièces de l'une des parties, faute par l'autre d'avoir produit, celle-ci peut-elle former opposition au jugement ?

R. Non : ce jugement n'est pas susceptible d'opposition, 113, comme les autres jugemens par défaut; parce que la partie ou son défenseur ayant été présent lorsqu'on a ordonné le délibéré, c'est sa faute, si elle n'a pas produit, et qu'elle ne peut par conséquent alléguer qu'elle a été surprise, comme pour les autres jugemens par défaut, ainsi qu'on verra Part. IV, en parlant de l'*Opposition*. (P. C. I, 381 - 382.)

De l'Instruction par écrit.

D. Qu'est-ce que l'instruction par écrit, et quand s'ordonne-t-elle ?

R. Si une affaire ne paroît pas susceptible d'être jugée sur plaidoirie ou délibéré, le tribunal ordonne qu'elle sera instruite par écrit, pour en être fait rapport par l'un des juges nommé par le jugement, 95.

D. Peut-on l'ordonner dans les affaires sommaires?

R. Non : elles doivent être jugées, après les délais de la citation échus, sur un simple acte, sans autres procédures ni formalités, 405 : ainsi elle ne peut avoir lieu qu'en matière non sommaire. (P. C I, 383.)

D. Comment se poursuit et se fait cette instruction?

R. Cela varie suivant les trois cas qu'on va voir :

1°. Le demandeur et le défendeur satisfont tous deux à ce jugement ;

2°. Le demandeur seul y satisfait, le défendeur garde le silence ;

3°. Enfin, le demandeur garde le silence ; le défendeur satisfait au jugement.

Premier cas : Le demandeur et le défendeur satisfont au jugement.

D. Qui doit commencer l'instruction et comment?
R. C'est le demandeur.

1º. Dans la quinzaine de la signification du jugement, il doit faire signifier au défendeur une requête contenant ses moyens : elle est terminée par un état des pièces produites au soutien, 96.

2º. Dans les vingt-quatre heures de cette signification, il doit produire au greffe, *idem*, sa requête et les pièces.

3º. Ensuite, dans le même délai, il doit faire signifier l'acte de produit, *idem*.

D. *Lorsque le demandeur a produit, que doit faire le défendeur ?*

R. 1º. Dans la quinzaine de la production du demandeur au greffe, le défendeur en prend communication, 97.

2º. Dans le même délai, il doit faire signifier sa réponse, avec état, au bas, des pièces au soutien, *id*.

3º. Dans les vingt-quatre heures de cette signification, il rétablira au greffe, la production par lui prise en communication, et fera la sienne, *idem*.

4º. Enfin, dans ce même délai de vingt-quatre heures, il signifiera l'acte de produit, *idem*.

D. *Mais s'il y a plusieurs défendeurs qui aient tout-à-la-fois des avoués et des intérêts différens, quels délais auront-ils ?*

R. Ils auront chacun les délais ci-dessus fixés, pour prendre communication, répondre et produire.

Et la communication leur sera donnée successivement, à commencer par le plus diligent, 97. (P. C. I, 384 - 403.)

Second cas : Le demandeur satisfait au jugement; le défendeur n'y satisfait pas.

D. *Si le défendeur ne produit pas dans le délai qui lui est accordé, que pourra-t-on faire ?*

R. Il sera procédé au jugement, sur la production du demandeur, 99.

D. *Mais s'il y a plusieurs défendeurs, que pourra-t-on faire contre eux ?*

R. Si l'un des délais fixés expire sans qu'aucun des défendeurs ait pris communication, il sera procédé au jugement sur ce qui aura été produit, 100. (P. C. I, 403.)

Troisième Cas : Le demandeur ne satisfait pas au jugement; le défendeur y satisfait.

D. Si le demandeur ne produit pas dans le délai ci-dessus, que pourra faire le défendeur ?

R. Il mettra sa production au greffe, ainsi qu'il a été dit ci-dessus, 98.

Et s'il y a plusieurs défendeurs, le plus diligent mettra sa production au greffe; 101.

D. Jugera-t-on immédiatement après, sur la production du défendeur ou des défendeurs ?

R. Non : le demandeur a huitaine pour prendre communication de la production du défendeur ou des défendeurs : ce délai passé, s'il n'a pas produit, il est procédé au jugement, sur la production du défendeur, 98 et 101. (P. C. I, 403.)

Des Productions nouvelles.

D. Les parties peuvent-elles, après avoir fait chacune une production comme ci-dessus, en faire une seconde ?

R. Oui, elles le peuvent, par l'un de ces quatre motifs :

Le 1ᵉʳ, lorsqu'on a oublié de produire des pièces; pour réparer cet oubli;

Le 2ᵉ, lorsqu'on a découvert une pièce qu'on ne connoissoit pas;

Le 3ᵉ, lorsque l'adversaire a opposé des moyens qu'on ignoroit, et auxquels des pièces non produites servent de réponse;

Le 4ᵉ, lorsqu'on a tenu des pièces en réserve, pour faire tomber l'adversaire dans des allégations contraires à la vérité, afin de le constituer en mauvaise foi, et se donner par là un avantage sur lui. Exemple : Le demandeur prétend qu'il a prêté ; il est sans titre, mais il a des lettres qui ne prouvent pas absolument le prêt, qui le font seulement présumer, parce qu'elles contiennent la demande du prêt ; il ne les produit pas d'abord, parce que le défendeur pourroit dire qu'à la vérité il a demandé le prêt, mais qu'il a été refusé, ou qu'il a payé ; et on seroit obligé de s'en rapporter à sa déclaration. Pour éviter cela, le demandeur attend ce que dira le défendeur ; si celui-ci soutient qu'il ne connoît pas le demandeur, qu'il n'a jamais eu de relations avec lui, le demandeur pourra produire ces lettres, pour constituer le défendeur en mauvaise foi et en tirer avantage pour sa cause.

D. *Comment se fait la production nouvelle ?*

R. On dresse un acte de produit contenant état des pièces ; on peut y ajouter de nouvelles conclusions, 102.

Cet acte est signifié à avoué, sans requête de production nouvelle, ni écritures, à peine de rejet de la taxe, *idem.*

On produit ensuite cet acte avec les pièces, au greffe, *idem.*

D. *Que peut faire la partie contre qui est dirigée cette production ?*

R. Elle a huitaine pour prendre communication et fournir sa réponse, qui ne peut excéder six rôles, 103. (P. C. I, 404.)

Des règles concernant les communications dans l'instruction par écrit.

D. *Comment les productions se prennent-elles en communication ?*

R. Au greffe, sur les récépissés des avoués, qui en contiendront la date, 106.

D. *Si l'avoué qui a pris en communication, ne rend pas dans le délai, que fait-on pour le prouver ?*

R. On prend un certificat du greffier, 107, qui atteste le défaut de remise.

D. Comment poursuit-on l'avoué en retard ?

R. On lui signifie un simple acte pour venir plaider, *idem*.

D. Si l'avoué est prouvé en retard, à quoi est-il condamné ?

R. Par jugement rendu à l'audience, il est condamné personnellement, et sans appel,

1°. A la remise de la production;

2°. Aux frais du jugement, sans répétition contre son client;

3°. Et à dix fr. au moins de dommages-intérêts, par chaque jour de retard, *idem*.

D. Si l'avoué n'obéit pas à ce jugement, que peut-on prononcer contre lui ?

R. On peut prononcer sans appel,

De plus forts dommages-intérêts;

Même le condamner par corps,

Et l'interdire pour tel temps que le tribunal jugera convenable, 107.

D. Faut-il, pour obtenir ces condamnations, employer le ministère d'un avoué, comme pour toutes les condamnations qu'on poursuit ?

R. Non; ces condamnations peuvent être demandées, sans le ministère d'avoué, par un simple mémoire remis au président, ou au rapporteur, ou au procureur du Roi, 107, si le client veut éviter à son avoué, le désagrément de provoquer, contre son confrère, la rigueur des lois. (P. C. I, 402.)

Appliquez, au surplus, ici, ce qu'on a dit au délibéré, pag. 143 et 144, sur la nomination d'un nouveau rapporteur, art. 110; le rapport, 111; la communication au ministère public, 112, et la prohibition de former opposition au jugement rendu sur les pièces d'une partie, faute par l'autre d'avoir produit, 113.

TITRE IV.

Des Incidens qui peuvent survenir pendant le cours d'une Instance.

Des Incidens en général.

D. *Qu'est-ce qu'un* incident?

R. C'est une contestation accessoire qui s'élève sur une contestation principale, ou un événement qui arrive pendant une contestation, et qui interrompt le cours de l'affaire principale, pendant un certain temps.

D. *Combien compte-t-on d'incidens?*

R. Le nombre en est infini; c'est pourquoi le législateur, ne pouvant pas les prévoir, ni les régler tous, ne s'est occupé que des principaux qu'on va voir, (P. C. I, 406.)

Des Demandes incidentes.

D. *Qu'est-ce qu'une demande incidente?*

R. C'est une demande formée depuis la demande principale, par le demandeur principal ou le défendeur principal.

D. *Par quels motifs peut-elle l'être par le demandeur principal?*

R. 1°. Pour ajouter à la demande principale un objet omis;

2°. Pour expliquer cette demande;

3°. Pour la restreindre;

4°. Pour demander un droit échu depuis la demande principale, et lié avec l'objet de cette demande; par exemple, si l'on a demandé par celle-ci en vertu d'un bail, des loyers échus, on peut, par la demande incidente, demander les loyers échus depuis la demande principale;

5°. Pour écarter un moyen présenté par le défendeur, par exemple, pour demander la nullité d'une quittance qu'il oppose. (P. C. I, 407.)

D. Par quels motifs le défendeur peut-il former une demande incidente ?

R. 1°. Pour faire anéantir la demande principale, comme lorsqu'il oppose une compensation;

2°. Pour demander acte de la reconnaissance d'un droit faite par le demandeur, comme si celui-ci a avoué un droit favorable au défendeur;

3°. Pour demander acte de la reconnaissance d'un fait de la part du demandeur, comme si celui-ci a reconnu un paiement, ou autre fait. (P. C. I, 407.)

D. Peut-on former des demandes incidentes en toutes affaires, soit non sommaires, soit sommaires?

R. Oui, 337. et 406.

D. Comment, en affaires non sommaires, les forme-t-on ?

R. Par un simple acte contenant les moyens et les conclusions avec offre de communiquer les pièces justificatives sur récépissé ou par dépôt au greffe, 337.

En affaires sommaires, on ne doit donner que des conclusions motivées, 406. (P. C. I, 409.)

D. Si l'on a plusieurs demandes incidentes à former, peut-on les présenter successivement, c'est-à-dire, ne présenter la seconde qu'après le jugement de la première ?

R. Non; toutes les demandes incidentes doivent être formées en même-temps, 338. Autrement, on tireroit en longueur. Exemple : Je forme contre vous la demande d'un billet; vous pouvez en demander la nullité, comme fait en minorité (1re demande incidente), et, dans le cas où il seroit valable, m'opposer une compensation de fournitures (2me demande incidente): vous devez former la seconde avec la première, sauf à ne proposer la deuxième, la compensation, que subsidiairement, c'est-à-dire, pour le cas où la première, la demande en nullité, seroit rejetée.

D. Si, après avoir formé une première demande incidente, on en formoit une seconde, celle-ci seroit donc rejetée ?

R. Non; mais les frais de la seconde et des autres qui seroient proposées postérieurement, ne pourroient être répétés, 338, quand même on réussiroit sur ces dernières demandes.

D. Si, lors de la première demande, la cause de la seconde demande n'étoit pas née, ne pourroit-on pas former celle-ci après-coup ?

R. Oui, et alors les frais en pourroient être répétés, si l'on réussissoit, 338. Exemple : Vous me demandez 1200 fr., je forme une première demande, en compensation de 600 fr. pour fournitures que je vous ai faites; depuis, je deviens héritier de mon père, à qui vous devez 300 fr., je pourrai former une seconde demande en compensation de ces 300 fr. (P. C. I, 408-409.)

D. Le défendeur à l'incident peut-il répondre par écrit ?

R. Il faut distinguer :

En affaire non sommaire, il peut répondre par un simple acte, 337.

Mais, en affaire sommaire, il ne le peut; car, dès que sur la demande principale, on ne peut répondre par écrit (puisque l'art. 405 veut qu'elle soit jugée sur un simple acte, sans autres procédures ni formalités), il en doit être de même, à plus forte raison, pour les demandes incidentes; d'autant plus que le Code de Procédure, qui autorise la réponse en affaire non sommaire, ne l'autorise nullement en affaire sommaire. (P. C. I, 410.)

D. Si l'on forme une demande incidente, dans une instruction par écrit, est-elle rapportée par le rapporteur avant ou avec l'affaire principale ?

R. L'incident est porté à l'audience , pour être statué ce qu'il appartiendra, 338. Exemple : Je vous vends une maison ; vous m'assignez pour vous la livrer ; je m'y refuse, parce que je prétends qu'il y a lésion des sept douzièmes ; on ordonne une instruction par écrit ; dans le cours de cette instruction, je demande la rescision pour dol : cet incident est porté à l'audience.

D. La demande incidente formée, soit en affaire d'audience, soit en affaire instruite par écrit, doit-elle être jugée avec la demande principale ?

R. Elle doit être jugée par préalable, s'il y a lieu, 339, c'est-à-dire, s'il est nécessaire de la décider, pour en venir à l'affaire principale. Exemple : Vous demandez contre moi le paiement d'un billet ; cette demande est principale. Je demande la nullité du billet, comme fait en minorité ; celle-ci est incidente, et doit être jugée la première ; car, si le billet est nul, la demande principale doit être rejetée, *et contrà, vice versâ.*

D. Dans ce cas, faut-il deux jugemens, l'un sur la demande incidente, l'autre sur la demande principale ?

R. Il faut distinguer :

Si les deux demandes sont en même-temps en état d'être jugées, on les décidera par le même jugement, contenant alors deux dispositions ; la première, sur la demande incidente ; la seconde, sur la demande principale. Exemple : Dans l'espèce ci-dessus, sur ma demande incidente en nullité, la minorité est prouvée ; par une première disposition, le billet est annullé ; par une seconde, vous êtes débouté de votre demande.

Mais si, des deux demandes, l'une est en état, et l'autre ne l'est pas, on rend d'abord un premier jugement sur celle qui est en état, et on remet à en rendre un second sur l'autre, quand elle est éclaircie. (P. C. 1, 411-413.)

De l'intervention.

D. *Qu'est-ce que l'intervention ?*

R. C'est un acte par lequel une personne déclare se présenter dans un procès pendant entre d'autres, et dans lequel elle prétend avoir intérêt d'être partie. Exemple : Vous troublez mon acquéreur ; il pourroit m'appeler en garantie : j'interviens entre vous deux pour vous repousser et le faire maintenir ; j'y ai intérêt, puisque, s'il est évincé, je dois lui restituer le prix et ses dépenses et l'indemniser. (P. C. I, 413-416.)

D. *Faut-il, avant d'intervenir, citer en conciliation ceux qui sont parties au procès ?*

R. Non ; 49. 3°; parce que, pendant le préliminaire, l'instance principale pourroit être jugée ; ce qui nuiroit à l'intervenant. (P. C. I, 35.)

D. *Par quel* acte *se fait l'intervention ?*

R. En matière non sommaire, par requête qui contient les moyens et conclusions, dont il est donné copie, ainsi que des pièces justificatives, 339.

En matière sommaire, aussi par requête, mais qui ne peut contenir que des conclusions motivées, 406. (P. C. I, 416.)

D. *Les parties principales peuvent-elles s'opposer à ce que l'intervenant soit reçu partie au procès ?*

R. Oui, s'il n'y a aucun intérêt. Exemple : Dans l'espèce-ci-dessus, j'ai vendu aux risques et périls de mon acquéreur ; comme il m'est indifférent qu'il perde ou qu'il gagne, vous pouvez vous opposer à mon intervention.

D. *L'intervention, si elle est recevable, peut-elle retarder le jugement de la cause principale ?*

R. Non, si celle-ci est en état, 340, d'être jugée : autrement, une des parties principales, qui craindroit le jugement, engageroit un tiers à intervenir, pour éloigner ce jugement. (P. C. I, 417.)

D. *Peut-on intervenir dans une instruction par écrit ?*

R. Oui ; ainsi, dans l'espèce ci-dessus, je pourrai intervenir dans le procès entre vous et mon acquéreur, si je suis son garant, quoique je n'intervienne que depuis que l'instruction par écrit est ordonnée : parce qu'ayant pu ignorer le procès jusqu'à ce jour, on ne peut m'imputer de retard.

D. Mais si l'intervention est contestée par l'une des parties, la contestation sera-t-elle rapportée avec l'affaire principale, par le rapporteur de celle-ci ?

R. Non ; l'incident sera porté à l'audience, 341. Tel est le cas ci-dessus où vous prétendez que l'acquéreur a acheté à ses risques, et que je n'ai aucun intérêt à ce qu'il gagne ou perde. (P. C. I, 417 - 418.)

De la reprise d'Instance, et de la constitution de nouvel Avoué.

D. Quand une affaire d'audience est-elle en état d'être jugée ?

R. Quand la plaidoirie est commencée ; et elle est réputée commencée, quand les conclusions ont été contradictoirement prises à l'audience, 343.

D. Lorsque la cause est mise en instruction par écrit, quand est-elle en état ?

R. La cause est en état, quand l'instruction est complète, ou quand les délais pour les productions et réponses, sont expirés, 343.

D. Si l'affaire étant en état, les parties décèdent, ou si les avoués meurent, se démettent, sont interdits ou destitués, cela fait-il différer le jugement de l'affaire, jusqu'à ce que le successeur de la partie ait repris l'instance, ou qu'il ait été constitué un nouvel avoué ?

R. Non, 342 ; parce que, dès que l'affaire est en état, si elle est à l'audience, les avocats qui ont commencé la plaidoirie, ont eu entre les mains, toutes les instructions nécessaires pour éclairer les juges, et que la présence des parties et le ministère de leurs avoués, est inutile aux juges, pour recevoir ces instructions.

Si l'affaire est instruite par écrit, que l'instruction soit complète, le rapporteur ayant, dans ses mains, tout ce qu'il faut pour éclairer le tribunal, la présence des parties et le ministère de leurs avoués sont également inutiles. Et si l'instruction n'est pas complète, mais que les délais soient expirés, celui qui est en retard ayant consenti, par son silence, qu'on juge sur ce qui est produit, l'instruction est considérée comme complète.

D. *Quand l'affaire n'est-elle pas en état ?*

R. Lorsque, si elle est de nature à être portée à l'audience, la plaidoirie n'est pas commencée, et si elle est instruite par écrit, que l'instruction n'est pas complète et les délais non expirés, 343.

D. *Si l'affaire n'étant pas en état, l'une des parties décède, cela fait-il différer la poursuite du jugement ?*

R. Il faut distinguer :

Si le décès est notifié à l'avoué de la partie vivante, elle ne peut plus poursuivre, et toutes les procédures faites postérieurement à cette notification, sont nulles, 344 ; parce que le décès de la partie, qui est le mandant, fait cesser le pouvoir de l'avoué qui est le mandataire, C. C., 2003, et que le successeur de cette partie, n'étant pas représenté par quelqu'un pour le défendre, il seroit injuste de le poursuivre et de le juger, tant qu'il n'a pas été mis en demeure de constituer un défenseur.

Mais si le décès n'est pas notifié, la partie vivante, qui n'est pas obligée de savoir ce décès, peut poursuivre valablement.

D. *Si l'affaire n'étant pas en état, l'avoué d'une des parties décède, se démet, est interdit ou destitué, cela fait-il différer ?*

R. Oui ; le client de cet avoué n'ayant plus de défenseur, il seroit injuste de le poursuivre ; et il n'est pas besoin de signifier le décès, la démission, l'interdiction, ni la destitution, 344; parce que l'avoué de l'autre partie ne peut ignorer cet événement arrivé à son confrère. Ainsi, les poursuites faites et les jugemens obtenus depuis sont nuls, s'il n'y a constitution de nouvel avoué, 344. (P. C. I, 418 - 419.)

D. Que faut-il faire, pour faire reprendre cours à l'instance arrêtée par le décès de la partie?

R. Il faut assigner son successeur, pour qu'il reprenne l'instance, afin de la faire juger avec lui. (P. C. I, 424 - 427.)

D. Que faut-il faire si le cours de l'instance est arrêté par le décès, la démission, l'interdiction ou la destitution de l'avoué d'une partie?

R. Il faut assigner cette partie en constitution d'un nouvel avoué.

D. Quels délais et quelles formes doit-on observer, dans ces assignations en reprise ou constitution?

R. On observe les délais des ajournemens, 346. (*Voy.* p. 36), et on doit indiquer les noms des avoués qui occupoient, 346; afin que, si c'est une demande en reprise, le successeur sache à quel avoué s'adresser, pour avoir les pièces du procès; et si c'est une demande en constitution, afin que la partie sache que son avoué est décédé, s'est démis, est interdit ou destitué, et puisse s'informer où sont ses pièces. S'il y a un rapporteur, on doit l'indiquer, 346. (P. C. I, 427.)

D. Si l'assigné en reprise veut reprendre, comment le fait-il?

R. Il constitue un avoué, lequel signifie à l'avoué du demandeur, par acte d'avoué, que le défendeur reprend l'instance, 347. (P. C. I, 430.)

D. Si cet assigné conteste, comment l'incident sera-t-il jugé?

R. Il sera jugé sommairement, 348, c'est-à-dire, sans qu'on puisse ordonner d'instruction par écrit. Tel est le cas où cet assigné soutient que ce n'est pas lui qui est héritier, ou qu'il a renoncé, et que l'autre soutient que l'assigné est héritier, ou que sa renonciation est nulle (P. C. I, 429.)

D. *Si la partie assignée en constitution de nouvel avoué, veut en constituer un, comment doit-elle le faire ?*

R. Par un acte d'avoué, que fait signifier le nouvel avoué à l'avoué du demandeur en reprise, et par lequel ce nouvel avoué déclare qu'il occupera au lieu du précédent.

D. *Si à l'expiration du délai, l'assigné ne comparoît pas, que peut faire le demandeur ?*

R. Il obtient jugement qui tient la cause pour reprise, et ordonne qu'il sera procédé suivant les derniers erremens, 349, c'est-à-dire, d'après le dernier état de l'affaire.

Et il ne peut y avoir d'autres délais que ceux qui restoient a courir, *idem.*

D. *Par qui ce jugement est-il signifié ?*

R. Par un huissier commis, 350, afin d'éviter toutes surprises, lesquelles pourroient avoir lieu sans cela ; parce que si la copie n'etoit pas remise à la partie, elle pourroit, ignorant ce jugement, laisser décider sans se défendre, l'instance où il peut être question pour elle des plus grands intérêts ; au lieu qu'étant avertie, elle pourra se défendre.

Si l'affaire est en rapport, la signification énoncera le nom du rapporteur, 350.

D. *Le défaillant peut-il former opposition à ce jugement ?*

R. Oui : tel est le cas où il prétendroit n'être pas héritier ou avoir renoncé.

D. *Où est portée cette opposition ?*

R. A l'audience, même dans les affaires en rapport, 351. P. C. I, 427-429.)

Du Désaveu.

D. Qu'est-ce que le désaveu ?

R. C'est une déclaration que fait une partie, qu'elle n'a pas donné pouvoir à un officier public, de faire ce qu'il a fait pour elle, qu'elle désapprouve et demande la nullité de ce qu'il a fait. (P. C. I, 432.)

D. Comment se fait le désaveu ?

R. Par un acte signé de la partie ou du porteur de sa procuration spéciale et authentique, contenant les moyens, conclusions et constitution d'avoué.

Il est fait au greffe du tribunal qui devra connoître du désaveu, 353, et qui sera désigné ci-après. (P. C. I, 434.)

D. Cet acte suffit-il pour faire tomber ce qu'a fait l'officier désavoué ?

R. Non ; il faut que le désaveu soit déclaré valable; car la foi étant due à ce que fait un homme public en cette qualité, tout ce qu'il fait est valable jusqu'à ce qu'il ait eté déclaré nul.

D. Comment demande-t-on la validité du désaveu ?

R. La forme varie suivant que le désaveu est principal ou incident.

D. Qu'est-ce que le désaveu principal ?

R. C'est celui qui est dirigé contre un acte sur lequel il n'y a point encore d'instance, ou sur lequel il y a eu instance, mais qui est terminée.

D. Donnez-moi un exemple d'un désaveu principal, quand il n'y a point encore d'instance ?

R. Un huissier forme, sans pouvoir à ma requête, une opposition sur vous, qui ne me devez rien ; vous pourriez m'assigner en main levée et dommages-intérêts : vous ne le faites pas : je ne suis pas obligé d'attendre vos poursuites ; je puis le désavouer, et j'y ai intérêt, afin de me décharger envers vous, et de faire tomber sur lui la réparation du tort que vous cause

cette opposition, et que vous pourriez demander contre moi.

*D. Donnez - moi un exemple d'un désaveu princi-
pal, contre un acte sur lequel il y a eu instance, mais
qui est terminée ?*

R. Vous m'assignez en paiement de 1000 francs
pour prêt sans billet : un avoué se constitue pour moi,
et reconnoît le prêt sans pouvoir. Je suis en conséquence condamné à payer ; le jugement termine l'instance. Ce jugement m'est signifié ; j'apprends par-là,
pour la première fois, la reconnoissance faite par
l'avoué ; je le désavoue ; le désaveu est principal,
puisque l'instance étant finie par le jugement, il n'y a
plus d'instance.

D. Qu'est-ce que le désaveu incident?

R. C'est celui qui est dirigé contre un acte fait dans
le cours d'une instance encore existante. Exemple :
Vous me demandez 1000 francs sans billet : un avoué
se constitue pour moi, et reconnoît la dette sans pouvoir ; l'affaire n'est pas jugée ; je désavoue cette reconnoissance ; ce désaveu est incident à l'instance qui
existe encore entre vous et moi.

Du Désaveu incident.

*D. Si le désaveu est formé dans le cours d'une
instance encore pendante, comment est poursuivie la
validité, si l'avoué exerce encore ses fonctions ?*

R. Il est signifié, sans autre demande, par acte
d'avoué, tant à l'avoué contre lequel le désaveu est dirigé, qu'aux avoués des autres parties dans la cause.

Et cette signification vaut sommation de défendre
au désaveu, 354.

*D. Pourquoi faut-il qu'il soit aussi signifié aux
autres parties ?*

R. Parce qu'ayant acquis un droit par les actes qu'on
désavoue, on ne peut le leur enlever, sans qu'elles en
aient connoissance, et par conséquent sans qu'elles

aient été appelées. Ex. : Vous me demandez le paiement d'un prêt sans titre ; mon avoué le reconnoît,
sans pouvoir de moi ; je le désavoue : cette reconnoissance faisant titre en votre faveur, je ne peux faire
juger le désaveu qui a pour objet de l'annuller, que
vous n'ayez été appelé.

D. *Si l'avoué n'exerce plus ses fonctions ou s'il est
mort, comment la validité doit-elle être poursuivie?*

R. Au premier cas, le désaveu est signifié par exploit, au domicile de l'avoué, 355.

Au second, il l'est à ses héritiers avec assignation
au tribunal où l'instance est encore pendante, *id.*

Dans les deux cas, il est notifié aux parties de l'instance, par acte d'avoué à avoué, 355. (P. C. I, 436.)

D. *A quel tribunal se demande la validité du désaveu incident?*

R. Au tribunal devant lequel la procédure désavouée a été instruite, 356.

D. *Cela a-t-il lieu, si l'instance en laquelle a été
faite cette procédure désavouée, est pendante en un
autre tribunal?*

R. Oui ; il faut toujours porter le désaveu au tribunal devant lequel a été faite cette procédure ; et il
est dénoncé aux autres parties de l'instance principale,
qui sont appelées dans celle de désaveu, 356. Exemple : Dans l'espèce ci-dessus, sur la reconnoissance du
prêt, donnée sans pouvoir par mon avoué, je suis condamné au tribunal de première instance. J'en appelle
à la cour royale ; là, voyant que, si cette reconnoissance subsiste, le jugement sera confirmé ; pour la faire
tomber, je désavoue ; mon désaveu sera porté au tribunal de première instance.

D. *Mais, pendant qu'on poursuivra ce désaveu au
tribunal où a été faite la procédure désavouée, que
deviendra l'instance principale, pendante à la cour
royale?*

R. Il est sursis à toute procédure et au jugement

de l'instance principale; jusqu'à celui du désaveu, à peine de nullité, 357.

D. Si le désavouant tiroit le désaveu en longueur, afin de retarder ou arrêter le jugement de l'instance principale, que pourroit-on ordonner contre lui?

R. On pourroit ordonner que le désavouant fera juger le désaveu dans un délai fixé, sinon qu'il sera faidroit, 357. (P. C. I, 435.)

D. La demande en désaveu est-elle sujette à comtmunication au ministère public?

R. Oui, 359, afin que l'on voie si l'officier a prévariqué, en agissant sans pouvoir, et que l'on puisse requérir contre lui, dans l'intérêt public, les peines que les juges peuvent prononcer en ce cas, comme on verra ci-après. (P. C. I, 438-440.)

D. Si le désaveu est fondé, que prononce-t-on?

R. Le désaveu est déclaré valable, et l'on prononce, comme conséquences de cette validité, les condamnations suivantes :

1°. La procédure et les actes désavoués, sont annullés ;

2°. S'ils ont été suivis de jugement, ce jugement ou les dispositions du jugement, relatives aux chefs qui ont donné lieu au désaveu, sont annullées ;

3°. Le désavoué est condamné, envers le demandeur et les autres parties, en tous dommages-intérêts ;

4°. Il est même puni d'interdiction, ou poursuivi extraordinairement, suivant la gravité du cas et la nature des circonstances, 360.

D. Si le désaveu est mal fondé, qu'ordonne-t-on?

R. Il est rejeté, et l'on prononce, comme conséquences de ce rejet, les condamnations suivantes :

1°. Le demandeur peut-être condamné, envers le désavoué et les autres parties, en tels dommages-intérêts qu'il appartiendra ;

2°. Il est fait mention du jugement de rejet, en marge de l'acte de désaveu, 361. (P. C. I, 440.)

Du Désaveu principal.

D. La demande en désaveu principal est-elle sujète au préliminaire de conciliation ?

R. Non, 49. 7°. (P. C. I, 37.)

D. Dans quel délai peut être formé le désaveu principal, quand il est fait d'un acte sur lequel il n'y a point encore d'instance ?

R. Il peut l'être, tant qu'il n'y a pas d'instance : mais dès qu'il y a instance, ce n'est plus le désaveu principal, c'est le désaveu incident. Ainsi, dans l'espèce posée, pag. 158, tant que vous ne m'assignerez pas en main-levée d'opposition, l'opposition n'ayant pas fait naître d'instance, je puis former le désaveu principal contre l'huissier : mais si vous formez contre moi, une demande en main-levée, mon désaveu, étant incident à cette demande, ne peut être principal.

D. Dans quel délai peut être formé ce désaveu, quand il est fait contre un acte sur lequel il y a eu instance terminée par un jugement définitif ?

R. Si le jugement n'a point acquis l'autorité de la chose jugée, il faut se pourvoir contre ce jugement, par une des voies de droit établies pour faire réformer les jugemens (*Voy.* IV⁰ Partie); et l'on peut, pendant le cours de cette voie, former le désaveu. (*Voy.* pag. 160.) Si, par ex., le jugement est susceptible d'opposition, le condamné formera opposition, fera son désaveu et en poursuivra la validité.

Mais si le jugement a acquis cette autorité, le désaveu ne peut être reçu après la huitaine à dater du jour où le jugement devra être réputé exécuté aux termes de l'article 159, C. P. 362. Ex. Vous demandez contre moi le paiement d'un prêt de 1000 fr. non prouvé ; mon avoué le reconnoit ; je suis condamné contradictoirement en dernier ressort à payer : tant que le jugement n'est pas exécuté, pouvant ignorer ce jugement, le délai de désavouer ne court pas ; mais du moment qu'il est exécuté, par la vente de mes meubles ou autre voie indiquée par l'art. 159, cette exécution m'ayant fait connoître le jugement de manière à ne pouvoir plus l'ignorer, je dois faire le désaveu dans la huitaine de cette exécution. (P. C. I, 433.)

D. *A quel tribunal doit être porté le désaveu principal?*

R. S'il concerne un acte sur lequel il n'y a point d'instance, la demande est portée au tribunal du défendeur, 358.

Mais s'il y a eu instance terminée par un jugement, c'est au tribunal qui a rendu ce jugement. (P. C. I, 435.)

y Appliquez à ce désaveu, ce qu'on a dit pour le désaveu incident, sur la communication et la prononciation de la validité ou du rejet du désaveu.

De la Récusation.

D. *Qu'est-ce que la récusation?*

R. C'est la demande que fait une partie, tendant à ce qu'une personne, exerçant les fonctions de juge ou du ministère public, ait à s'asbtenir de la connoissance de son affaire, parce que ce magistrat est dans un cas où la loi le déclare suspect de partialité.

D. *Peut-on toujours récuser le ministère public?*

R. On ne peut le récuser que quand il est partie jointe.

Mais il n'est pas récusable, lorsqu'il est partie principale, 381.

D. *Quand est-il partie principale?*

R. Lorsqu'il est réellement partie comme demandeur ou comme défendeur; par exemple, s'il agit pour un présumé absent, C. C. 114.

D. *Quand est-il partie jointe?*

R. Lorsqu'il ne fait que donner ses conclusions après que les parties ont été entendues. *Voy.* p. 139.

D. Pourquoi n'est-il pas récusable quand il est partie principale, et l'est-il quand il est partie jointe?

R. Lorsqu'il plaide comme partie principale, il est traité comme les particuliers qui sont parties, c'est-à-dire, que s'il est demandeur, le défendeur parle après-lui; s'il est défendeur, le demandeur a la réplique sur lui; et il ne parle le dernier, que dans le cas où un particulier qui seroit partie, parleroit le dernier; ce qui fait qu'il ne peut pas exercer, sur le jugement, plus d'influence qu'un particulier. Mais lorsqu'il est partie jointe, il parle après les défenseurs; on n'a pas la réplique sur lui; et comme il pourroit, s'il étoit partial, présenter l'affaire d'une manière contraire à une partie, et influencer par là le jugement, cette partie peut le récuser, s'il est dans un des cas de récusation ci-après. (P. C. I, 444.)

D. Le juge et le ministère public partie jointe, peuvent-ils être récusés pour cause de parenté ?

R. Oui; s'ils sont parens ou alliés de l'une des parties, jusqu'au degré de cousin issu de germain inclusivement, 378, 1°.; parce qu'ils pourroient décider en faveur de leur parent ou allié, contre l'adversaire.

D. Pourroient-ils être récusés, s'ils étoient parens ou alliés de toutes les parties, les choses étant alors égales ?

R. Oui, s'ils étoient parens ou alliés des deux, jusqu'au degré de cousin issu de germain inclusivement, 378, 1°.; parce que les parentés et alliances, qui devroient toujours tenir les parens et alliés étroitement unis, sont souvent l'occasion de divisions et de mésintelligence dans les familles, et qu'il arrive fréquemment que les membres de la famille prennent parti dans ces divisions, pour l'un contre l'autre.

D. Peut-on récuser le juge non parent ou allié de la partie, si la femme du juge est alliée de la partie, ou si le juge est seulement allié de la femme de la partie, au degré ci-dessus?

R. Oui, 278, 2°.; quoiqu'il ne soit nullement allié

de la partie : ainsi nous avons procès : un juge a épousé la sœur de ma femme ; cette sœur est mon alliée, mais le juge son mari n'est pas mon allié. Cependant, comme ma femme pourroit influencer la sienne, et celle-ci son mari, il est récusable.

D. Si la femme du juge ou de la partie étoit décédée, cette influence n'étant plus à craindre, le juge seroit-il récusable ?

R. Il faut distinguer deux cas :

1°. S'il existe des enfans, les mêmes rapports continuant de subsister, il y a lieu à récusation, 378, 2°.

2°. Mais s'il n'y a pas d'enfans, tous rapports étant rompus, il n'y a plus lieu ; cependant le beau-père, le gendre, ni les beaux-frères ne peuvent être juges, *idem*.

D. Pourroit-on récuser un juge, parce que lui, ou ses proches, auroient eu un différend sur pareille question que celle dont il s'agit entre les parties ?

R. Oui, 378, 3°.; parce qu'il auroit intérêt de juger dans le sens de la partie qui soutient la même prétention que lui ou ses proches.

Cela auroit lieu, même quand ce différend ne l'intéresseroit pas, mais concerneroit sa femme, leurs ascendans et descendans ou alliés, dans la même ligne *idem*, à cause de l'affection qu'il leur porte, et de ce qu'il a intérêt qu'ils gagnent, sa femme pouvant devenir héritière. (P. C. I. , 449.)

D. Si le juge, sa femme, leurs ascendans et descendans ou alliés dans la même ligne, ont, en leur nom, un procès dans un tribunal où l'une des parties est juge, y a-t-il lieu à récusation ?

R. Oui, 378, 4°. Exemple : Un juge de Paris a un procès à Versailles, et un juge de Versailles a un procès à Paris contre moi : je pourrai récuser le juge de Paris, parce qu'il pourroit traiter favorablement mon adversaire au tribunal de Paris, dans l'espérance d'en être traité de même au tribunal de Versailles. (P. C. I. 448.)

D. Si le juge, sa femme, leurs ascendans et descen-

dans ou alliés dans la même ligne, sont créanciers ou débiteurs de l'une des parties, le juge est-il récusable?

R. Oui. 378, 4°.; parce que le juge pourroit se porter à décider en faveur de la partie, si lui ou ses proches étoient créanciers, pour assurer davantage le paiement, en augmentant la fortune du débiteur; et s'ils étoient débiteurs, pour ménager la partie à qui ils devroient. (P. C. I, 449.)

D. Un procès criminel entre le juge, sa femme, leurs ascendans et descendans, et une partie ou son conjoint ou ses parens ou alliés en ligne directe, autoriseroit-il la partie à récuser le juge.

R. Oui, si le procès a eu lieu, dans les 5 ans qui ont précédé la récusation, 378, 5°.; s'il y a plus, on présume que l'inimitié est éteinte.

D. Un procès civil entre ces mêmes personnes, mais qui est terminé, autoriseroit-il également la récusation?

R. Il faut distinguer :

1°. Si ce procès a été terminé plus de six mois avant la récusation, il n'est pas cause de récusation : l'animosité, s'il en a causée, est présumée éteinte ;

2°. S'il a été terminé dans ces six mois, l'animosité est présumée exister; il y a cause de récusation, 378 6°.

D. Un procès civil non terminé, donne-t-il lieu à la récusation?

R. Il faut distinguer :

1°. S'il a été intenté avant l'instance dans laquelle la récusation est proposée, il est cause de récusation, *idem,* quel que soit celui qui l'a intenté, le juge ou la partie.

2°. S'il l'a été depuis l'instance, on fait une distinction : s'il l'a été par le juge, il est également cause de récusation, *idem*; mais s'il l'a été par la partie, il ne peut fonder la récusation; autrement, une partie qui craindroit un juge intègre, lui susciteroit un procès, pendant l'instance, pour avoir droit de le récuser. (P. C. I, 448.)

D. Quelles sont les autres causes de récusation?

R. Il y en a trois:

La première est lorsque, par les rapports volontaires ou forcés du juge avec une des parties, les intérêts de celle-ci deviennent en quelque sorte les siens : par exemple, s'il est tuteur, subrogé tuteur, ou curateur, héritier présomptif ou donataire, maitre ou commensal de l'une des parties ; s'il est administrateur de quelqu'établissement, société ou direction, partie dans la cause ; si l'une des parties est sa présomptive héritière, 378, 7°. s'il a sollicité, recommandé ou fourni aux frais du procès ; si, depuis le commencement du procès, il a bu ou mangé avec l'une ou l'autre des parties, dans leurs maisons, ou reçu d'elles des présens, *idem,* 8°. (P. C. I, 447.)

La seconde cause, lorsqu'il a ouvert son avis sur le procès ; parce quil y auroit à craindre qu'il ne se détachât point de son opinion ; comme s'il a donné conseil, plaidé ou écrit sur le différend ; s'il en a connu précédemment comme juge ou comme arbitre ; s'il a déposé comme témoin, 378, 8°. (P. C. I, 449.)

La troisième cause enfin, est s'il y a inimitié capitale entre lui et l'une des parties ; s'il y a eu de sa part aggressions, injures ou menaces, verbalement ou par écrit, depuis l'instance ou dans les six mois précédant la récusation proposée, 378, 9°. (P. C. I, 448.)

D. Le juge peut-il être récusé, s'il est parent ou allié du tuteur ou curateur de l'une des parties, ou des membres ou administrateurs d'un établissement, société, direction ou union, partie dans la cause?

R. Non, 379 ; parce que le sort du procès ne peut nullement influer sur la fortune du tuteur ou autre administrateur. Mais si ce tuteur ou cet administrateur avoit un intérêt distinct et personnel dans le procès, le juge seroit récusable, *idem.* par exemple, si le tuteur ayant vendu un bien au père du mineur, ce mineur étoit inquiété, le tuteur étant garant, auroit intérêt ; et le juge son parent seroit récusable. (P. C. I, 447.)

D. Le juge, s'il sait qu'il est récusable, doit-il attendre qu'on le récuse ?

R. Non : il doit le déclarer à la chambre, qui décidera s'il doit s'abstenir, 380.

Il ne doit point s'abstenir de lui même, parce qu'il pourroit regarder comme cause de récusation, ce qui ne l'est pas, et priver les parties de celui qui peut-être sera la lumière du procès. (P. C. I, 450.)

D. A quelle époque du procès, doit être proposée la récusation ?

R. 1°. Si l'affaire est d'audience, avant le commencement de la plaidoirie, 382. En la commençant, sans récuser, on y renonce.

2°. Si l'affaire est en rapport, avant que l'instruction soit achevée ou que les délais, soient expirés, *idem.*

Cependant, dans ces deux cas, si la cause de la récusation étoit survenue postérieurement, on pourroit la proposer, 382. (P. C. I, 451.)

D. A quelle époque peut-on récuser les juges commis aux descentes, enquêtes et autres opérations ?

R. Ils doivent l'être, dans les trois jours lesquels courrent,

1°. Si le jugement est contradictoire, du jour du jugement :

2°. Si le jugement est par défaut, et qu'il n'y ait pas d'opposition, du jour de l'expiration de la huitaine de l'opposition;

3°. Si le jugement est par défaut, et qu'il y ait eu opposition, du jour du débouté d'opposition, même par défaut, 383.

D. Comment doit être proposée la récusation ?

R. Par un acte au greffe, contenant les moyens de récusation et signé de la partie ou du porteur de sa procuration spéciale et authentique, laquelle sera annexée à l'acte, 384. (P. C. I, 451.)

D. Cet acte suffit-il pour obliger le juge de s'abs-tenir ?

R. Non ; il faut décider si la récusation est admissible, c'est-à-dire, si elle est proposée à temps, et, supposé qu'elle le soit , si la cause est fondée.

D. Que fait-on , pour pouvoir décider si la récusation est admissible ?

R. 1°. Dans les 24 heures , le greffier remet une expédition au président du tribunal ;

2°. Ce magistrat en fait rapport au tribunal;

3°. Le ministère public donne ses conclusions , 385.

D. Sur ce rapport et ces conclusions, qu'ordonne-t-on ?

R. Si la récusation n'est point fondée sur une des causes admises par la loi, ou si elle est formée après l'époque ci-dessus, elle est rejetée, 385.

Si elle est fondée sur une de ces causes, et formée à temps, on l'admet pour la vérifier, et on ordonne ;

1°. La communication au juge récusé, pour s'expliquer en termes précis sur les faits, dans un délai fixé par le jugement, *idem* ;

2°. La communication au ministère public, *idem;*

3°. Le rapport à jour indiqué par l'un des juges, nommé par le jugement, *idem* (P. C. I , 452.)

D. Quel est l'effet du jugement qui admet la récusation pour être vérifiée ?

R. Du jour de ce jugement, tous jugemens et opérations sont suspendus, 387, jusqu'après la récusation jugée, c'est-à-dire, jusqu'au moment où il sera décidé si le récusé restera juge ou non ; afin qu'il y participe dans le premier cas, et qu'il en soit écarté dans le second.

D. Mais si l'une des parties prétendoit que l'opération est urgente, et qu'il y a péril dans le retard, faudroit-il attendre que la récusation fût jugée ?

R. Non : l'incident est alors porté à l'audience, et le tribunal peut ordonner qu'il sera procédé par un autre juge, 387. Tel seroit le cas où il seroit urgent de statuer sur l'affaire ; comme s'il s'agissoit d'un congé, et que l'on fût à la veille de l'époque de la sortie des locataires : tel seroit encore celui où le juge récusé seroit commissaire à une enquête, qu'il seroit instant de faire, parce que les témoins sont valétudinaires ou près de faire voyage. (P. C. I ; 454.)

D. Comment le juge fait-il sa déclaration ?

R. Au greffe, à la suite de l'acte de récusation, 386. (P. C. I, 453.)

D. Lorsque cette déclaration est faite, qu'ordonne-t-on ?

R. Si la récusation est justifiée, parce que le juge récusé convient des faits qui ont motivé sa récusation, ou que ces faits sont prouvés, il est ordonné qu'il s'abstiendra, 388.

D. Si les faits ne sont pas prouvés, mais qu'il y ait commencement de preuve, que statue-t-on ?

R. On ordonne la preuve testimoniale, 389.

D. S'il n'y a ni preuve par écrit, ni commencement de preuve, que doit-on prononcer ?

R. Il est laissé à la prudence du tribunal de rejeter la récusation sur la simple déclaration du juge, ou d'ordonner la preuve testimoniale, 389. Le tribunal consulte la réputation du juge et du récusant, et les circonstances.

D. Si la récusation est déclarée non-admissible, ou non-recevable, à quoi est condamné le récusant?

R. A telle amende qu'il plaira au tribunal, laquelle ne peut être moindre de 100 fr., 390.

D. Le Juge peut-il actionner le récusant, si celui-ci lui a imputé des faits faux qui inculpent son honneur?

R. Oui, il peut demander une réparation, même des dommages-intérêts ; mais en ce cas, il ne pourra demeurer juge, 390, quoique sa demande soit juste ; parce qu'elle annonce qu'il a été trop sensible à l'offense, pour conserver l'impartialité.

D. Peut-on juger la récusation en dernier ressort, si l'affaire principale est de nature à l'être ?

R. Non : tout jugement sur récusation, même dans les matières où le tribunal de première instance juge en dernier ressort, est susceptible d'appel, 391, Si donc, incidemment à une demande de 1000 fr., un juge étoit récusé, on pourroit appeler du jugement sur la récusation ; parce que, souvent, les faits de récusation inculpent l'honneur du juge, qui est inappréciable. (P. C. I., 454 - 457.)

D. Quel délai a-t-on pour appeler d'un Jugement rendu sur récusation ?

R. Celui qui veut appeler, est tenu de le faire dans les cinq jours du jugement, 392.

D. Comment doit-il appeler ?

R. Par un acte au greffe, lequel est motivé et contient énonciation du dépôt au greffe des pièces au soutien, 392.

D. Cet appel suspend-il l'exécution du jugement ?

R. Oui, arg. de 391 et 396. Si donc la récusation avoit été rejetée, le juge ne pourroit néanmoins être juge de l'affaire ou faire l'opération, que l'appel ne fût jugé.

D. Mais si l'une des parties prétendoit qu'il y a urgence de décider l'affaire ou d'opérer, faudroit-il attendre que l'appel fût jugé ?

R. L'incident est porté à l'audience, sur un simple acte ; et le tribunal qui a rejeté la récusation peut ordonner qu'il sera procédé par un autre juge, 391. Tels sont les cas désignés, pag. 169 et 170.

D. L'appel interjeté, comment en poursuit-on le jugement ?

R. A la requête et aux frais de l'appelant, le greffier du tribunal de première instance envoie dans les trois jours, au greffier de la cour royale, expédition,

De l'acte de récusation,

De la déclaration du juge,

Du jugement,

De l'appel,

Et les pièces jointes, 393.

D. Ces pièces étant parvenues au greffier de la cour royale, quel usage en fait cet officier ?

R. Dans les trois jours de la remise au greffier, celui-ci présente les pièces à la cour royale, 394.

D. Que fait la cour royale, sur la présentation des pièces ?

R. Elle commet un des juges, pour en faire rapport à jour indiqué.

D. Est-il nécessaire que les parties soient appelées, pour être présentes au rapport ?

R. Non : le juge fait son rapport; le ministère public donne ses conclusions; et sur ces rapport et conclusions, il est rendu jugement à l'audience, sans qu'il soit nécessaire d'appeler les parties, 394; les pièces suffisant pour mettre la cour en état de décider.

D. Lorsque l'appel est jugé, que fait le greffier de la cour royale ?

R. Dans les vingt-quatre heures de l'expédition de l'arrêt, il renvoie les pièces à lui adressées, au greffier de première instance, 395.

D. Que doit faire le récusant, son appel jugé ?

R. Dans le mois du jour du jugement de première instance, qui a rejeté sa récusation, il doit signifier aux parties l'arrêt rendu sur l'appel, 396.

D. Mais si l'appel n'est pas jugé, que doit-il faire ?

R. Il doit signifier un certificat du greffier de la cour royale, contenant que l'appel n'est pas jugé, et indication du jour déterminé par la cour, 396.

D. Si l'appelant ne faisoit pas signifier cet arrêt ou certificat, quel seroit l'effet de ce silence de sa part ?

R. Le jugement qui auroit rejeté la récusation seroit exécuté par provision, 396. Ainsi la suspension qui auroit eu lieu jusqu'alors, seroit levée; le juge pourroit assister au jugement et procéder à l'opération : tout ce qui seroit fait en conséquence seroit valable, encore que la récusation fût ensuite admise sur l'appel, 396. (P. C. I, 457 - 460.)

Du Renvoi à un autre Tribunal, pour parenté ou alliance.

D. En quel cas peut-on demander à un tribunal, qu'une affaire pendante devant lui, soit renvoyée à un autre tribunal, pour cause de parenté et d'alliance ?

R. En deux cas ;

Le premier, lorsqu'une partie a deux parens ou alliés jusqu'au degré de cousin issu de germain inclusivement, parmi les juges du tribunal de première instance où l'affaire est pendante, ou trois parens ou alliés au même degré, dans la cour royale saisie de l'affaire, 368.

Le second, lorsqu'une partie a un parent à ce degré parmi les juges du tribunal de première instance, ou deux parens dans la cour royale, et qu'elle-même est membre du tribunal ou de la cour, 368. (P. C. I, 460.)

D. Les deux parties peuvent-elles demander ce renvoi ?

R. Non : il n'y a que *l'autre partie,* 368, c'est-à-dire, l'adversaire de celle qui a des parens et alliés : celle-ci peut seulement proposer la récusation, d'après l'art. 378. (V. ci-devant, p. 164.)

D. Pourquoi cette autre partie peut-elle demander le renvoi ? Ne suffisoit-il pas de lui accorder seulement le droit de récuser les juges parens ou alliés de son adversaire ?

R. C'est qu'on a craint que les juges, quoique récusés, étant en certain nombre, n'influençassent les autres juges en faveur de leur parent ou allié.

D. Celui qui peut demander le renvoi ne peut-il pas se borner à demander la récusation, pour cause de parenté ou alliance avec son adversaire ?

R. Oui : comme l'article 368 dit que l'on *peut* demander le renvoi, si l'adversaire veut demander la récusation pour cette cause, ainsi que l'article 378

l'y autorise, il le peut, et l'affaire reste au tribunal.
(P. C. I, 460.)

D. *A quelle époque de l'instance doit être proposé
le renvoi, si l'affaire est portée à l'audience ?*

R. Il doit l'être avant le commencement de la plaidoirie, sinon, il ne sera plus reçu, 369.

D. *Si l'affaire est en rapport, quand le renvoi
doit il-être proposé ?*

R. Avant que l'instruction soit achevée ou que les
délais soient expirés, sinon, il ne sera plus reçu, 369.
(P. C. I, 461.)

D. *Comment se propose le renvoi ?*

R. Par acte au greffe, lequel contient les moyens,
et est signé de la partie, ou de son fondé de procuration spéciale et authentique, 370. (P. C. I, 462.)

D. *Cet acte suffit-il pour faire renvoyer l'affaire?*

R. Non, il faut faire prononcer le renvoi.

D. *La demande en renvoi est-elle sujète au préliminaire de conciliation ?*

R. Non, 49. 7°. parce que c'est un incident, l'instance étant déjà entamée.

D. *Comment poursuit-on le jugement ?*

R. On présente au tribunal l'acte de renvoi avec les
pièces justificatives, 371.

D. *Qu'ordonne le tribunal sur cette présentation?*

R. Il rend jugement qui ordonne,

1°. La communication aux juges à raison desquels
le renvoi est demandé, pour faire, dans un délai fixé,
leur déclaration au bas de l'expédition du jugement;

2°. La communication au ministère public;

3°. Le rapport à jour indiqué, par l'un des autres
juges, nommé par ce jugement, 371.

D. *La demande en renvoi doit-elle être communiquée aux autres parties ?*

R. Oui, l'expédition de l'acte à fin de renvoi, les
pièces y annexées, et le jugement ci-dessus doivent
leur être signifiés, 372.

D. En récusation, la demande n'est pas signifiée; en renvoi, elle l'est; pourquoi cette différence ?

R. C'est que la récusation n'intéresse que la partie qui la propose, et non son adversaire; puisque l'affaire restera, dans tous les cas, au tribunal, et qu'il doit lui être indifférent d'être jugé par le juge récusé ou un autre. Mais le renvoi intéresse aussi cet adversaire; parce que s'il est accueilli, l'affaire sera portée à un autre tribunal, et qu'il peut lui être plus commode que cette affaire reste dans le tribunal qui en est saisi. (P. C. I, 462 - 464.)

D. Lorsque le juge nommé a fait son rapport, et le ministère public donné ses conclusions, que prononce-t-on si le renvoi est rejeté ?

R. Celui qui succombe est condamné à une amende qui ne peut être moindre de 50 francs, sans préjudice des dommages-intérêts de la partie, s'il y a lieu, 374, c'est-à-dire, s'il a retardé le jugement de l'affaire.

D. Si le renvoi est admis, à quel tribunal renvoie-t-on ?

R. Si les causes de la demande en renvoi sont avouées ou justifiées dans un tribunal de première instance, le renvoi est fait à l'un des autres tribunaux ressortissant en la même cour royale;

Et si c'est dans une cour royale, le renvoi est fait à l'une des trois cours les plus voisines, 373.

D. Si le renvoi est jugé dans un tribunal de première instance, peut-on appeler ?

R. Oui, et dans tous les cas, l'appel est suspensif, 376.

Sur le mode d'appeler, de suivre et faire juger l'appel, appliquez ce qu'on a dit pour la récusation, 377. *Voy.* p. 171.

D. Si le renvoi est accordé, que fera-t-on pour suivre l'affaire au nouveau tribunal ?

R. La contestation y sera portée sur une simple assignation; et la procédure y sera continuée suivant les derniers erremens, 375. (P. C. I, 464 - 466.)

TITRE V.

Comment finit l'Instance.

D. *C*OMMENT *finit l'instance ?*

R. Elle finit, non-seulement par son complément et par le jugement définitif, mais encore de six manières :

1°. Par l'extinction de l'action ;

2°. Par la péremption ;

3°. Par le désistement du demandeur ;

4°. Par l'acquiescement du défendeur ;

5°. Par la transaction ;

6°. Enfin, par le compromis.

De la fin de l'Instance, par l'extinction de l'Action.

D. *Comment l'action peut-elle s'éteindre, après qu'elle a été intentée ?*

R. Par tous les moyens qui éteignent les actions avant qu'elles soient intentées : ainsi, elle peut l'être par le paiement que fait le défendeur au demandeur ; par la prescription, s'il s'écoule 30 ans depuis le dernier acte. L'action étant éteinte, la demande, l'instruction, l'instance enfin, qui ne sont que la suite de l'action, sont éteintes avec elle (P. C. I, 467.)

De la fin de l'Instance, par la Péremption.

D. *Qu'est-ce que la péremption ?*

R. C'est l'extinction, non de l'action, mais de la demande qui est l'exercice de cette action, et qui a été discontinuée pendant un certain temps fixé par la loi : de sorte qu'après ce temps, la demande est éteinte ; et si l'on veut avoir l'objet demandé, il faut former la demande de nouveau.

D. *Quel est ce temps de discontinuation après lequel la péremption est acquise ?*

R. Règle générale, il est de trois ans : toute instance, encore qu'il n'y ait pas eu de constitution d'avoué, est éteinte par discontinuation de poursuites pendant ce délai, 397.

D. *Vous dites que telle est la règle générale ; est-ce qu'il y a des cas où il faut un plus long délai ?*

R. Oui, il y en a deux.

Le premier, quand il y a lieu à demande en reprise d'instance, 397. Voy. p. 154.

Le second, quand il y a lieu à constitution de nouvel avoué, *idem.* Voy. p. 155.

D. *Quel est le délai de la péremption dans ces deux cas ?*

R. Le délai de 3 ans est augmenté de 6 mois, *idem,* afin qu'au premier cas, le successeur ait le temps de faire inventaire et délibérer, et d'examiner ensuite l'instance, pour voir s'il doit la reprendre, et qu'au second cas, la partie qui a perdu l'avoué chargé de sa défense ait le temps d'en charger un autre. (P. C. I, 468.)

D. *La péremption court-elle, contre toutes personnes ?*

R. Oui, contre toutes, soit qu'elles puissent aliéner leurs droits, soit qu'elles ne le puissent pas. Ainsi, elle court contre l'État, les établissemens publics et toutes personnes, même mineures ; mais sauf leurs recours contre les administrateurs et tuteurs, 398. (P. C. I, 469-471.)

D. *Est-elle acquise de plein droit, à l'expiration du délai ci-dessus ?*

R. Non, elle n'a pas lieu de droit, 399. (P. C. I, 473.)

Il faut qu'elle soit demandée ; et si avant qu'elle le soit, il a été fait un acte valable par l'une ou l'autre des parties, la péremption est couverte, 399, c'est-à-dire, que celui qui pouvoit la requérir avant cet acte, ne le peut plus. Exemple : J'ai formé demande contre vous; plus de 3 ans s'écoulent, vous ne demandez pas la péremption, je donne un acte pour venir à l'audience; vous ne pouvez plus requérir la péremption. (P. C. I, 471-473.)

D. *Comment se demande la péremption ?*

R. Elle se demande par requête d'avoué à avoué, à moins que l'avoué ne soit décédé, ou interdit, ou suspendu depuis le moment où elle a été acquise, 400; auquel cas, cet avoué ne pouvant plus défendre son client, la demande doit être dirigée contre celui-ci par exploit (P. C. I, 473.)

D. *Si la péremption est prononcée, quel effet produit-elle, relativement à la procédure ?*

R. Elle éteint la procédure seulement, 401; de sorte que le demandeur peut renouveler sa demande.

D. *S'il renouvelle sa demande, pourra-t-il se prévaloir, et pourra-t-on se prévaloir contre lui, des actes de la première procédure qui est éteinte ?*

R. Non, on ne peut, dans aucun cas, opposer aucun des actes de la procédure éteinte, ni s'en prévaloir, 401. Exemple : J'ai formé contre vous une demande d'un prêt sans billet : votre avoué signifie un acte par lequel vous reconnoissez le prêt ; après discontinuation de poursuites de ma part, pendant le temps ci-dessus, vous demandez la péremption : elle est prononcée. Je forme de nouveau demande du prêt; cette fois vous le niez; je ne puis vous opposer la reconnoissance, ni m'en prévaloir; car si je le pouvois, vous pourriez de votre côté, ou désavouer l'avoué qui l'a donnée en votre nom, ou vous pourvoir en manière quelconque, contre l'acte de procédure dont je me prévaudrois; et le premier procès revivroit; ce qui iroit contre la fin de la péremption qui est d'éteindre le procès.

D. *A la charge de qui sont les frais de la procédure ?*

R. Le demandeur principal est condamné à tous les frais de la procédure périmée, 401.

D. *La péremption éteint-elle l'action ?*

R. Non, 401 ; ainsi on peut l'exercer de nouveau, si elle n'est pas prescrite.

D. *Si la péremption n'empêche pas un nouveau procès, elle ne remplit donc pas son but, qui est de mettre fin au procès ?*

R. Elle remplit toujours son but, en ce que, par l'anéantissement du procès qu'elle opère, elle peut détourner le demandeur de recommencer, si sa prétention est douteuse ou hasardée, comme il n'y en a que trop.

D'ailleurs, elle oblige les parties de faire terminer promptement les procès, lesquels souvent simples par rapport à leur objet, dans leur principe, se compliquent ensuite, par les événemens et les incidens, qui, quoiqu'accessoires, surchargent plus l'affaire que l'objet principal. Si l'on recommence le procès, il renaîtra dans sa simplicité primitive.

D. *L'instance périmée interrompt-elle la prescription ?*

R. Non ; si le demandeur laisse périmer l'instance, l'interruption est regardée comme non avenue, C. C., 2247. Exemple : Vous possédez mon héritage vingt-neuf ans ; je le réclame : après trois ans de défaut de poursuites, vous obtenez la péremption ; ma demande étant écartée par là, est considérée comme si elle n'avoit pas été formée ; et comme il y a trente-deux ans que vous possédez, la prescription est acquise : ainsi la péremption, qui n'éteint point par elle-même l'action, peut en ce cas, contribuer à l'éteindre. (P. C. I, 475-477.)

De la fin de l'Instance, par le désistement du Demandeur.

D. *Le demandeur peut-il se désister de sa demande ?*

R. Oui ; il le peut par un motif quelconque, par

exemple, lorsqu'elle est portée devant un juge incompétent, pour la porter ensuite devant le juge compétent ; lorsqu'elle est irrégulière, pour la former régulièrement; lorsqu'elle est intentée avant l'échéance du terme, ou l'événement de la condition, pour la former quand le moment sera arrivé; lorsque le demandeur estime qu'il conviendra mieux à ses intérêts que la demande soit intentée dans un temps plus reculé. (P. C. I, 477.)

D. *Comment ce désistement doit-il être fait ?*

R. Par un simple acte signé de la partie ou de son mandataire, et signifié d'avoué à avoué, 402.

D. *Suffit-il pour faire cesser le procès ?*

R. Non ; il faut qu'il soit accepté par l'autre partie, par un simple acte signé d'elle ou de son mandataire, et signifié d'avoué à avoué, 402.

D. *Le défendeur peut-il refuser d'accepter, et exiger qu'on juge le procès, malgré le désistement ?*

R. Oui ; parce que le désistement remettant les choses, de part et d'autre, au même état qu'elles étoient avant la demande, 403, il n'éteint pas l'action, mais seulement la demande, laquelle on peut former ensuite de nouveau, quand on le voudra : or, le défendeur a droit de se refuser à cet inconvénient, et d'exiger qu'on juge sur la demande actuelle, pour ne pas s'exposer à une seconde, une troisième, ou ultérieure demande, et par suite à un second procès : c'est pour cela que l'article 402 exige l'acceptation, et que l'art. 403 ne donne effet au désistement, qu'autant qu'il a été accepté.

D. *Si le demandeur se désistoit, non-seulement de sa demande, mais de son action, le défendeur pourroit-il, nonobstant ce désistement, faire juger le procès ?*

R. Non ; car, ce désistement éteignant l'action, le défendeur n'a pas à craindre que le procès se renouvelle, comme dans le cas du désistement de la demande: c'est pourquoi il n'est pas nécessaire que ce désistement de l'action soit accepté du défendeur. (P. C. I, 478 - 480.)

D. *Quel effet produit le désistement de la demande seulement, lorsqu'il est accepté ?*

R. Il en produit deux :

Le premier, dont on vient de parler, de remettre les choses, de part et d'autre, au même état qu'elles étoient avant la demande, 403.

Le second, d'emporter soumission de payer les frais, *idem*.

D. *Si la partie ne paie pas les frais, que faire pour l'y contraindre ?*

R. 1°. On fait commettre un juge, sur requête, pour faire la taxe;

2°. Le désistant est appelé à cette taxe, par acte d'avoué;

3°. La taxe faite, le président met au bas, ordonnance qui enjoint de payer, et à défaut, permet de contraindre, 403.

D. *Peut-on se pourvoir contre cette ordonnance, si l'on a à se plaindre, soit de la taxe, soit de l'ordonnance ?*

R. Oui; mais sur le mode de se pourvoir, il faut distinguer deux cas :

1°. Si l'ordonnance est d'un président de première instance, on se pourvoit par opposition, si elle est par défaut, et par appel, si elle est contradictoire, 403.

2°. Si elle est d'un président de cour royale, qu'elle soit par défaut ou contradictoire, on se pourvoit par opposition, 403, à la cour royale.

Mais, dans les deux cas, l'ordonnance est exécutée nonobstant opposition ou appel, 403. (P. C. I, 480-482.)

De la fin de l'Instance, par l'Acquiescement du Défendeur.

D. *Le défendeur peut-il acquiescer à la demande ?*

R. Oui, s'il est capable de disposer de ses droits.

D. Comment doit se donner l'acquiescement ?

R. Par un acte d'avoué signé de la partie ou de son mandataire.

D. Le demandeur peut-il le refuser , comme le défendeur pourroit refuser le désistement ?

R. Non, parce qu'il y a grande différence. Le désistement du demandeur laissant le défendeur exposé à un second procès, comme on l'a dit, celui-ci peut s'y refuser, pour faire juger le procès, puisqu'il est entamé : mais l'acquiescement du défendeur n'expose pas le demandeur à un second procès ; car il emporte soumission à l'action , renonciation à proposer des moyens contre cette action, et éteint par conséquent tous procès sans retour : le demandeur n'a donc ni intérêt ni droit de s'y refuser. (P. C. I, 482-485.)

De la Fin de l'Instance, par la Transaction.

D. Comment peut-on transiger sur un procès ?

R. De deux manières :

Extrajudiciairement, par acte devant notaires ou sous-seing-privé.

Judiciairement , par un projet de jugement passé de concert, lequel projet s'appelle *expédient,* et est signé des parties : on le fait adopter par le tribunal lequel revêt cette convention de son autorité, en l'érigeant en jugement ; et elle en a toute la force. (P. C. I, 485.)

De la fin de l'Instance, par le Compromis.

D. Peut-on passer un compromis sur une instance portée devant les juges ordinaires ?

R. Oui ; si les parties peuvent compromettre, et si l'objet peut être la matière d'un compromis. *Voy* p. 9 et 10.

D. L'instance étant alors portée devant des arbitres, comment peut-on dire que le compromis termine l'instance ?

PARTIE III.

DU JUGEMENT.

R. Il la termine, en ce sens qu'elle n'a plus lieu devant les tribunaux, suivant les régles des tribunaux, mais devant les arbitres, soit d'après ces règles, soit d'après celles qui sont déterminées par le compromis.

Mais si les arbitres ne jugent pas, l'affaire revient au tribunal, dans son dernier état. (P. C. I, 486.)

PARTIE III.

Du Jugement.

CETTE matière est divisée en huit Titres.

Sous le premier, on dira où et comment on procède au jugement ; parce que les règles, à cet égard, sont communes à toute espèce de jugement ;

Le deuxième traitera des jugemens par défaut et des jugemens contradictoires ;

Le troisième, des jugemens portant avant faire droit et des jugemens définitifs ;

Le quatrième, des jugemens en dernier ressort et des jugemens sujets à l'appel ;

Le cinquième, des condamnations accessoires portées par les jugemens, comme dommages-intérêts, restitution de fruits, etc ;

Le sixième, des cas ou le juge doit déterminer le mode d'exécution de son jugement, et des cas où il ne le doit pas ;

Le septième, de la rédaction de la minute du jugement, des formalités pour s'en procurer expédition, et de la forme de cette expédition ;

Le huitième, de la signification et des effets du jugement.

TITRE PREMIER.

Où et comment on doit procéder au jugement.

D. *Où doit-on procéder au jugement?*

R. Régle générale, à l'audience, 116. (P. C. I, 488.)

D. *Par qui est rendu le jugement?*

R. Par les juges; en leur absence, les suppléans; à défaut, les avocats, suivant l'ordre du tableau; ensuite les avoués, selon la date de leur réception. Loi du 13 mars 1804. (22 ventose an 12), art. 30.

D. *En quel nombre doivent être les juges en première instance, pour décider?*

R. Suivant la loi du 16 mars 1800. (27 ventose an 8), un jugement de première instance ne peut être rendu par moins de trois juges : si le tribunal est divisé en sections, le nombre de juges ne peut excéder celui de la section, si c'est elle qui prononce, et du tribunal entier, si c'est tout le tribunal qui juge. *Voy.* les art. 8, 9, 10, 11, 16 et 44 de cette loi. (P. C. I, 488.)

D. *Comment doit être rendu le jugement?*

R. A la pluralité des voix, 116.

D. *S'il se forme plus de deux opinions, et qu'aucune n'ait pour elle la majorité des voix, comment se forme le jugement?*

R. Les juges plus foibles en nombre sont tenus de se réunir à l'une des deux opinions émises par le plus grand nombre, 117. Exemple : Cinq juges; quatre sont d'avis de décider définitivement, savoir, deux pour le demandeur, et deux pour le défendeur; un cinquième est d'avis d'une voie d'instruction; il doit se réunir à l'un des avis les plus forts.

Mais il n'est tenu de se réunir qu'après que les voix auront été recueillies une seconde fois, 117.

D. Lorsqu'il y a partage, comment le vide-t-on?

R. On appelle un juge; à défaut, un suppléant; à son défaut, un avocat attaché au barreau; et à son défaut, un avoué; tous appelés selon l'ordre du tableau, 118.

L'affaire est de nouveau plaidée, *idem.* (P. C. I, 489-492.)

TITRE II.

Des Jugemens par défaut, et des Jugemens contradictoires.

Des Jugemens par défaut.

D. Qu'est-ce qu'un jugement par défaut?

R. C'est celui qui est rendu en l'absence d'une partie, soit principale, soit intervenante.

D. Ou s'obtient ce jugement?

R. A l'audience, sur l'appel de la cause, 150.

D. Par qui s'obtient-il?

R. Par le comparant contre le défaillant : ainsi il peut s'obtenir par le demandeur comparant contre le défendeur défaillant, *et vice versâ.* (P. C. I, 492.)

D. Dans quels cas est-il obtenu par le demandeur contre le défendeur ?

R. En deux cas :

1°. Si le défendeur ne constitue pas avoué;

2°. Si, ayant constitué avoué, celui-ci ne se présente pas au jour indiqué pour l'audience, 149. (P. C. I, 493-495.)

D. Quand peut-on prendre ce défaut, lorsque plusieurs parties ont été citées pour le même objet, à dif-

*férens délais, (par exemple : l'une demeurant à Paris,
l'autre à Lyon), et qu'elles n'ont point constitué d'a-
voué ?*

R. Il ne peut être pris défaut contre aucune d'elles,
qu'après l'échéance du plus long délai, 151.

*D. Comment prend-on défaut, si toutes les parties,
ou plusieurs, sont défaillantes, c'est-à-dire, n'ont point
constitué d'avoués ?*

R. Par un seul et même jugement, 152, pour économiser. Et s'il en est pris contre chacune d'elles séparément, les frais de ces défauts n'entreront point en
taxe, et resteront à la charge de l'avoué, sans qu'il
puisse les répéter contre sa partie, 152. (P. C. I, 496.)

*D. Si, parmi les assignés, il y en a qui comparois-
sent et d'autres qui fassent défaut, comment prend-on
défaut contre ceux-ci ?*

R. Au jour arrivé, on donne défaut contre le défaillant, mais on ne juge pas contre lui ; on joint seulement le profit du défaut, 153, c'est-à-dire, que l'on
joint sa cause à celle du comparant pour être statué
sur les deux par un seul et même jugement. Exemple:
Paul et Pierre débiteurs solidaires de 2000 fr., sont
assignés ; Paul constitue avoué, et Pierre est défaillant ;
on donne défaut contre ce dernier, et l'on joint sa cause
à celle de Paul, pour prononcer sur les deux en même
temps, quand la cause contre Paul viendra à l'audience.
(P. C. I, 497.)

*D. Que fait-on pour faire statuer par un seul juge-
ment, contre le comparant et le défaillant ?*

R. 1°. Le jugement de jonction est signifié au défaillant, par un huissier commis, 153, pour éviter les
surprises et parce que le jugement définitif qui sera
rendu, ne sera pas susceptible d'opposition, *idem* ;

2°. Cette signification contient assignation au défaillant, pour comparaître au jour auquel la cause sera
appelée *id.*, avec le comparant ; par exemple, pour le
15 Mars ;

3°. On donne avenir au comparant pour ce jour-là ;

et ce jour arrivé, le demandeur et le comparant entendus, on juge : si le comparant est condamné, le défaillant l'est aussi : par exemple, dans l'espèce ci-dessus, Paul est condamné solidairement avec Pierre, celui-ci l'est aussi par le même jugement qui, à son égard, n'est pas susceptible d'opposition, 153.

4°. Si ce jour-là la cause n'est point jugée avec le comparant, l'audience est continuée à un autre jour : par exemple, dans l'espèce ci-dessus, au 22 Mars ; et il n'est pas besoin de donner nouvelle assignation au défaillant, 1034 ; c'étoit à lui à se trouver le 15, jour indiqué par l'assignation ; il auroit appris, ce jour-là, la continuation au 22. (P. C. I, 498.)

D. *Comment prend-on défaut, lorsqu'il n'y a qu'un assigné et qu'il est défaillant, c'est-à-dire qu'il n'a pas constitué d'avoué ?*

R. A l'audience, sur l'appel de la cause, 150.

Le jugement est signifié par un huissier commis, 156 ; parce que l'assignation a pu n'être pas remise au défendeur, soit par infidélité de l'huissier, ou négligence des personnes de la maison qui l'ont reçue.

Cet huissier est commis par le tribunal, si le condamné demeure dans son ressort, et s'il n'y demeure pas, par le tribunal du domicile du défaillant, 156. (P. C. I, 496.)

D. *Dans quel délai doit être exécuté ce jugement ?*

R. Dans les six mois de son obtension, sinon, il est réputé non-avenu, 156. (P. C. I, 496.)

D. *Dans quels cas le défendeur peut-il prendre défaut contre le demandeur ?*

R. Lorsque le défendeur a constitué avoué, il peut, même sans avoir fourni de défenses (dans les affaires non sommaires, les seules où l'on puisse en fournir), suivre l'audience par un seul acte ; et si le demandeur ne comparoît pas, le défendeur peut prendre défaut contre lui, 154. (P. C. I, 499.)

D. *Doit-on condamner le défaillant, soit demandeur, soit défendeur, par cela seul qu'il ne comparoît pas ?*

R. Les conclusions de la partie qui requiert le défaut, ne lui sont adjugées, qu'autant qu'elles sont justes et bien vérifiées, 150. (P. C. I, 500.)

D. *Si les juges ne se trouvent pas en état d'apprécier ces conclusions lors de l'appel de la cause, que peuvent-ils faire pour y parvenir ?*

R. Ils peuvent faire mettre les pièces sur le bureau, pour les examiner et prononcer le jugement à l'audience suivante, 150.

D. *Lorsque le demandeur a obtenu contre le défendeur, ou celui-ci contre le demandeur, un jugement par défaut, peut-il le faire exécuter sur-le-champ ?*

R. Non, ce jugement ne peut être exécuté avant l'échéance de la huitaine de la signification à avoué, et de la signification à personne ou domicile, s'il n'y a pas eu de constitution d'avoué, 155 ; afin de donner au condamné, à qui l'assignation a pu n'être pas remise, le temps de préparer ses moyens, pour former opposition au jugement, s'il le trouve injuste.

D. *Cette suspension d'exécution pendant la huitaine, a-t-elle toujours lieu ?*

R. Oui, elle a lieu de droit ; mais s'il y a urgence, et si l'on se trouve dans les cas où le juge peut ordonner l'exécution provisoire (cas prévus par l'art. 135, et qui seront détaillés ci-après), le tribunal peut ordonner que l'exécution aura lieu, avant l'expiration du délai de huitaine, 155. Exemple : Le jugement rendu le 31 mars, déclare valable un congé donné pour le premier avril ; il est signifié le premier avril ; le locataire doit sortir le 8 : si l'on ne pouvoit l'expulser qu'après la huitaine, cette huitaine expirant le 9, on ne pourroit avoir le local le 8 (jour auquel on doit le remettre au nouveau locataire), si le juge ne permettoit d'expulser avant cette huitaine, et sans attendre son expiration.

D. *Si, dans cette huitaine, le défaillant forme opposition, cette opposition arrêtera-t-elle l'exécution ?*

R. Oui : l'opposition formée dans le délai, et dans

les formes requises, suspend l'exécution, à moins que cette exécution n'ait été ordonnée nonobstant opposition, 155 ; ce que le juge peut faire dans le cas seulement où il y a péril en la demeure, (comme dans le cas du congé ci-dessus), 155.

Et alors, il peut ordonner l'exécution sans caution, ou avec caution, 155, de réparer le préjudice qu'elle aura causé, si, sur l'opposition, le jugement est réformé.

D. *Si le juge, en condamnant le défaillant, n'avoit pas ordonné l'exécution sans attendre la huitaine, et nonobstant l'opposition, pourroit-il l'ordonner après coup ?*

R. Non ; il doit l'ordonner par le même jugement, 155. Quand un jugement est rendu, les juges ne peuvent y rien changer ; autrement, les décisions de la justice n'auroient rien de stable ; puisque par les intrigues et les passions qui s'agiteroient auprès de ceux qui les auroient rendues, ces décisions pourroient varier à l'infini. Elles ne peuvent être réformées qu'en prenant les *voies contre les jugemens,* qui seront exposées *Partie IV.* (P. C. I, 499.)

Des Jugemens contradictoires.

D. *Qu'est-ce qu'un jugement contradictoire ?*

R. C'est celui qui est rendu après que les parties ou leurs défenseurs ont contredit et contesté devant le juge.

D. *Comment parvient-on à un jugement contradictoire ?*

R. En se présentant, par les parties ou leurs défenseurs, devant le juge, soit d'elles-mêmes, soit sur un avenir donné par une partie à l'autre.

D. *Si la cause, n'ayant pu être jugée le jour qu'elle a été entamée, est renvoyée à un autre jour, et que ce jour-là, l'une des parties ne se présente, le jugement rendu contre elle sera-t-il par défaut ?*

R. Non ; il sera contradictoire ou du moins considéré comme tel, et le défaillant ne pourra y former opposition ; parce que le jour de la continuation ayant été indiqué en sa présence, il ne peut pas dire que ce défaut a été obtenu par surprise, comme il peut le dire des autres défauts. (P. C. I, 501 - 503.)

TITRE III.

Des Jugemens distingués en Avant faire droit, et Définitifs.

Des Avant faire droit.

D. *Qu'est ce qu'un avant faire droit ?*

R. C'est tout jugement qui, *avant* de statuer définitivement, ordonne une disposition ou *provisoire*, ou *préparatoire* ou *interlocutoire.*

Ainsi, il y a trois sortes d'avant faire droit.

Des jugemens provisoires.

D. *Qu'est-ce qu'un jugement provisoire ?*

R. C'est celui par lequel un tribunal, voyant que la contestation ne peut se décider actuellement, et que sa durée pourra produire des inconvéniens, obvient à ces inconvéniens, en ordonnant ce qu'exigent les circonstances.

D. *Quels sont les cas où l'on ordonne un provisoire ?*

R. Dans l'impossibilité où l'on est de désigner tous ces cas, parce qu'ils sont infinis, on va indiquer les principaux.

1º. Lorsque l'affaire requiert célérité, et que le retard peut causer un préjudice notable. Exemple : Un homme demande la restitution d'une voiture qu'il a prêtée et dont il a un pressant besoin.

2°. Lorsque la prétention d'une partie est fondée en titre. Exemple : Si on réclame un objet acheté, que le vendeur refuse de le remettre ; s'il y a titre, le juge pourra ordonner la remise provisoire : *la provision est due au titre*, parce que la vérité est le plus souvent du côté du titre.

3°. Enfin, lorsqu'une partie est en possession de l'objet contentieux ; on ordonne qu'il restera par provision au possesseur, jusqu'au jugement définitif : *la provision est due à la possession*, parce qu'un propriétaire n'abandonnant pas ordinairement sa possession, le possesseur est présumé propriétaire jusqu'à la preuve du contraire. (P. C. I, 504.)

D. *La demande provisoire doit-elle être jugée avant la demande principale ?*

R. Oui, si la demande principale n'est pas en état.

Mais si la cause est en état sur le provisoire et sur le fond, les juges doivent prononcer sur le tout, par un seul jugement, 134. (P. C. I, 505 - 509.)

Des Jugemens préparatoires.

D. *Qu'est-ce qu'un jugement préparatoire ?*

R. C'est un jugement rendu pour l'instruction de la cause qui tend à mettre le procès en état de recevoir jugement définitif, et qui ne préjuge pas le fond 452. Exemple : Un jugement qui ordonne une comparution des parties en personne, un interrogatoire, une communication de pièce, un délibéré, une instruction par écrit. (P. C. I, 509.)

Des Jugemens interlocutoires.

D. *Qu'est-ce qu'un jugement interlocutoire ?*

R. C'est celui par lequel le tribunal ordonne, avant dire droit, une preuve, une vérification ou une instruction qui préjuge le fond, 452. Exemple : Vous me demandez un prêt de 300 fr. fait sans billet ; je le nie, vous demandez la preuve testimoniale ; je m'y oppose; parce que l'objet passe 150 fr.; cependant le juge l'ordonne ; il préjuge le fond, la décision est par conséquent interlocutoire ; car, en ordonnant cette preuve contre ma résistance, il décide d'avance que si cette preuve est faite, il me condamnera sur cette preuve, tandis que je soutiens que cette preuve étant inadmissible, on ne doit pas me condamner. (P. C. I, 510.)

Des Jugemens définitifs.

D. Qu'est-ce qu'un jugement définitif?

R. C'est celui qui termine la contestation, soit en adoptant les prétentions des parties, soit en les modifiant, soit en les rejetant. (P. C. I, 511.)

TITRE IV.

Des Jugemens en dernier ressort, et des Jugemens à charge d'appel.

Des Jugemens en dernier ressort.

D. Quand les tribunaux de première instance peuvent-ils juger en dernier ressort ?

R. Ils peuvent juger en dernier ressort en quatre cas:

1°. Les appels de justice de paix. Lois du 24 août 1790, tit. 3, art. 12, et du 16 mars 1800 (27 *ventôse an* 8), art. 7.

2°. Quand l'objet du procès porté devant eux en première instance, est de 1000 fr. de principal, ou produit 50 fr. ou moins de revenu. Lois du 24 août, tit. 4, art. 5; et 16 mars 1800 (27 *ventôse*), art. 7.

3°. Quand les parties, ayant la disposition de leurs droits, consentent à être jugées en dernier ressort, à quelque valeur que monte l'objet. Lois du 24 août, tit. 4, art. 6, et 16 mars (27 *ventôse,* an 8), art. 7.

4°. Enfin, quand il s'agit de recouvremens des droits d'enregistrement et de paiement des peines et amendes établies par les lois des 3 novembre et 12 décembre 1798 (13 *brumaire et* 22 *frimaire,* an 7). Voy. la première, art. 31, et la deuxième, art. 65. (P. C. I, 512 - 523.)

Des Jugemens rendus à la charge de l'appel; de l'Exécution provisoire.

D. Quand les tribunaux de première instance jugent-ils à charge d'appel ?

R. Hors les quatre cas ci-dessus.

D. S'il y a appel, cela arrêtera-t-il l'exécution ?

R. Oui; à moins que le tribunal n'ait ordonné l'exécution provisoire, nonobstant l'appel, dans les cas où elle est autorisée, 457. (P. C. I, 523.)

D. Le tribunal peut-il ordonner cette exécution provisoire sans caution, quand il le veut ?

R. Non, la loi distingue deux sortes de cas :

La première est de ceux où il *doit* l'ordonner sans caution;

La seconde, de ceux où il *peut* l'ordonner avec ou sans caution, comme il l'estime convenable.

Dans tous les autres cas, il ne *doit,* ni ne *peut* l'ordonner. (P. C. I, 523.)

Cas où l'on *doit* ordonner l'exécution provisoire, sans caution.

D. En quels cas le tribunal doit-il ordonner cette exécution sans caution ?

R. En quatre cas :

1°. S'il y a titre authentique, 135. Exemple : Si le condamné est obligé par acte notarié;

2°. S'il y a promesse reconnue, 135 : par exemple, s'il y a billet reconnu par la partie ;

3°. S'il y a condamnation précédente, par jugement dont il n'y a pas d'appel, *idem.* Ex : Un homme est condamné à payer 1500 fr. ; il n'appelle pas ; en vertu du jugement, on saisit sur lui ; il conteste la saisie ; elle est déclarée valable ; le jugement qui la déclare telle étant basé sur un 1er non attaqué, il est exécutoire par provision.

Le motif de la loi dans ces trois cas, est que le jugement fondé sur un titre authentique, sur une promesse reconnue ou sur une condamnation précédente, est présumé juste jusqu'à la preuve du contraire ; et que l'exécution provisoire, d'ailleurs, est un frein donné aux débiteurs de mauvaise foi, qui, s'ils n'étoient retenus par là, éleveroient des contestations pour éloigner leur paiement, jusqu'à ce qu'ils fussent condamnés sur appel.

4°. Le quatrième cas est lorque la loi dit qu'un jugement sera exécutoire par provision, sans dire s'il y aura caution ou non ; il est exécutoire sans caution. (P. C. I, 523 - 325.)

Des Cas où l'on *peut* ordonner l'éxécution provisoire avec ou sans caution, à l'arbitrage du juge.

D. En quels cas le juge peut-il, en ordonnant l'exécution provisoire, exiger caution ou ne pas l'exiger ?

R. Dans dix cas :

Lorsqu'il sagit,

1°. D'apposition de scéllés, 135 ;

2°. De la levée des scellés, *id.*

3°. De confection d'inventaire, *id.*

(Exemple : Un homme se prétend héritier, il veut faire apposer ou lever le scellé, ou procéder à l'inventaire ; on soutient qu'il n'est pas héritier ; le juge le déclare tel, ou, en attendant qu'il prononce définitivement, l'autorise à faire, par provision, apposer ou lever le scellé, procéder à l'inventaire : le juge peut, suivant que les preuves que ce prétendant apporte en faveur de son droit sont plus ou moins fortes, l'exempter de donner caution, ou l'astreindre à la donner en cas d'appel.)

4°. De réparations urgentes;

5°. D'expulsion des lieux, lorsqu'il n'y a pas de bail, ou que le bail est expiré;

6°. De sequestres, commissaires et gardiens;

7°. De réceptions de cautions et certificateurs;

8°. De nomination de tuteurs, curateurs et autres administrateurs;

9°. De reddition de compte;

10°. De pensions, ou provisions alimentaires, 135.

Le juge peut exempter de la caution ou l'exiger, suivant que les preuves qu'a celui qui gagne sont plus ou moins fortes, ou qu'il est plus ou moins solvable et en état de réparer le préjudice causé par l'exécution, si le jugement est réformé sur appel. (P. C. I, 525-527).

D. *Dans les dix sortes de cas ci-dessus, le jugement sera-t-il exécutoire de plein droit par provision, en cas d'appel?*

R. Non, il faut que cette exécution ait été ordonnée; autrement, en cas d'appel, le gagnant pourroit prétendre que le jugement est dans l'un de ces dix cas, qu'ainsi l'appel ne l'empêche pas d'aller en avant; le perdant soutiendroit le contraire, et que par conséquent son appel est suspensif. Dans la prévoyance de cette discordance, le tribunal doit décider que l'exécution provisoire aura lieu en cas d'appel. S'il ne le fait pas, l'appel sera suspensif, 457.

D. *Si les juges ont omis de prononcer l'exécution provisoire (dans les cas où ils y sont autorisés), peuvent-il l'ordonner par un second jugement?*

R. Non, 136. Le jugement ne peut être changé par ceux qui l'ont rendu. *Voy.* p. 189. (P. C. I, 527.)

D. *Si le condamné appelle, l'exécution sera donc suspendue, quoique ce fût le cas d'ordonner qu'elle auroit lieu par provision?*

R. Oui; mais celui qui a obtenu le jugement, pourra, sur l'appel, demander cette exécution provisoire, 136, en attendant le jugement de l'appel, ainsi qu'on le verra, Partie IV, en parlant de l'Appel.

TITRE V.

Des condamnations accessoires portées par les Jugemens ; comme dommages-intérêts, restitution de fruits, contrainte par corps, délais et dépens.

Des Dommages-Intérêts.

D. Qu'est-ce que les dommages-intérêts?

R. C'est la réparation du tort que l'on a causé à quelqu'un, en faisant contre lui ce qui est défendu, ou ne faisant pas ce à quoi on est obligé envers lui.

D. *Lorsque le juge condamne à cette réparation, est-il obligé de la fixer?*

R. Oui, s'il le peut, sinon il ordonne qu'ils seront donnés par état, 128. Exemple. Un maçon a fait une mauvaise construction dont la chute a causé du préjudice, non seulement au propriétaire, mais au voisin: indépendamment de la reconstruction qu'on l'oblige de faire, on le condamne à réparer le tort provenant de la chute; comme les dégradations qu'elle a causées, le défaut de location pendant la reconstruction. Si le juge peut dès à présent apprécier ce tort, il fixe la somme due pour le réparer; sinon il ordonne que celui qui a éprouvé ce tort, donnera un état détaillé des préjudices qu'il souffre, pour être accordé ou contesté par le condamné; sauf aux juges, en cas de contestation, à vérifier cet état et à fixer la réparation. (P. C. I, 528-533.)

De la Restitution des fruits.

D. Si quelqu'un, par exemple, le possesseur injuste d'un héritage, est condamné à restituer les fruits, de quelle manière lui ordonne-t-on de faire cette restitution ?

R. Pour la dernière année, si les fruits sont encore en nature, on ordonne qu'il les restitue en nature ; et s'ils n'y sont pas, suivant les mercuriales du marché le plus voisin, eu égard aux saisons et prix communs de l'année, ou à dire d'expert, s'il n'y a pas de mercuriales, 129.

Pour les années précédentes, suivant les mercuriales, et à défaut, à dire d'experts, *idem.* (P. C. I, 533.)

De la Condamnation par corps.

D. En quels cas le juge peut-il comdamner par corps ?

R. Dans les cas prévus par la loi, 126. Ces cas sont désignés dans les art. 2059-2062 du Cod. C. et dans d'autres lois.

D. Peut-on prononcer la contrainte par corps, pour dommages-intérêts ?

R. Le Cod. C. n'y a point autorisé ; mais le Cod. de P. laisse à la prudence des juges de la prononcer pour les dommages-intérêts au-dessus de 300 fr., 126.

D. Peut-on la prononcer aussi pour reliquats de compte ?

R. Non pas pour tous ; mais il est laissé à la prudence des juges de la prononcer pour reliquats de comptes de tutelle, curatelle, d'administration de corps et communauté, établissemens publics, ou de toute administration confiée par justice (comme celle des séquestres judiciaires), et pour toutes restitutions à faire par suite de ces comptes, 126.

Ainsi, on ne pourroit l'accorder pour compte dû par un mandataire à son mandant.

D. Si la contrainte est accordée dans les deux cas ci-dessus, peut-on l'exercer sans délai après le jugement ?

R. Oui, à moins que les juges n'aient ordonné qu'il sera sursis à l'exécution de la contrainte, pendant un temps fixé par eux, comme ils le peuvent, 127; auquel cas, la contrainte ne peut être exercée qu'après ce temps, mais sans nouveau jugement, 126.

D. Les juges peuvent-ils accorder ce délai après coup ?

R. Non : ils ne peuvent l'accorder que par le jugement qui statue sur la contestation, 127; par la raison déjà donnée, que les juges ne peuvent rien changer à leurs décisions.

Et s'ils accordent ce délai, ils doivent en énoncer les motifs, 127. (P. C. I, 534-539.)

Des Délais.

D. Les juges peuvent-ils, en condamnant, accorder des délais ?

R. Oui, ils peuvent, en considération de la position du débiteur, et en usant de ce pouvoir avec une grande réserve, accorder des délais modérés pour le paiement, et surseoir l'exécution des poursuites, toutes choses demeurant en état. Cod. C. 1244. (P. C. I, 539 et 540.)

D. Les juges peuvent-ils toujours, d'après cette considération, accorder des délais ?

R. Il y a cinq cas où ils ne le peuvent pas :

1°, Si les biens du débiteur sont vendus à la requête d'autres créanciers, 124; parce que, pendant le délai, il pourroit se faire que le prix de la vente de ces biens fût distribué, et que le créancier contre qui le délai auroit été accordé, ne trouvât plus rien après ce délai ;

2°. Si le débiteur est en état de faillite, 124; parce que sa situation fait craindre qu'il n'y ait pas de quoi payer;

3°. S'il est en état de contumace, *idem*; parce que l'administration de ses biens lui étant enlevée et étant confiée à la régie des domaines, le délai ne lui seroit d'aucune utilité;

4°. S'il est constitué prisonnier, *idem;* parce que sa situation doit être assimilée à celle d'un failli;

5°. Enfin, lorsqu'il a diminué les sûretés qu'il avoit données par le contrat à son créancier, *idem*, et Cod. C. 1188 : Exemple : Si, ayant donné hypothèque sur une maison, il l'a laissé dépérir, dégrader, l'a démolie ou diminuée de valeur, (P. C. I, 540.)

D. *Le tribunal peut-il accorder des délais après le jugement ?*

R. Non, il ne peut le faire que par le jugement même qui statue sur la contestation, 122. S'il le faisoit après, il modifieroit sa décision, ce qu'il ne peut faire.

Et le jugement doit énoncer les motifs du délai, 122, *idem.*

D. *De quand le délai court-il ?*

R. Du jour du jugement, s'il est contradictoire, 123; la partie étant présente, le sait dès ce moment.

Du jour de la signification, si le jugement est par défaut, *idem;* la partie étant absente, n'apprend le délai que par la signification.

D. *Le créancier ne peut-il faire aucuns actes con-tre le débiteur avant l'échéance du délai ?*

R. Il ne peut faire aucun acte de contrainte.

D. *Peut-il faire des actes conservatoires ?*

R. Oui, ces actes sont valables, nonobstant le délai accordé, 125.

D. *Qu'entend-on par actes conservatoires ?*

R. Ce sont tous les actes qui peuvent conserver sur les biens du débiteur, le paiement à l'échéance; par exemple, une inscription, une opposition.

D. N'y a-t-il pas des cas où le débiteur peut être déchu du délai, et obligé de payer avant l'échéance?

R. Oui, ce sont les cinq cas désignés, p. 198, et par les motifs y énoncés. (P. C. I, 541.)

Des Dépens.

D. Qui doit être condamné aux dépens ?

R. La partie qui succombe, 130.

D. N'y a-t-il pas des cas où le juge peut compenser les dépens en tout ou partie ?

R. Il y en a deux :

1°. Lorsque les contendants, sont conjoints, ascendans, descendans, frères et sœurs, ou alliés au même degré, 131 ;

2°. Si les parties succombent respectivement sur quelques chefs, 131. (P. C. I, 546.)

D. N'y a-t-il pas des personnes autres que la partie qui succombe, qui peuvent être condamnées aux dépens ?

R. Oui, ce sont les avoués et huissiers, lorsqu'ils ont excédé les bornes de leur ministère : ils peuvent être condamnés aux dépens, en leur nom et sans répétition, même aux dommages-intérêts, s'il y a lieu; sans préjudice de l'interdiction contre les avoués et huissiers, 132.

D. Si une condamnation de dépens est prononcée contre un tuteur, curateur, héritier bénéficiaire ou autre administrateur, en est-il tenu personnellement?

R. Non; il n'a agi que comme mandataire : et les dépens sont dus par le pupille, la succession bénéficiaire ou l'administration, qui est le mandant.

D. N'y a-t-il pas un cas où ce tuteur ou autre mandataire peut être condamné aux dépens, en son nom, quoiqu'il ait procédé comme mandataire ?

R. Oui, c'est lorsque ce mandataire a compromis les intérêts du mandant; il peut être condamné aux dépens, en son nom et sans répétition, même aux dom-

mages-intérêts s'il y a lieu, sans préjudice de la destitution contre les tuteurs et autres, suivant la gravité
des circonstances, 132. (P. C. I, 542 - 544.)

D. *Le juge, en condamnant aux dépens, les liqui-
de-t-il par son jugement ?*

R. Oui, en matière sommaire, 543.

En matière non sommaire, ils peuvent être liquidés
lors du jugement ou après. Voy. Décret du 16 février
1807. (P. C. I, 544.)

D. *A qui est due et appartient la créance des dépens ?*

R. Elle appartient à la partie qui les obtient, et non
à son avoué, encore que celui-ci les ait avancés, et
que cette partie ne les lui ait pas remboursés.

D. *Mais si cette partie recevoit ces dépens du condamné, qu'elle ne les remît pas à l'avoué, et qu'elle
devînt insolvable, l'avoué n'auroit-il pas recours contre le condamné ?*

R. Aucun ; mais si l'avoué craint cet inconvénient,
il peut y obvier, en demandant la distraction des dépens, c'est-à-dire, que l'on distraie, des condamnations prononcées en faveur de son client, celle des
dépens : ainsi, cette condamnation repose d'abord un
moment dans la main du client, mais passe à l'instant
dans celle de l'avoué.

D. *Quand l'avoué peut-il demander cette distraction ?*

R. Avant ou lors du jugement, et non après, puisque le Code dit qu'elle ne peut être prononcée que par
le jugement qui portera la condamnation des dépens,
133.

D. *Sous quelle condition est-elle accordée ?*

R. A la charge d'affirmer, lors de la prononciation
du jugement, que l'avoué a fait la plus grande partie
des avances, 133.

D. *Si la distraction est accordée, et que les dépens
ne soient pas taxés par le jugement, par qui la taxe
sera-t-elle poursuivie ?*

R. Par l'avoué qui a obtenu la distraction; et l'exécutoire est délivré en son nom, 133.

D. Si l'avoué poursuit le condamné, en vertu de cet exécutoire, et n'est pas payé, peut-il revenir vers son client ?

R. Oui ; s'il n'est pas payé, il aura toujours action contre son client, 133. Car la distraction n'est qu'une sûr té de plus qu'on lui donne pour son paiement, et qui ne doit point tourner contre lui. (P. C. I, 544-546.)

TITRE VI.

Des Cas où le Juge doit tracer l'exécution de son Jugement, et des Cas où il ne le doit pas.

D. QUAND *le juge ne doit-il pas tracer l'exécution de son jugement ?*

R. C'est lorsqu'elle l'est par la loi : et la loi l'a fait pour tous les cas qu'elle a pu prévoir, attendu que la règle étant un magistrat impartial et bien plus sûr que l'homme le plus équitable (qui est souvent gouverné, même sans le savoir, par la passion), ses décisions sont plus conformes à la justice et à l'équité.

D. Quels sont les principaux cas où la loi règle cette exécution ?

R. Ce sont :

1°. La plupart de ceux où il s'agit de voies d'instruction : par exemple, en matière d'enquête, interrogatoire sur faits et articles, visites d'experts et autres cas détail.és, Part. II, *de l'Instruction.* Le législateur qui a prévu ces cas, a dû prévoir et régler quelle conduite on y tiendroit pour arriver à la découverte de la vérité, sans abandonner cette conduite au juge. Dans les autres cas qu'elle n'a pu prévoir, parce que la sagesse de l'homme est toujours très-bornée comme lui, le juge règle cette conduite.

2°. Ceux où il s'agit de faire payer au condamné une somme d'argent fixe ou une chose liquide et fixe en espèces, appréciable d'après les mercuriales. Le but de celui qui a obtenu la condamnation étant de se faire payer, et ne pouvant y parvenir, en cas de refus, qu'en faisant vendre les biens du condamné pour être payé sur le prix, les lois ont dû régler pour ces cas une marche uniforme, sans l'abandonner au juge ; et elles l'ont fait, en établissant les saisies qui seront développées, Part. V, *de l'Exécution du Jugement.*

3°. Plusieurs cas d'exécution de jugement, où il ne s'agit pas de paiement d'une somme ou d'une chose fixe en espèces, mais que le législateur a pu prévoir ; comme la taxe des dépens, des dommages-intérêts, des fruits, la reddition d'un compte, la réception d'une caution. Le législateur, qui a pu prévoir ces cas, a dû prévoir aussi, par les raisons ci-dessus, comment s'exécuteroit alors le jugement, sans en laisser le pouvoir aux juges.

D. Quels sont les cas où le juge doit tracer l'exécution ?

R. Ce sont tous les cas autres que ceux qu'on vient de voir : ils sont infinis, parce que la prudence humaine, quelqu'étendue qu'elle soit, est toujours très-bornée. Voyez-en un exemple p. 27. (P. C. I, 547.)

TITRE VII.

De la rédaction de la Minute du Jugement, des formalités pour s'en procurer expédition, et de la forme de cette expédition.

Rédaction de la Minute.

D. *Par qui doit être rédigée la minute du jugement ?*

R. Par un officier nommé *greffier*, lequel l'écrit dans un registre tenu à cet effet.

D. *Que doit contenir cette minute ?*

R. Elle contient :

1°. Les motifs du jugement, 141.

2°. Le dispositif, *idem.*

3°. En marge, les noms des juges qui y ont assisté et du procureur du Roi, s'il a été entendu, *idem* et 138.

La minute est signée du président et du greffier, ainsi que la mention qui est en marge, 138. (P. C. I, 549.)

Poursuite pour avoir Grosse ou Expédition.

D. *Peut-on, en vertu de la minute, contraindre à l'exécution ?*

R. Non, puisque cette minute doit rester entre les mains du greffier, pour en assurer la conservation.

D. *En vertu de quoi donc peut-on contraindre à l'exécution ?*

R. En vertu d'une copie de la minute du jugement, laquelle se délivre par le greffier, qui s'appelle *Grosse,* et sans laquelle l'officier chargé de l'exécution ne peut contraindre, puisqu'il doit justifier au condamné des ordres qu'il exécute. (P. C. 1, 548.)

D. Si le jugement est contradictoire, quelles formalités doit-on observer pour se procurer cette grosse ?

R. Celui qui veut lever ce jugement, est tenu, auparavant, de signifier à l'avoué de son adversaire, les qualités contenant :

1°. Les noms, professions et demeures des parties ;

2°. Les conclusions ;

3°. Les points de fait et de droit, 142. (P. C. I, 550.)

D. Ces qualités signifiées, peut-on sur-le-champ lever le jugement ?

R. Non, il faut qu'auparavant l'original de cette signification, reste, pendant vingt-quatre heures, entre les mains des huissiers-audienciers, 143. (P. C. I, 550.)

D. Pourquoi la loi veut-elle que cet original reste pendant vingt-quatre heures ?

R. Afin que celui contre qui on veut lever le jugement, puisse s'opposer à cette levée, s'il a motifs suffisans.

D. Quels sont les motifs raisonnables de s'y opposer ?

R. Il y en a cinq :

1°. Si, dans les qualités que s'est données le signifiant, il y en a une préjudiciable à l'autre, comme s'il s'est dit demandeur, quand il n'étoit que défendeur, s'il s'est dit héritier, tandis que c'est l'autre qui l'est ;

2°. Si dans les qualités attribués au signifié, il y en a une qui lui soit préjudiciable, comme si on le qualifie héritier d'une personne à la succession de laquelle il a renoncé ;

3°. S'il y a fausseté, erreur ou inexactitude dans le point de fait, comme si l'on y dit que le perdant s'étoit emparé par force de l'héritage qu'il est condamné à remettre, tandis qu'il l'a trouvé dans la succession de son père ;

4°. S'il y a fausseté, erreur ou inexactitude dans le point de droit, comme si le point de droit posé dans les qualités, n'est pas celui décidé par les juges; s'il est obscur, ou si l'on a omis le vrai point de droit;

5°. Enfin, si le droit de lever le jugement n'appartient point à celui qui veut le lever, mais à son adversaire. Exemple : Vous me demandez 300 fr., comme caution de Paul; j'appelle celui-ci en garantie; jugement qui me condamne envers vous, et condamne Paul envers moi; je ne vous paie pas, et je veux lever la grosse du jugement pour contraindre Paul : comme on ne peut délivrer qu'une grosse du jugement, vous pouvez soutenir que ce n'est pas à moi qu'elle appartient, mais à vous, et vous opposer à ma levée, sauf à moi, quand je vous aurai payé, à me servir du jugement que vous me remettrez, pour poursuivre Paul : autrement, je pourrois, en levant le jugement, paralyser votre action contre moi, en ne poursuivant pas Paul. (P. C. I, 552-555.)

D. Comment s'oppose-t-on aux qualités ?

R. En le déclarant à l'huissier qui les signifie, et il est tenu d'en faire mention; 144. Au moyen de cette mention, on remettroit en vain les qualités au greffier à qui elles sont nécessaires pour faire la grosse; il verroit l'opposition et n'expédieroit pas la grosse. (P. C. I, 552.)

D. Quelles formalités doit-on observer pour faire statuer sur cette opposition?

R. 1°. La partie la plus diligente signifie à l'avoué de l'autre un acte pour venir devant le juge qui a présidé; en cas d'empêchement, devant le plus ancien, suivant l'ordre du tableau, 145.

2°. La difficulté est réglée par ce juge, *idem*, lequel, suivant les cas, rejette l'opposition, si elle est mal fondée, et maintient les qualités; ou admet l'opposition et ordonne la suppression ou la réformation des qualités. (P. C. I, 555.)

D. Lorsque le jugement est par défaut, quelles formalités observer pour lever la grosse ?

R. On remet les qualités ci-dessus au greffier, mais

sans les faire signifier; et le greffier expédie sur ces qualités. (P. C. I, 556.)

De la Grosse du Jugement.

D. *Qu'est-ce que la grosse du jugement?*

R. C'est un écrit qui contient :

1°. Un intitulé composé des noms et qualités du Roi, 146, qui fait savoir à tous que tel tribunal a rendu le jugement copié ensuite;

2°. Une copie des qualités ci-dessus, qui ont été remises au greffier par celui qui lève le jugement, laquelle renferme les noms, professions et demeures des parties, leurs conclusions, et les points de fait et de droit;

3°. Une copie de la minute, laquelle renferme les motifs et le dispositif;

4°. Enfin, un mandement adressé au nom du Roi, à tous huissiers, de mettre le jugement à exécution; au ministère public, d'y tenir la main, et à tous officiers de la force publique, de prêter main-forte, 146.

D. *Quand le greffier peut-il délivrer cette copie?*

R. Après la signature de la minute, et non auparavant; autrement, il seroit poursuivi comme faussaire, 139. Car, cette minute n'existant que par la signature, en donner copie auparavant, c'est attester comme existant, ce qui n'existe pas encore.

D. *Par qui cette grosse est-elle signée?*

R. Par le greffier; elle est scellée du sceau du tribunal.

TITRE VIII.

De la Signification et des effets du Jugement.

De la Signification.

D. LE jugement étant levé, que *faut-il faire pour pouvoir forcer à l'exécuter?*

R. Il faut le signifier, c'est-à-dire, en donner connoissance au condamné, en lui en remettant copie.

D. Suffit-il de le signifier au condamné ?

R. Oui, s'il n'a pas eu d'avoué.

Mais s'il a eu avoué, il faut auparavant le signifier à son avoué, à peine de nullité, 147 ; pour que l'avoué en instruise son client, et lui donne les conseils nécessaires, soit pour se pourvoir contre le jugement, par les voies indiquées Part. IV, soit pour exécuter le le jugement.

D. La signification à l'avoué, quand il y en a un, suffit-elle, pour qu'on puisse exécuter ?

R. Il faut distinguer :

1°. Si le jugement est un avant faire droit, qui doive être exécuté par l'avoué, sans la participation de sa partie (comme celui qui ordonne une communication de pièces, un délibéré, une instruction par écrit, etc.), l'avoué représentant complètement sa partie pour l'exécution, laquelle doit être dirigée toute entière contre lui, il est inutile de donner connoissance du jugement à cette partie, par la signification.

2°. Mais si le jugement doit être exécuté contre la partie elle-même ; par exemple, si c'est un jugement qui prononce contre elle des condamnations, il doit, outre la signification à l'avoué, être signifié à la partie, à personne ou à domicile, 147 ; comme s'il condamnoit à payer par provision ou définitivement 1000f.

D. Dans ce dernier cas, est-il nécessaire de faire connoître à la partie, la signification à son avoué?

R. Oui ; dans la signification à la partie, on doit faire mention de la signification à l'avoué, 147 : afin que l'on voie que le gagnant a fait tout ce qu'il falloit pour que le condamné connût le jugement.

D. Mais si l'avoué est décédé ou a cessé de postuler, la signification à l'avoué ne pouvant se faire, on ne pourra donc pas signifier à la partie?

R. Dans ce cas, la signification à partie suffit : mais

PARTIE IV.

Voies qu'on peut prendre, { 1o. *soit contre les jugemens , s'ils lèsent;*
2°. *soit contre les juges , en certains cas désignés par la loi, où les parties sont lésées par leur fait.*

Voies contre les jugemens. Deux sortes...

1°. Celles à prendre par ceux qui ont été parties au jugement. — Quatre...

1'. L'opposition , p. 210 – 217.

2'. L'appel. 2 sortes. { 1°. principal , 2°. incident , } p. 217 – 232.

3'. La requête civile. 2 sortes d'ouvertures. { 1o. Celles communes à toutes personnes , p. 233 – 237. 2°. Celles particulières à certaines personnes , p. 237. }

Elle est ou... { 1°. principale, 2°. incidente, } p. 232 – 252.

4°. La cassation , p. 246.

2°. Celle à prendre par ceux qui n'ont point été parties au jugement , appelée *tierce-opposition.* Deux sortes. { 1o. Principale , 2°. Incidente , } p. 247 – 252.

II. *Voie contre les juges , en certains cas , appelée,* PRISE A PARTIE , p. 253 – 257.

il y sera fait mention du décès ou de la cessation des fonctions de l'avoué, 148, (P. C. I., 558-561.)

Effets du Jugement.

D. Quels effets produit le jugement ?

R. Il en produit deux :

Le premier est qu'il termine le procès, et que dèslors la prescription qui étoit interrompue par le procès reprend son cours : mais elle est interrompue, soit par les poursuites pour l'exécution, soit par les voies que prend le condamné, et dont il sera parlé, Part. IV.

Le deuxiéme est qu'il donne hypothèque sur les biens du condamné. C. C., 2117 et 2123. (P. C. I, 561-563.)

PARTIE IV.

Des Voies qu'on peut prendre, soit contre les Jugemens, s'ils lèsent, soit contre les Juges.

Cette Partie est divisée en deux Titres.

Sous le premier, on expliquera les voies que les parties lésées par le jugement peuvent prendre contre ce jugement, pour le faire réformer ou rétracter;

Sous le titre II, la voie que les parties peuvent prendre, contre les juges, en certains cas où elles sont lésées par le fait des juges, voie qu'on appelle *prise à partie.*

TITRE PREMIER.

Des voies qu'on peut prendre contre les Jugemens.

Un jugement peut préjudicier à ceux qui y sont parties ; on verra, Chapitre premier, qu'elles voies les parties peuvent prendre contre ce jugement, pour le faire réformer ou rétracter.

Un jugement pe t préjudicier à un tiers qui n'y étoit point partie ; on verra, Chap. II, la voie qu'il peut prendre pour le faire réformer en ce qui le concerne.

CHAPITRE PREMIER.

Des Voies que peuvent prendre les Parties contre un jugement, pour le faire réformer ou rétracte.

D. Combien de voies les parties peuvent-elles prendre contre un jugement ?

R. Il y en a quatre ; l'opposition, l'appel, la requête civile et la cassation. (P. C. I. 564 - 566.)

Section première.

De l'Opposition.

D. Qu'est-ce que l'opposition à jugement ?

R. C'est une voie par laquelle une partie empêche l'exéc tion d'un jugement rendu par défaut contre elle, soit qu'elle n'eût pas constitué avoué, soit qu'elle en eût constitué, et demande la réformation de ce jugement au tribunal qui l'a rendu.

D. Pour quelles causes peut-on former opposition?

R. On peut la former, 1°; pour incompétence, si le tribunal étoit incompétent à raison de la matière ou de la personne; 2°. pour irrégularité; par exemple, s'il y avoit des vices dans la procédure, ou s'il y en a dans le jugement; 3°. enfin, pour mal jugé, comme s'il condamne à payer ce qu'on ne doit pas. (P. C. I, 568.)

D. *Pourquoi la loi permet-elle de former opposition?*

R. Parce que le défaillant a pu être surpris ou empêché de se défendre :

Si le défaut est contre partie, l'assignation a pu n'avoir pas été remise, soit par l'infidélité de l'huissier, soit par l'inexactitude des personnes demeurant avec l'assigné; ou celui-ci a pu être empêché de se présenter par maladie, voyage ou autre cause ;

Si le défaut est contre avoué, la sommation de venir à l'audience, a pu, par les mêmes causes, n'avoir pas été remise à cet avoué, ou il a pu être empêché de se présenter. (P. C. I, 566.)

D. *Peut-on former opposition aux jugemens rendus par défaut faute de produire sur délibéré ou instruction par écrit?*

R. Non, 113; parce que la partie ayant été présente lors du jugement qui a ordonné le délibéré ou l'instruction, a été avertie d'une manière incontestable, de produire, et ne peut prétexter surprise ni empêchement. *Voy.* ci-devant. p. 144.

D. *Peut-on s'opposer aux jugemens rendus sur profit joint?*

R. Non, 153; parce que le condamné ayant été averti deux fois, et la seconde par un huissier commis, ne peut non plus prétexter de surprise ni d'empêchement. *Voy.* ci-devant p. 186.

D. *Peut-on former opposition aux jugemens par défaut qui ont débouté d'une première opposition?*

14.

R. Non, 165 ; autrement on pourroit former opposition à l'infini, en ne comparoissant jamais, et rendre le procès éternel, (P. C. I, 567.)

D. *A quel tribunal est portée l'opposition ?*

R. A celui qui a rendu le jugement. (P. C. I, 572.)

Délai et forme de l'Opposition.

D. *Quel délai a-t-on pour former opposition?*

R. Le délai diffère suivant que le jugement est rendu contre avoué, ou contre partie sans avoué constitué.

D. *Quel est le délai, si le jugement est contre avoué?*

R. L'opposition n'est recevable que pendant huitaine à compter du jour de la signification à avoué, 157. (P. C. I, 570-572.)

D. *Comment forme-t-on opposition à un défaut contre avoué ?*

R. L'opposition n'est recevable qu'autant qu'elle est formée par requête d'avoué à avoué, 160.

D. *Que doit contenir cette requête ?*

R. Cette requête doit contenir les moyens d'opposition, à moins que des moyens de défense n'aient été signifiés avant le jugement ; auquel cas il suffira de déclarer qu'on les emploie comme moyens d'opposition, 161 (P. C. I, 575.)

D. *Si, depuis la signification du jugement à avoué et dans le délai de huitaine, l'avoué de celui qui a obtenu le jugement est décédé ou ne peut plus postuler, comment le condamné peut-il former opposition ?*

R. Celui qui a obtenu le jugement n'ayant plus d'avoué, l'avoué du condamné ne peut lui signifier de requête d'opposition ; mais l'opposition peut être formée, soit par acte extrajudiciaire, soit par une déclaration sur les commandemens , procès-verbaux de saisie ou d'emprisonnement, ou tout autre acte d'exécution. Cette opposition arrête l'exécution, 162.

D. Si celui qui a obtenu le jugement dans ce cas, veut aller en avant, que doit-il faire ?

R. Il doit constituer un nouvel avoué, par acte de ce nouvel avoué, signifié à l'avoué de ce défaillant ; et alors celui-ci doit, dans la huitaine, à compter de cette signification, réitérer son opposition par requête, 162, et la suspension de l'exécution continue jusqu'au jugement sur l'opposition. (P. C. I, 571.)

D. Après la requête d'opposition ou la réitération d'opposition, peut-on fournir d'autres moyens d'opposition ?

R. Oui, mais les moyens d'opposition fournis postérieurement à la requête, n'entreront pas en taxe, 162.

D. Si le défaut est contre partie, quel délai a-t-elle pour former opposition ?

R. Elle n'est pas tenue de former opposition dans la huitaine de la signification, quoique cette signification lui ait été faite par un huissier commis ; parce qu'il peut se faire que cette partie ait été lors absente, que les personnes habitant avec elle aient omis de lui remettre cette signification, et qu'elle n'ait pas connu le jugement : c'est pourquoi l'opposition est recevable jusqu'à l'exécution du jugement, 158, après laquelle elle ne le peut plus, par ce que cette exécution est tellement publique et sensible, comme on va le voir, qu'il est impossible que la partie n'ait pas acquis connoissance du jugement avant la consommation de l'exécution.

D. Le jugement est-il réputé exécuté, lorsque les meubles ont été saisis ?

R. Non, parce que le saisi pourroit n'être pas chez lui, lors de la saisie. Il faut que les meubles aient été vendus, 159. Cette vente est précédée de placards qui la rendent publique ; et d'ailleurs, le défaillant étant dépouillé de ses meubles, il n'a pu ignorer le jugement.

D. L'arrestation d'un condamné pour dette suffit-elle pour que le jugement soit réputé exécuté ?

R. Non : il faut encore qu'il ait été emprisonné ou recommandé, 159; parce qu'auparavant de l'être, indépendamment de la signification du jugement, par un huissier commis, on lui fait faire commandemens par un huissier commis, 780; et qu'ayant été averti deux fois, par des officiers investis d'une confiance spéciale de la justice, et ensuite par l'arrestation, il n'a pu ignorer le jugement.

D. La saisie d'un ou de plusieurs immeubles fait-elle considérer le jugement comme exécuté, et le condamné comme non-recevable à former opposition ?

R. Non; il peut ignorer cette saisie : il faut encore qu'elle lui ait été notifiée, 159, parce que, (comme on le verra, Partie V, en parlant de la saisie immobilière,) avant cette notification, la saisie et le jugement en vertu duquel elle est faite, ont déja acquis tant de publicité, que le condamné n'a pu ignorer ce jugement.

D. Le paiement des frais est-il exécution du jugement.

R. Oui, 159. Si le condamné les a payés volontairement, il a connu et approuvé le jugement. S'ils l'ont été forcément, on n'a pu y parvenir que par la vente des meubles ou l'emprisonnement avant lesquels il a appris le jugement.

D. La vente des meubles, l'emprisonnement et la recommandation, la notification d'une saisie immobiliaire et le paiement, sont-ils les seuls actes qui constatent l'exécution du jugement, et rendent non-recevable à former opposition ?

R. Non, ce ne sont pas les seuls : tout acte duquel il résulte *nécessairement* que l'exécution du jugement a été connue de la partie défaillante, 159, la rend non-recevable : comme si, sur le procès-verbal de saisie, elle a signé une protestation contre la saisie, ou si elle a signifié un acte contenant protestation ou réclamation contre l'exécution; car il est prouvé par là qu'elle a connu le jugement. (P. C. I, 569.)

D. *Comment le défaillant qui n'avoit pas d'avoué peut-il former opposition ?*

R. Il le peut de trois manières :

1°. Par requête, comme celui qui avoit avoué ;

2°. Par un acte extrajudiciaire, 162, c'est-à-dire par un exploit signifié au gagnant, par lequel le condamné déclare qu'il est opposant ;

3°. Enfin, par une déclaration qu'il est opposant et qu'il fait sur les commandemens, procès-verbaux de saisie ou d'emprisonnement, ou tout autre acte d'exécution, 162.

D. *Pourquoi le défaillant qui n'a pas d'avoué, peut-il former opposition par acte extrajudiciaire ou par déclaration, tandis que le défaillant qui a avoué ne le peut pas, et doit la former par requête ?*

R. Celui qui a avoué peut former opposition par requête, par le ministère de cet officier qui est chargé des pièces ; il ne doit donc pas être reçu à la faire par acte extrajudiciaire. S'il pouvoit employer cette dernière voie, il ne manqueroit pas d'y recourir pour arrêter l'exécution ; et celui qui auroit obtenu le jugement seroit obligé, pour faire lever l'obstacle, de l'assigner en débouté d'opposition ; ce qui occasionneroit des lenteurs, comme cela avoit lieu autrefois : lenteurs qu'on évite en l'obligeant de former opposition par le ministère de son avoué.

Mais celui qui est condamné sans avoir constitué d'avoué peut être dans l'impossibilité de former opposition par requête, soit parce qu'il n'a pas là un avoué, soit parce qu'il demeure en un lieu autre que celui où le jugement a été rendu, comme si, ayant été condamné à Paris, il demeuroit à Lyon. Il a donc fallu lui ouvrir d'autres moyens de former opposition ; autrement on pourroit exécuter le jugement et lui faire préjudice.

D. *Suffit-il que le défaillant qui n'a pas avoué constitué, forme opposition par déclaration ou acte extrajudiciaire ?*

R. Non ; cette opposition faite par acte extrajudiciaire ou déclaration, l opposant doit la réitérer avec constitution d'avoué, par requête, dans la huitaine; passé lequel temps il n'est plus recevable, et l'exécution est continuée, sans qu'il soit besoin de le faire ordonner, 162. (P. C. I, 573-576.)

D. *L'opposition formée par le défaillant, soit qu'il eût avoué lors du jugement, soit qu'il n'en eût pas, suspend-elle l'exécution ?*

R. Oui, mais sous deux conditions :

La première, que l'opposition soit formée dans les délais et dans les formes ci-dessus, sinon elle n'arrêtera pas l'exécution, 159 et 161.

La seconde, que l'exécution nonobstant l'opposition, n'ait pas été ordonnée par le jugement, 159. Voyez ci-dessus, pag. 188. (P. C. I, 575.)

D. *Si le jugement par défaut ordonne contre le défaillant, un paiement ou autre chose à faire par un tiers ou à sa charge, que doit faire ce défaillant après qu'il a formé opposition, pour empêcher que le jugement ne soit exécuté par ce tiers ?*

R. On tient au greffe un registre sur lequel l'avoué de l'opposant doit faire mention de son opposition, en énonçant les noms des parties et de leurs avoués, les dates du jugement et de l'opposition, 163. Exemple : Vous vous prétendez mon créancier, vous avez fait une saisie-arrêt sur moi, entre les mains de Paul mon débiteur; je vous assigne en main'levée; j'obtiens jugement par défaut qui la prononce et ordonne que, nonobstant votre saisie, Paul me paiera; vous y formez opposition; votre avoué devra en faire faire la mention ci-dessus, sur le registre.

D. *Quel seroit l'inconvénient, si l'opposant ne faisoit pas faire cette mention ?*

R. Celui qui auroit obtenu le jugement, pourroit, en taisant l'opposition, exécuter le jugement et faire préjudice à l'opposant. Ainsi, dans l'espèce ci-dessus, je pourrois, après la huitaine de l'opposition, signifier le jugement à Paul, ne pas lui parler de l'opposition, et le contraindre à me payer, et vous n'auriez aucun recours contre lui. Mais la mention ci-dessus prévient cet inconvénient, car, d'après les art. 164 et 548, le jugement n'est exécutoire contre Paul, même après les délais de l'opposition et de l'appel, que sur le certificat de mon avoué contenant la date de la signification du jugement qui a été faite à votre domicile, et sur l'attestation du greffier constatant qu'il n'existe contre le jugement ni opposition ni appel; et comme le greffier ne me délivrera pas ce certificat, si votre avoué a fait faire cette mention, il me sera impossible de faire exécuter ce jugement, que votre opposition ne soit rejetée. (P. C. I, 577 et 578.)

D. Comment fait-on juger l'opposition?

R. La partie la plus diligente poursuit l'audience, sur un simple acte. (P. C. I, 578-580.)

Section II.

De l'Appel.

D. Qu'est-ce que l'appel?

R. C'est une voie par laquelle une partie condamnée défère le jugement au tribunal supérieur, pour le faire réformer.

D. Pour quelles causes peut-on appeler?

R. On peut appeler pour incompétence, irrégularité et injustice. Appliquez ce qu'on a dit pour l'opposition, pag. 211. (P. C. I, 584-587.)

De quels jugemens on peut appeler.

D. Quels sont les jugemens sujets à l'appel?

R. Ce sont tous ceux qui n'ont pas été rendus en dernier ressort.

D. Peut-on appeler, si le jugement a été rendu en dernier ressort, quand il ne pouvoit l'être qu'en premier ressort?

R. Oui, 453 ; parce qu'il ne dépend pas des premiers juges, en décidant en dernier ressort, de priver les parties du droit d'appeler que leur donne la loi. Ainsi, on pourroit appeler d'un jugement de première instance qui condamneroit en dernier ressort à payer plus de 1000 fr.

D. Peut-on appeler, si, le jugement devant être rendu en dernier ressort, les juges avoient omis de dire qu'ils décidoient en dernier ressort, ou s'ils avoient dit qu'ils ne décidoient qu'en premier ressort, à la charge de l'appel ?

R. Non, 453 ; parce que les parties ayant droit d'être jugées en dernier ressort, les juges n'ont pu, par leur omission ou leur prononciation erronée, dépouiller les parties du bénéfice du dernier ressort, pour les soumettre à l'appel.

D. Peut-on appeler d'un jugement, pour cause d'incompétence ?

R. Oui, on le peut, encore que ce jugement ait été qualifié en dernier ressort, 454. Exemple : On m'assigne à Paris pour 600 francs ; je demande mon renvoi à Versailles comme y étant domicilié ; on me le refuse ; je puis appeler, quoiqu'il s'agisse au fond d'un objet susceptible du dernier ressort : on l'a établi ainsi, afin que les tribunaux ne sortissent pas des pouvoirs qui leur sont confiés.

D. Peut-on appeler d'un jugement préparatoire ?

R. Oui, mais on ne peut appeler qu'après le jugement définitif, et conjointement avec l'appel de ce dernier jugement, 451 ; parce que c'est ce dernier jugement qui préjudicie. Exemple : On a ordonné une enquête, sans résistance d'aucune des parties ; c'est un jugement préparatoire, puisque le tribunal, l'ordonnant d'après le consentement tacite des parties, n'a pas préjugé le fond. Mais ce jugement me lèse, en ce qu'il permet de commencer ou de finir l'enquête dans un délai plus long que celui de la loi ; malgré ce vice, je gagne ma cause en définitif : je n'ai aucun intérêt d'appeler ni de l'un, ni de l'autre jugement : mais si je perds d'après les dépositions de l'enquête commencée ou finie après le délai de la loi, je pourrai appeler, non-seulement du jugement définitif, mais aussi du jugement préparatoire ; parce qu'il m'a préjudicié, en ce qu'en permettant de faire l'enquête après le délai, il a autorisé l'acte illicite qui a servi de base au jugement définitif.

D. Peut-on appeler d'un jugement provisoire, avant que le jugement définitif soit rendu ?

R. Oui, 451 ; parce qu'il préjudicie dès qu'il est rendu, et sans attendre le jugement définitif. Exemple : s'il condamne à payer par provision, 1200 fr.

D. Peut-on aussi appeler du jugement interlocutoire, s'il est mal à propos rendu, et avant le jugement définitif ?

R. Oui, 451 ; il préjudicie dès qu'il est rendu ; par exemple ; s'il ordonne une enquête contre la résistance d'une partie : car, il plonge les parties dans les embarras d'une voie d'instruction qu'on devoit ne pas ordonner.

D. Peut-on appeler d'un jugement par défaut, comme d'un jugement contradictoire ?

R. S'il est susceptible d'opposition, on ne le peut pendant la durée du délai de l'opposition, 455. On doit préférer l'opposition, comme plus respectueuse que l'appel, puisqu'on demande la réformation du jugement aux juges mêmes qui l'ont rendu, sur le fondement que l'adversaire les a surpris ; tandis que par l'appel on se plaint de leur injustice, à leurs supérieurs.

Mais après le délai de l'opposition, on peut appeler, puisqu'on ne peut plus se pourvoir par opposition. (P. C. I, 582 - 584.)

A quel Tribunal est porté l'Appel ?

D. A quel tribunal porte-t-on l'appel ?

R. 1°. Au tribunal de première instance, si le jugement est d'un juge de paix;

2°. A la cour royale, s'il est d'un tribunal de première instance. (P. C. I, 595.)

Si l'on peut appeler dès que le Jugement est rendu.

D. Peut-on appeler d'un jugement aussitôt qu'il est rendu ?

R. Il faut distinguer :

1°. S'il est exécutoire par provision nonobstant l'appel (V. p. 193) le condamné, pouvant être contraint d'exécuter le jugement sur-le-champ, sans attendre la décision sur l'appel, il est juste qu'il puisse appeler de même, afin de faire infirmer au plutôt le jugement, s'il est fondé à s'en plaindre;

2°. Mais si le jugement n'est pas exécutoire par provision, le condamné ne peut interjeter appel pendant la huitaine, à dater du jour du jugement, 449; afin qu'il ne se laisse pas aller aux premiers mouvemens de son humeur, et qu'il réfléchisse sur les suites de l'appel.

D. Pendant cette huitaine, durant laquelle il ne peut appeler, peut-on exécuter contre lui ?

R. Non : l'exécution des jugemens qui ne sont pas exécutoires par provision est suspendue pendant cette huitaine, 450. Il ne seroit pas juste, lorsqu'on lui interdit de se défendre contre ce jugement, par la voie de l'appel, qu'on permît de l'attaquer par l'exécution.

D. Si, malgré cette prohibition, un appel étoit interjeté dans cette huitaine, quel seroit le sort de cet appel ?

R. Il seroit déclaré non recevable; mais l'appelant pourroit le réitérer, après cette huitaine, pourvu qu'il fût encore dans le délai d'appeler, qui sera ci-après désigné, 449. (P. C. I, 595 - 596.)

Combien de sortes d'Appels.

D. Combien y a-t-il de sortes d'appels ?

R. Il y en a deux; l'appel principal et l'appel incident.

D. Qu'est-ce que l'appel principal ?

R. Lorsque les deux parties prétendent être lésées par le même jugement, elles peuvent appeler toutes les deux. Exemple : Vous me demandez 6000 francs; je prétends ne vous rien devoir, que la dette est éteinte en totalité; les juges décident qu'elle n'est éteinte que pour 2000 francs; vous prétendez toujours qu'il vous est dû 6000 fr. et que le jugement vous lèse en ne vous accordant que 4000 francs; vous pouvez appeler; je soutiens ne rien devoir; je puis aussi appeler.

Le premier de nous deux qui appellera, sera appelant principal, encore qu'il fût le moins lésé; le second sera appelant incidemment, puisque son appel n'est qu'un incident à l'appel principal. (P. C. I, 580,)

Délai de l'Appel principal.

D. Dans quel délai l'appel principal doit-il être interjeté ?

R. Règle générale, on a trois mois, 443.

D. Quel est le délai, si le condamné demeure hors de la France continentale ?

R. Il a, outre ces trois mois, le délai des ajournemens fixé par l'art. 73. (Voy. pag. 36), 445.

D. Quel est le délai, si le condamné est absent du territoire européen du royaume, pour service de terre ou de mer, ou employé dans les négociations extérieures pour le service de l'Etat ?

R. Il a, outre ces trois mois, un an, 446.

D. De quelle époque court le délai d'interjeter l'appel principal ?

R. Règle générale, il court du jour de la signification du jugement au condamné, à personne ou domicile, 443.

D. Si le condamné est mineur non émancipé, la signification à son tuteur suffit-elle pour faire courir le délai ?

R. Non : il faut signifier le jugement, tant au tuteur qu'au subrogé tuteur, encore que ce dernier n'ait pas été en cause, 444.

D. De quel jour court le délai, si le jugement est par défaut ?

R. Du jour où l'opposition n'est plus recevable, 443.

D. De quel jour, si le jugement est rendu sur pièce fausse ?

R. Du jour où le faux a été reconnu ou juridiquement constaté, 448.

D. De quel jour, si le jugement condamne la partie faute de représenter une pièce décisive qui étoit retenue par son adversaire ?

R. Du jour où la pièce a été recouvrée, pourvu qu'il y ait preuve par écrit du jour (de la découverte) et non autrement, 448.

D. De quel jour, si le jugement est préparatoire ?

R. Du jour de la signification du jugement définitif, 451, puisque le condamné ne pouvoit appeler auparavant, suivant cet article.

D. Pourroit-on appeler, si l'on avoit exécuté sans réserves, ce jugement préparatoire ?

R. Oui, l'appel est recevable, encore que le jugement préparatoire ait été exécuté sans réserves, *idem*; car, le condamné ne pouvant appeler avant le jugement définitif, étoit contraint d'exécuter ce jugement préparatoire.

D. Les délais d'appeler sont-ils de rigueur ?

R. Oui, et ils emportent déchéance, 444, c'est-à-dire, que si l'on n'appelle pas dans ces délais, on ne le peut plus.

D. Ces délais courent-ils contre toutes personnes ?

R. Oui, même contre les mineurs, le tout sauf le recours contre qui de droit, 444; c'est-à-dire, contre le tuteur, l'administrateur ou autre préposé à la défense du condamné, qui a négligé d'appeler.

D. *Le délai de l'appel est-il suspendu par la mort du condamné ?*

R. Oui, et il ne reprend son cours qu'après la signification du jugement faite au domicile du défunt, et à compter de l'expiration des délais pour faire inventaire et délibérer, si le jugement a été signifié avant l'expiration de ces délais, 447.

D. *Comment peut-être faite cette signification ?*

R. Elle peut l'être aux héritiers du défunt, collectivement, et sans désignation des noms et qualités, 447.

Délai de l'Appel incident.

D. *Dans quel délai peut-être interjeté l'appel incident ?*

R. Il peut être interjeté par l'intimé en tout état de cause, 443, c'est-à-dire, tant que l'appel principal n'est pas jugé; quand même l'intimé auroit signifié le jugement sans protestation, 443. Exemple : Dans l'espèce ci-dessus, p. 221, vous appelez du jugement qui ne vous accorde que 4000 francs; je puis interjeter appel de ce jugement même après les 3 mois, et vous ne pourrez m'opposer ce délai : car si je n'ai point appelé, c'est parce que je pensois que vous n'appelleriez pas, et que je préférois de payer 4000 francs plutôt que d'appeler; ma renonciation tacite à l'appel n'étoit faite que dans la supposition où vous n'appelleriez pas et où vous vous soumettriez au jugement; mais dès que vous appelez, cette supposition s'évanouissant, je rentre dans le droit d'appeler : (P. C. I, 587 - 595.)

Forme d'appeler.

D. *Comment doit s'interjeter l'appel principal ?*

R. Par un acte, c'est-à-dire, un exploit contenant une assignation dans les délais de la loi, et signifié à personne ou domicile, à peine de nullité, 456.

D. Comment doit s'interjeter l'appel incident?

R. Cet appel est une demande incidente; or, en cause d'appel une demande incidente doit être formée comme en première instance, c'est-à-dire, par un simple acte; puisque l'art. 470 veut que l'on suive, dans les tribunaux d'appel, les règles établies pour les tribunaux inférieurs, et que dans ceux-ci la demande incidente est formée par un simple acte, 337. (P C. I, 597 - 600.)

Effets de l'appel; Demande à fin d'exécution provisoire; Demande à fin de défenses.

D. Quand l'appel suspend-il l'exécution du jugement?

R. Lorsque le jugement est définitif ou interlocutoire, l'appel est suspensif, à moins que le jugement ne prononce l'exécution provisoire dans les cas où elle est autorisée, 457. *Voy.* pag. 193.

D. L'appel est-il suspensif si le jugement dont est appel, devant être rendu en dernier ressort, les juges l'ont rendu en premier ressort, ou ont omis de dire s'ils le rendoient en premier ou dernier ressort?

R. Oui, il est suspensif, 457; parce que les juges n'ayant pas prononcé en dernier ressort, la présomption est que ce jugement est sujet à l'appel, jusqu'à ce que le tribunal supérieur ait décidé qu'il est en dernier ressort.

D. L'appel est-il suspensif, si le jugement rendu à la charge de l'appel, n'ordonne pas l'exécution provisoire, quand il devoit l'ordonner?

R. Oui, 457 et 458; parce que, dès que les juges n'ont pas ordonné cette exécution, la présomption est qu'elle ne devoit pas l'être, jusqu'à ce que les juges supérieurs aient décidé le contraire.

D. Que peut faire l'intimé, lorsque l'exécution de son jugement est suspendue par un appel, dans les cas ci-dessus, et ne devoit pas l'être ?

R. Il peut, sur un simple acte, la faire ordonner à l'audience, avant le jugement de l'appel, 458. S'il obtient cette exécution, il la poursuit comme si elle avoit été ordonnée par les premiers juges.

D. Quand l'appel ne suspend-il pas l'exécution ?

R. Lorsque le jugement porte qu'il sera exécuté par provision nonobstant l'appel.

D. L'appel est-il suspensif, si le jugement est mal à propos qualifié en dernier ressort ?

R. Non, 457. Si donc un jugement de première instance condamne en dernier ressort à payer plus de 1000 fr., l'appel ne suspend point ; parce que la présomption est qu'il est justement rendu en dernier ressort, jusqu'à ce que le tribunal supérieur ait décidé le contraire : autrement, il suffiroit à un condamné en dernier ressort, qui seroit de mauvaise foi, d'appeler du jugement, pour suspendre le paiement et avoir le temps de s'y soustraire.

D. Que peut faire l'appelant, lorsque l'exécution du jugement n'est point suspendue par son appel, dans les cas ci-dessus, et devroit l'être ?

R. Il doit assigner l'intimé à bref délai à l'audience, pour obtenir des défenses, 457 et 459, sans qu'il puisse en être accordé sur requête non communiquée, 459.

D. Quand peut-on accorder ces défenses ?

R. Dans deux cas : le premier, quand le jugement a été mal à propos qualifié en dernier ressort, 457 ; le second, quand l'exécution provisoire a été ordonnée hors les cas prévus par la loi, 459, lesquels sont désignés pag. 193.

D. Peut-on accorder des défenses dans d'autres cas ?

R. Non. En aucun autre cas, il ne peut être accordé de défenses, ni être rendu aucun jugement tendant à

15

arrêter directement ou indirectement l'exécution du jugement, à peine de nullité, 460 (P. C. I, 600-605.)

Procédure sur l'Appel.

D. Quelle marche suit-on sur l'appel, si l'affaire est sommaire ?

R. L'appel est porté à l'audience, sur un simple acte, sans autre procédure, 463.

D. Quelles règles doit-on suivre dans l'instruction de l'appel ?

R. Comme l'art. 470 veut qu'on observe en appel, les règles établies pour les tribunaux inférieurs, il faut, dans l'instruction, suivre les règles posées, Part. II, pour l'instruction des affaires sommaires, p. 78. Ainsi, on ne doit pas ordonner d'instruction par écrit, etc. (P. C. I, 609.)

D. Quelle est la procédure si l'affaire est non sommaire ?

R. Si l'intimé constitue avoué, l'appelant doit, dans la huitaine de la constitution, signifier ses griefs contre le jugement, 462.

D. Dans quel délai l'intimé doit-il répondre ?

R. Il doit répondre dans la huitaine suivante, 462.

Et l'audience est poursuivie sans autre procédure, 462.

Du reste, on suit les règles prescrites en matières non sommaires, 470.

D. Mais si l'intimé ne constitue pas avoué, quelle procédure observe-t-on ?

R. On suit ce qui vient d'être dit pour les matières sommaires, 463. (P. C. I, 605 - 609.)

Peut-on former nouvelles Demandes sur l'Appel?

D. Peut-on, sur l'appel, former des demandes qui ne l'ont point été en première instance ?

R. Non, règle générale : parce que toute demande

doit subir deux degrés de juridiction. (Loi du 24 août 1790, fondée sur ce que, dans le cours de deux instances qui durent plus qu'une seule, on a plus le temps de réfléchir sur une demande, de la soutenir, et d'y défendre ; et que, d'ailleurs, on ne s'aperçoit bien souvent des vices et des inconvéniens d'une décision, qu'après qu'elle est rendue, et qu'il est bon, par conséquent, que toute décision soit soumise à la révision d'un supérieur.) Ainsi, par exemple, celui qui se seroit borné, en première instance, à demander un héritage, sans demander les fruits et dommages-intérêts pour le préjudice résultant de la privation de l'héritage, ne pourroit pas, comme autrefois, les demander sur appel ; sauf à les venir demander par nouvelle action, au tribunal de première instance.

D. Cette règle, qu'on ne peut former nouvelles demandes en appel, ne subit-elle pas des exceptions ?

R. Elle reçoit quatre exceptions.

La première est lorsqu'il s'agit de compensation, 464. Exemple : Vous me demandez en première instance 4000 fr. je suis condamné à les payer : je puis vous opposer sur l'appel une compensation de 2000 fr. omise en première instance.

La seconde et lorsque la demande nouvelle est la défense contre l'action principale, 464. Exemple : Vous me demandez en première instance 6000 fr. montant d'un billet souscrit en minorité ; je n'en demande pas la nullité pour minorité ; je pourrai le faire sur l'appel, si je n'y ai pas renoncé en première instance.

La troisième est lorsqu'il s'agit d'intérêts, arrérages, loyers et autres accessoires échus depuis le jugement de première instance, 464. Ex. : Vous obtenez condamnation pour loyers échus au 1er avril ; le locataire appelle ; vous pouvez demander sur l'appel ceux échus depuis, sans essuyer les deux degrés de juridiction : mais si vous aviez omis des loyers échus avant le jugement, vous seriez obligé de vous pourvoir en première instance ; parce que vous pouviez les demander aux premiers juges, avant leur décision.

La quatrième, enfin, est lorsqu'il s'agit de dommages-intérêts pour préjudice souffert depuis le jugement, 464. Exemple : je suis condamné à vous remettre un héritage ; j'appelle ; depuis le jugement, avant ou depuis mon appel, je dégrade l'héritage, vous pouvez demander des dommages-intérêts. Il en seroit autrement, si ce préjudice eût été causé avant le jugement ; comme vous pouviez en demander la réparation devant les premiers juges, vous ne le pourrez en appel ; sauf, à vous, à actionner de nouveau en première instance.

D. Comment les nouvelles demandes et exceptions, dans les cas ci-dessus, doivent-elles être formées ?

R. Par de simples actes de conclusions motivées 465. (P. C. I, 609-612.)

De l'Intervention sur l'Appel.

D. Peut-on intervenir sur l'appel ?

R. Aucune intervention n'est reçue, si ce n'est de la part de ceux qui avoient droit de former tierce-opposition, 466, au jugement de première instance. Exemple : Vous êtes propriétaire d'une maison voisine de la mienne ; vous prétendez sur ma maison un droit de servitude, un passage : vous poursuivez mon locataire pour qu'il soit condamné à souffrir ce passage : au lieu de vous dire que je suis le propriétaire et de vous renvoyer devers moi, il défend comme s'il étoit propriétaire ; il est condamné : je pourrois former tierce opposition à ce jugement, comme rendu à mon préjudice, sans que j'aie été appelé, ainsi qu'il sera établi ci-après, Chap. II. Si vous ou mon locataire appelez du jugement, je pourrai intervenir pour demander à être reçu tiers opposant au jugement, et que vous soyez débouté de votre demande, si je ne dois pas la servitude. (P. C. I, 612.)

De la Péremption de l'Instance d'Appel.

D. La péremption a-t-elle lieu en appel ?

R. Oui; elle opère même plus d'effet qu'en première instance; car si elle est prononcée en première instance, elle n'éteint pas l'action, qu'on peut réintenter si elle n'est pas prescrite, ainsi qu'on l'a dit pag. 179; mais si elle l'est sur l'appel, elle a l'effet de donner au jugement dont est appel, la force de chose jugée, 469. Ainsi, on ne peut réintenter l'appel. (P. C. I, 613.)

Du Jugement sur l'Appel.

D. Comment se poursuit le jugement ?

R. Sur un simple acte, 462, 463.

D. Où l'affaire est-elle portée et jugée ?

R. A l'audience, lors même que le jugement dont on se plaint est rendu sur instruction par écrit, 461 ; parce qu'il peut se faire qu'une contestation qui n'a pu être entendue des premiers juges, qu'au moyen d'une instruction par écrit, puisse l'être sur une simple plaidoirie par les juges d'appel supérieurs en lumières.

D. Après la plaidoirie, les juges d'appel peuvent-ils ordonner cette instruction ?

R. Oui, s'il y a lieu, 461.

D. S'il y a plus de deux opinions, comment se forme le jugement ?

R. Les juges plus faibles en nombre sont tenus de se réunir à l'une des deux opinions émises par le plus grand nombre, 467 (V. p. 184).

D. S'il y a partage, comment se vide-t-il ?

R. On appelle, un au moins, ou plusieurs des juges qui n'ont pas connu de l'affaire, et toujours en nombre impair.

Si tous les juges ont connu de l'affaire, on appelle trois anciens jurisconsultes.

Et, dans les deux cas, l'affaire est de nouveau plaidée, ou de nouveau rapportée, s'il s'agit d'une instruction par écrit, 468.

D. *Si l'appel est d'un jugement interlocutoire, les
juges d'appel peuvent-ils évoquer et juger le fond
resté indécis devant les premiers juges ?*

R. Il faut distinguer :

1°. Si le jugement est confirmé, le fond reste devant
les premiers juges, quand il seroit en état d'être jugé
en même temps que l'appel. Exemple : J'appelle d'un
jugement qui a ordonné une enquête, fondé sur ce que
ce n'étoit pas le cas de la preuve testimoniale ; on
confirme : quoique le fond, qui n'est pas décidé en
première instance, soit en état d'être jugé, soit parce
que l'enquête prouve que je dois, soit par une autre
cause, on ne doit pas le juger en appel et dépouiller
les premiers juges du droit de le décider ; car ils ont
eu raison d'ordonner l'enquête, puisqu'on confirme
leur décision.

2°. Mais si le jugement est infirmé, et que le fond
soit disposé à recevoir une décision définitive, les
juges d'appel peuvent statuer en même temps sur le
fond définitivement, par un seul et même jugement,
473. Ainsi, dans l'espèce ci-dessus, l'enquête étant
écartée par l'infirmation du jugement qui l'a ordonnée,
s'il n'y a pas de preuve contre moi, je serai déchargé
de la demande.

D. *Si un jugement définitif est infirmé, pour vices
de forme ou toute autre cause, renvoie-t-on pour
juger de nouveau ?*

R. Distinguez :

1°. Si le fond est disposé à recevoir décision définitive, les juges d'appel peuvent statuer sur l'appel et
le fond, par un seul jugement, 473, sans renvoyer à
le juger de nouveau.

2°. Mais si le fond n'est pas disposé, le jugement qui
le décidoit étant annullé, les juges d'appel ordonnent
qu'il sera jugé de nouveau, et ils doivent garder le

fond pour le juger quand il sera disposé, sans le renvoyer à un autre tribunal, pour le juger une seconde fois; parce qu'il pourroit y avoir appel du jugement de ce tribunal; ce qui occasionneroit un troisième jugement définitif, par conséquent trois degrés de juridiction, tandis qu'il ne peut jamais y en avoir que deux.

D. *Si l'appelant succombe, à quoi est-il condamné ?*

R. Il est condamné à une amende de 5 fr., s'il s'agit du jugement d'un juge de paix, et de 10 fr. sur l'appel d'un jugement de première instance ou de commerce, 471. (P. C. I, 614-621.)

A quel Tribunal appartient l'exécution du Jugement.

D. *Si le jugement est confirmé, et que, dans son exécution, il s'élève des difficultés, à quel tribunal sont-elles portées ?*

R. Au tribunal dont est appel. 472. Il auroit connu de ces difficultés, s'il n'y eût pas eu d'appel, 554; (parce qu'il est naturel qu'un tribunal qui a jugé et qui connoît mieux le sens de son jugement, décide ces difficultés, qu'un autre qui n'a pas les mêmes connoissances.) Il ne seroit pas juste qu'un appel mal fondé le dépouillât de ce droit.

D. *Si le jugement est infirmé, à qui l'exécution du jugement ou de l'arrêt infirmatif appartient-elle ?*

R. L'exécution appartient à la cour royale qui a prononcé, ou à un autre tribunal qu'elle a indiqué par le même arrêt, 472. Si elle restoit au tribunal dont on a infirmé le jugement, il y auroit à craindre que, prévenu en faveur de son opinion, il ne décidât les difficultés dans le même sens, ou qu'il n'entravât l'exécution de l'arrêt infirmatif.

D. *La cour royale qui retient cette exécution, ou le tribunal auquel elle la renvoie, connoît-elle de toutes les difficultés, soit celles élevées entre ceux qui sont parties au jugement, soit celles qui ont lieu vis-à-vis de tiers ?*

R. Il ne connoît que de celles élevées entre les parties, 472, entre lesquelles l'arrêt a été rendu : à l'égard des tiers, les difficultés sont portées à qui de droit.

D. *Connoît-il même de toute l'exécution entre les parties ?*

R. Il faut excepter :

1°. Les demandes en nullité d'emprisonnement, 472, lesquelles doivent être portées au tribunal du lieu où le demandeur est détenu, 794 (ainsi qu'on le verra *Part. V*, Titre 2, chap. 1 , sect. 3), quand même il auroit rendu le jugement infirmé ;

2°. Les expropriations forcées, 472, lesquelles doivent l'être au tribunal de l'immeuble saisi (comme on le verra *Part. V*, Tit. 2, chap. 1 , sect. 2), quand même le jugement infirmé auroit été rendu par lui ;

3°. Enfin, les autres cas dans lesquels la loi attribue juridiction, 472. Ainsi l'article 567 voulant que les saisies-arrêts soient portées au tribunal du saisi, la saisie-arrêt faite en vertu de l'arrêt infirmatif, seroit portée à ce tribunal, quand même il n'auroit pas l'exécution, et auroit rendu le jugement infirmé, (P. C. I, 621-623).

De la Requête civile.

D. *Qu'est-ce que la requête civile ?*

R. C'est une voie qu'une personne prend en certains cas désignés par la loi, contre un jugement en dernier ressort, non susceptible d'opposition, dans lequel elle a été partie, et rendu par un tribunal de première instance ou une cour royale, 480, ou des arbitres, 1026, pour le faire rétracter à l'effet de procéder de nouveau à l'examen et au jugement de l'affaire (P. C. I, 623 - 627.)

D. *Si le jugement n'étoit pas en dernier ressort,*

mais qu'il eût acquis depuis, l'autorité de la chose jugée, pourroit-on l'attaquer par requête civile ?

R. Non ; il ne peut avoir acquis cette autorité, que parce que le condamné y a acquiescé soit expressément, soit tacitement, en n'appellant pas dans le délai ou laissant périmer l'appel ; et que le condamné ne peut pas se plaindre d'un jugement auquel il a acquiescé.

D. Mais si depuis cet acquiescement, ce condamné découvroit que ce jugement a été rendu par dol, ou sur pièces fausses ou retenues par son adversaire, il ne pourroit donc pas se pourvoir par requête civile, comme il le pourroit si ce jugement eût été rendu en dernier ressort ?

R. Non ; mais il pourroit appeler nonobstant l'acquiescement, lequel se trouveroit erroné, puisque le condamné ne connoissoit point le dol, le faux, ni la rétention des pieces ; et le délai de l'appel courroit, non de la signification du jugement, mais du jour de la découverte du dol, du faux ou de la rétention V. p. 222.

Des Cas ou des ouvertures de Requête civile.

D. En combien de classes, divisez-vous les ouvertures ou cas de requête civile ?

R. En deux :

La première est des ouvertures communes à toute espece de personnes ;

La seconde, des ouvertures qui sont particulières à certaines personnes.

Ouvertures communes à toutes personnes.

D. Le dol est-il ouverture ?

R. Oui, pourvu qu'il soit *personnel*, 480, 1°, c'est-a-dire, qu'il émane de la *personne* qui a gagné ou de ceux qui ont agi pour elle, comme son avoué.

Exemple : Je vous écris que vous pouvez vous absenter ; que je ne suivrai qu'à votre retour : sans l'attendre, je fais juger ; il y a dol.

D. *La violation des formes est-elle ouverture ?*

R. Oui, soit qu'elle ait été commise *avant* le jugement, 480, 1°, (comme si, dans l'assignation, ma demeure n'est pas désignée) soit qu'elle ait été commise *lors* du jugement, *idem*, (comme s'il étoit rendu par des juges en nombre moindre que celui exigé par la loi).

D. *Suffit-il que les formes aient été violées, pour qu'il y ait ouverture ?*

R. Non ; pour que cette violation soit ouverture, il faut deux conditions :

1°. Que la loi prononce la nullité pour cette violation, *idem* ; comme si l'on n'a pas désigné dans l'assignation le domicile du demandeur, 61 ;

2°. Que cette nullité n'ait pas été couverte par les parties, 480, 2°. (*Voy.* pag. 58, comment une nullité peut se couvrir.)

D. *S'il a été prononcé sur choses non demandées, y a-il ouverture de requête civile ?*

R. Il faut distinguer entre les jugemens rendus en dernier ressort par les tribunaux, et ceux rendus par les arbitres :

1°. Quant à ceux rendus par les tribunaux, il y a ouverture, 480, 3°. Exemple : Si, plaidant sur l'usufruit d'un objet que je réclame, on prononce sur la propriété que je ne demandois pas ;

2°. A l'égard de ceux rendus par les arbitres, il n'y a pas ouverture, 1027, 2°. ; sauf à se pourvoir en nullité, *idem* ; parce que les arbitres étant sans pouvoir pour statuer sur ce qu'on ne leur demande pas, sont sortis des termes de leur pouvoir, en statuant. *Voy.* pag. 16.

D. *Y a-t-il ouverture si l'on a adjugé plus qu'il n'a été demandé ?*

R. Oui, si le jugement est d'un tribunal, 480, 4°.

Exemple : S'il accorde, outre le principal et les voies ordinaires, les intérêts et la contrainte par corps qui n'avoient pas été demandés. Mais si le jugement émane d'arbitres, il n'y a pas lieu, sauf à se pourvoir en nullité, par les raisons ci-dessus.

D. *L'omission de prononcer sur l'un des chefs demandés est-elle ouverture ?*

R. Oui, 480, 5º. Exemple : Si, défendant à une demande originaire et ayant appelé en garantie, on statue sur la demande originaire, et que le jugement ne dise rien sur la garantie.

D. *La contrariété entre deux ou plusieurs jugemens est-elle ouverture de requête civile ?*

R. Oui, 480, 6". ; mais pour cela trois conditions sont requises cumulativement :

1º. Que les jugemens soient entre les *mêmes parties,* idem, et dans les mêmes qualités ;

2º. Que les jugemens contraires soient rendus sur les *mêmes moyens, idem ;*

3º. Enfin, qu'ils soient rendus dans les *mêmes cours ou tribunaux,* 480, 6º.

Exemple : Vous demandez, en votre nom, contre moi, en mon nom, 1200 fr. montant d'un billet : Un premier arrêt de la cour royale de Paris me condamne ; en vertu de cet arrêt, vous faites saisir sur moi : je demande la nullité, sur le motif que je ne devois rien avant cet arrêt, que je n'ai pas dû être condamné ; on le décide ainsi : contrariété entre le premier arrêt qui me déclare débiteur, et le second, qui juge que je ne le suis pas ; par conséquent, requête civile.

D. *Si les jugemens contraires étoient rendus entre les mêmes parties et sur les mêmes moyens, mais en tribunaux différens, il n'y auroit donc pas ouverture de requête civile ?*

R. Non ; tel seroit les cas où, dans l'espèce ci-dessus, le premier arrêt seroit rendu à Paris, et le second à Rouen. Mais il y auroit ouverture à cassation ; et l'instance seroit formée et jugée conformément aux lois qui sont particulières à la cour de cassation, 5o4.

D. *La contrariété dans le même jugement est-elle ouverture ?*

R. Oui, 48o, 7°. Exemple : Si, par une première disposition, on vous déclare mon créancier de somme exigible, et que, par une seconde, on fasse main-levée d'une opposition formée sur moi en cette qualité.

D. *Le défaut de communication au ministère public est-il ouverture, si la loi exigeoit cette communication dans l'espèce ?*

R. Oui ; mais il faut que le jugement ait été rendu contre celui pour qui elle étoit ordonnée, 48o, 8°. Exemple : Si l'on a jugé contre un mineur.

D. *Y a-t-il ouverture si l'on a jugé sur pièces fausses ?*

R. Oui, pourvu que ces pièces aient été *reconnues* ou *déclarées* fausses *depuis* le jugement, 48o, 9°. Exemple : Si j'ai été condamné à payer une obligation, et que depuis vous ayez *reconnu* le faux de l'obligation, ou que la justice l'ait *déclaré* par un jugement.

D. *Si les pièces avoient été reconnues ou déclarées fausses avant le jugement, et que cependant on eût, par ce jugement, décidé d'après ces pièces comme véritables, y auroit-il ouverture ?*

R. On ne pourroit pas faire valoir l'ouverture dont on parle ici, mais bien celle résultant de la contrariété de jugemens, si le premier qui a déclaré la pièce fausse, et le second qui a jugé comme si elle étoit véritable, étoient entre les mêmes parties, sur les mêmes moyens et rendus en dernier ressort par le même tribunal.

D. *Si depuis le jugement on a recouvré des pièces, peut-on revenir contre le jugement ou l'arrêt, par requête civile ?*

R. Oui, pourvu que les deux conditions suivantes se rencontrent conjointement.

La première que la pièce ait été retenue par le fait de la partie adverse, 48o, 10°. ; comme si votre débiteur ayant été déchargé de votre demande, par un jugement, vous prouviez qu'il ne l'a été que parce qu'il est parvenu à détourner son obligation et à la retenir. Si la pièce n'étoit pas retenue, on ne pourroit pas revenir; autrement, un chicaneur qui craindroit d'être condamné, ne présenteroit pas toutes ses pièces; puis, quand il seroit condamné, il feroit valoir de nouvelles pièces, et ainsi successivement; et à force de chicanes, il contraindroit son adversaire à abandonner l'objet ou du moins à composer avec lui. C'est aux parties à faire, avant de se laisser juger, toutes les recherches nécessaires des pièces qui peuvent être à leur avantage.

La seconde condition est que la pièce fût décisive, 480. 1°.; comme dans le cas de l'obligation ci-dessus. Si elle ne l'étoit pas, la partie qui auroit été condamnée, quand cette pièce n'auroit pas été retenue et auroit été produite, n'a pas souffert. (P. C. I, 627-634.)

Ouvertures particulières à certaines personnes.

D. Qu'elles sont les personnes en faveur desquelles la loi a établi des ouvertures particulières ?

R. Ce sont, l'Etat, les communes, les établissemens publics et les mineurs, 481.

D. Combien y a-t-il d'ouvertures qui leur soient particulières ?

R. Deux :

La première, lorsque ces personnes n'ont point été défendues, 481 ; par exemple, si un tuteur ou autre administrateur a laissé prononcer par défaut;

La seconde, lorsqu'elles n'ont pas été valablement défendues, 481 ; comme si l'on avoit omis de proposer pour elles des moyens décisifs; par exemple, la prescription.

D. S'il n'y a ouverture que contre un chef du jugement, peut-on se pourvoir contre tout le jugement ?

R. Non : s'il n'y a ouverture que contre un chef, il est seul rétracté, 482. Exemple : Le jugement me condamne à payer deux billets : depuis, un de ces billets est prouvé faux ; l'autre reste vrai, je ne pourrai faire rétracter le jugement que pour le billet faux.

D. S'il y avoit ouverture contre un chef, et que d'autres chefs en fussent dépendans, ne pourroit-on pas se pourvoir contre ceux-ci ?

R. Oui, et ceux-ci seroient rétractés aussi, 482. Exemple : Je suis condamné à payer un billet ; l'on prononce par suite la contrainte par corps et la validité d'une saisie-arrêt : s'il y a ouverture contre le chef principal qui me condamne à payer le billet, il y a ouverture contre les deux chefs dépendans et accessoires, qui prononcent la contrainte par corps et la validité de la saisie. (P. C. I, 635 - 637.)

A quel Tribunal est portée la Requête civile.

D. A quel tribunal est portée la requête civile ?

R. Au même tribunal où le jugement attaqué a été rendu, et il peut y être statué par les mêmes juges, 490.

D. Si, dans une instance pendant en un tribunal, on produit un jugement susceptible de requête civile, mais rendu par un autre tribunal, ne pourra-t-on pas l'attaquer au tribunal devant lequel il est produit ?

R. Non : il faut toujours se pourvoir devant le tribunal qui a rendu le jugement attaqué, 491. Exemple : Un arrêt de Rouen me condamne à payer un billet de 3000 francs. On fait une opposition sur moi pour cette somme. J'en demande main-levée à Paris, attendu que je ne dois rien. Jugement de première instance qui me condamne ; j'appelle à la cour de Paris ; le créancier produit l'arrêt de Rouen ; je soutiens qu'il est sujet à requête civile, attendu que depuis, le billet a été déclaré faux ; ce n'est point à Paris, mais à Rouen que je dois me pourvoir.

D. *Mais pendant cette requête civile en un autre tribunal, que devient la cause principale en laquelle le jugement a été produit ?*

R. Le tribunal saisi de cette cause, peut, suivant les circonstances, passer outre ou surseoir, 491. Ainsi, dans l'espèce ci-dessus, la cour de Paris pourra surseoir à juger l'appel, jusqu'à ce que la requête civile soit décidée à Rouen ; l'appel étant dépendant de l'évènement de la requête civile ; puisque, si l'arrêt de Rouen est rétracté, il n'y a pas de créance, ni lieu à faire d'opposition sur moi, et que l'on doit infirmer le jugement qui l'a déclarée valable. Elle pourra passer outre, si elle voit que la requête civile n'est qu'une chicane pour reculer le jugement de l'appel, ou que, quand l'arrêt seroit retracté, il reste à mon adversaire d'autres moyens suffisans pour me faire condamner. (P. C. I, 639.)

Combien y a-t-il de sortes de Requête civile.

D. *Combien y a-t-il de sortes de requête civile ?*
R. Deux :

1°. La requête civile principale ; celle qui n'est précédée d'aucune contestation existante. Exemple : Si, étant condamné définitivement à payer 1000 fr. et n'y ayant plus de procès entre nous pour cet objet, je me pourvois contre le jugement par requête civile ;

2°. La requête civile incidente ; celle qui se forme dans le cours d'une contestation. Telle est celle dont on a parlé plus haut, prise contre l'arrêt de Rouen, incidemment à la contestation portée à la cour de Paris. Telle est encore celle qu'on prend contre un jugement dans le cours d'une contestation pendante devant les juges qui ont rendu ce jugement : par exemple, vous me demandez 1000 francs pour prêt ; je le nie ; jugement qui vous admet à la preuve testimoniale sur le fondement d'une lettre qui forme commencement de preuve par écrit; vous faites la preuve; mais, depuis, et avant le jugement définitif, je fais déclarer la lettre fausse, je me pourvois par requête civile contre le jugement qui admet la preuve, cette requête civile est incidente à la contestation principale non encore jugée.

Délai de la requête civile, et de quand il court.

D. Quel est le délai dans lequel on doit se pourvoir par requête civile ?

R. En général, le délai est de trois mois qui courent à l'égard des majeurs, du jour de la signification à personne ou domicile, du jugement attaqué, 483;

Et à l'égard des mineurs, du jour de cette signification, faite depuis leur majorité, 484.

D. Quel est le délai, si le demandeur demeure hors de la France continentale ?

R. Il a, outre ce délai de 3 mois depuis cette signification, le délai des ajournemens réglé par l'art. 73, 486. Voy. p. 36.

D. Quel est le délai si le demandeur est absent du territoire européen du royaume, pour service de terre ou de mer, ou employé dans les négociations extérieures pour le service de l'Etat ?

R. Il a, outre les 3 mois depuis cette signification, le délai d'une année, 485.

D. Quel est le délai, si l'ouverture est fondée sur pièces fausses ?

R. Le délai ci-dessus; mais il ne court que du jour où le faux a été reconnu, 488.

D. Quel est le délai, si l'ouverture est fondée sur le dol ?

R. Le délai ci-dessus, mais il ne court que du jour où le dol a été reconnu, 488, c'est-à-dire, découvert, pourvu qu'il y ait preuve par écrit du jour, et non autrement, 488; car on pourroit se pourvoir long-temps après la découverte, en disant qu'on ne l'a faite que depuis peu.

D. Quel est le délai, si l'ouverture est fondée sur pièces décisives, découvertes depuis le jugement et retenues par l'adversaire ?

R. Le délai ci-dessus; mais il ne court que du jour où les pièces ont été découvertes, pourvu qu'il y ait preuve par écrit du jour, et non autrement, 438.

D. Quel est le délai, si l'ouverture est fondée sur la contrariété entre plusieurs jugemens ?

R. Le délai ci-dessus; mais il ne court que de la signification du dernier jugement, 489; car l'ouverture n'existoit pas avant ce jugement, puisque c'est lui qui l'établit.

D. Dans tous les cas ci-dessus, la mort du condamné, arrivée pendant le délai, en suspend-elle le cours ?

R. Oui; et ce qui reste à courir ne commence, contre la succession, que dans les délais et de la manière prescrits pour l'appel, 487. *Voy.* pag. 223. (P. C. I, 637 - 639.)

Formalités à observer avant de se pourvoir en Requête civile principale ou incidente.

D. Peut-on se pourvoir en requête civile, sans formalités préalables, comme on le peut pour l'opposition et l'appel ?

R. Non; on ne le peut qu'après avoir observé deux formalités ;

La première est d'avoir une consultation de trois avocats, exerçant depuis dix ans au moins près un des tribunaux du ressort de la cour royale dans lequel il a été rendu. Cette consultation contient déclaration qu'ils sont d'avis de la requête civile; elle en énonce les ouvertures, sinon la requête n'est pas reçue, 495.

La deuxième est, avant de présenter la requête, de consigner une somme pour amende et les dommages-intérêts de la partie, sinon la requête civile n'est pas reçue, 494.

D. De combien est cette somme, si l'on se pourvoit contre un arrêt de cour royale ?

R. Si l'arrêt est contradictoire, elle est de 300 fr. pour l'amende, et de 150 fr. pour les dommages-intérêts de la partie, sans préjudice de plus amples dommages, s'il y a lieu, 494.

Si l'arrêt est par défaut ou par forclusion, elle est de moitié, *idem.*

D. De combien est la consignation, si l'on attaque un jugement de première instance ?

R. Elle est du quart, *idem.*

D. Tout demandeur en requête civile est-il tenu de cette consignation ?

R. Elle n'est pas exigée, si le demandeur stipule les intérêts de l'État, 494 ; par exemple, si c'est un préfet qui agit pour un domaine appartenant à l'État (P. C. I, 640-643.)

Comment se demande la Requête civile principale.

D. Comment se demande la requête civile principale ?

R. On présente requête, 494, pour avoir permission d'assigner en requête civile.

En vertu de l'ordonnance, on donne assignation, 493, au domicile de l'avoué de la partie qui a obtenu le jugement attaqué, si elle est formée dans les six mois de la date du jugement ; après ce délai, l'assignation est donnée au domicile de la partie, 492.

On doit signifier avec la demande, la consultation et la quittance de la consignation ci-dessus, 495.

D. Que doit faire l'assigné sur cette demande ?

R. Il doit constituer avoué.

Cependant si la requête civile est signifiée dans les

six mois de la date du jugement, l'avoué de la partie qui a obtenu le jugement, est constitué de droit, sans nouveau pouvoir, 496. (P. C. I, 643 - 646. 648 - 656.)

Comment se demande la Requête civile incidente.

D. Comment se demande la requête civile incidente ?

R. Il faut distinguer deux cas :

1°. Si la contestation à laquelle cette requête est incidente, est pendante au tribunal qui a rendu l'arrêt ou le jugement attaqué, cette requête civile est formée par requête d'avoué à avoué, 493.

2°. Mais si cette contestation est portée dans un tribunal autre que celui qui a rendu le jugement (*Voy.* p. 239.), la requête civile est formée par assignation devant les juges qui ont rendu le jugement, *idem.* (P. C. I, 646 et 656.)

Si la Requête civile, principale ou incidente, empêche l'exécution du Jugement.

D. La requête civile empêche-t-elle l'exécution du jugement attaqué ?

R. Non, 497 : autrement, un condamné de mauvaise foi prendroit cette voie, pour avoir le temps de se soustraire à l'exécution.

D. Le tribunal ne peut-il pas du moins suspendre l'exécution ?

R. Non ; nulles défenses ne peuvent être accordées, 497.

D. Celui qui se pourvoit en requête civile , peut-il la poursuivre avant d'exécuter le jugement qu'il attaque ?

R. Il faut distinguer :

S'il est condamné à délaisser un héritage, il n'est

reçu *à plaider* sur la requête civile, qu'en rapportant la preuve de l'exécution du jugement au principal, 497, c'est-à-dire, qu'il a remis l'héritage; parce que l'ayant dans les mains, il ne tient qu'à lui d'obéir, et qu'en ne le faisant pas, il est en révolte contre la justice, et est indigne d'être écouté.

Mais s'il est condamné à remettre une chose mobiliaire, par exemple, à payer une somme, la loi ne l'oblige pas d'obéir avant de poursuivre; parce que rien ne prouve qu'il l'a dans les mains, qu'il peut n'être pas en état de payer, et qu'il n'est point par conséquent constitué désobéissant à justice (P. C. I, 645.)

Du Jugement sur la Requête civile.

D. La requête civile est-elle sujette à communication au ministère public ?

R. Oui, 498. (P. C. I, 656.)

D. Quels moyens peut présenter le demandeur à l'audience ?

R. Il ne peut présenter que les ouvertures de requête civile énoncées en la consultation; aucune autre ne peut être discutée à l'audience, 499 : la loi ayant exigé cette consultation, afin que les plaideurs n'attaquassent pas inconsidérément les jugemens en dernier ressort, on l'éluderoit facilement, si l'on pouvoit proposer des moyens non admis par les avocats; et l'on embarrasseroit par là les affaires.

D. Si la requête civile est rejetée, que prononce-t-on contre le demandeur ?

R. Il est condamné à l'amende et aux dommages-intérêts ci-dessus fixés, sans préjudice de plus amples dommages-intérêts, s'il y a lieu, 500.

D. Le demandeur peut-il se pourvoir une seconde fois par requête civile, contre le jugement attaqué ?

R. Non, ni même contre le jugement qui a rejeté la requête civile, 503; afin de mettre un terme aux réclamations des plaideurs qui pourroient forcer le créancier à abandonner ou modifier son droit, si l'on pouvoit se pourvoir à l'infini.

D. Quelle seroit la peine, si l'on se pourvoyoit une deuxième fois ?

R. Il y auroit nullité et des dommages-intérêts, même contre l'avoué qui, ayant occupé sur la première demande, occuperoit sur la seconde, 503.

D. Si la requête civile est admise, que prononce-t-on ?

R. Le jugement est rétracté, et les parties sont remises au même état où elles étoient avant le jugement. 501.

D. Que deviennent les sommes consignées pour amende et dommages-intérêts ?

R. Ces sommes sont rendues, 501.

Et les objets des condamnations qui auroient été perçus en vertu du jugement rétracté, sont restitués, 501. Si, par exemple, ce jugement condamnoit à payer 6000 fr. ; comme la requête civile ne suspend pas, le condamné a pu être contraint de les payer avec les intérêts et frais : le jugement étant rétracté, tous ces objets seront restitués.

D. Le jugement étant rétracté, que devient le différend décidé par ce jugement ?

R. Il faut le juger de nouveau : il est porté au même tribunal qui aura statué sur la requête civile, 502, et il peut y être statué par les mêmes juges, 490.

D. Qu'entend-on par rescindant *et* rescisoire, *en matière de requête civile ?*

R. Le *rescindant* est l'instance de la requête civile ; le *rescisoire* est le fond qui est à juger, si la requête civile est admise. Exemple : Un arrêt m'a condamné à vous remettre un héritage ; je me pourvois en requête civile, pour cause de dol : la question de savoir s'il y a lieu à requête civile, est le *rescindant*. Si l'arrêt est rétracté, le fond, la question de savoir à qui appartient l'héritage, est le *rescisoire*.

D. Si celui qui a obtenu la requête civile, succombe sur le rescisoire, peut-il se pourvoir en requête civile contre le jugement rendu sur ce rescisoire ?

R. Non, il ne le peut, à peine de nullité et de dommages-intérêts, même contre l'avoué qui, ayant occupé sur la première demande, occuperoit sur la seconde, 303, par les raisons exposées p. 244.

D. Peut-on cumuler le rescindant et le rescisoire, c'est-à-dire, les instruire en même temps, et les décider par le même jugement ?

R. Non, puisque l'article 501 dit que les parties seront remises au même état où elles étoient avant le jugement, et que, d'ailleurs, l'article 502 dit que le fond, c'est-à-dire, le rescisoire, sera porté au tribunal qui *aura* statué sur la requête civile ; ce qui annonce bien deux instances distinctes. Ainsi, dans l'espèce ci-dessus, on ne pourra juger, avec la requête civile, la question de savoir à qui appartient l'héritage ; mais on décidera le rescindant d'abord, et ensuite le rescisoire.

D. N'y a-t-il pas un cas où, par exception à cette règle, le rescindant et le rescisoire sont jugés ensemble ?

R. Oui, c'est lorsque la requête civile est entérinée pour raison de contrariété de jugement. Le jugement qui entérine la requête civile, ordonne que le premier jugement sera exécuté selon sa forme et teneur, 501. Exemple : Un premier jugement me déclare débiteur ; le second décide que je ne le suis pas ; on se pourvoit pour contrariété, contre le second jugement seulement ; ce jugement seul est anéanti ; et l'on ordonne que le premier, qui me déclare débiteur, sera exécuté (P. C. I, 657 - 662.)

SECTION IV.

De la Cassation.

D. Qu'est-ce que la cassation ?

R. C'est l'annullation d'un jugement en dernier ressort, non-susceptible d'opposition ni de requête civile, et qui contient contravention aux lois.

D. A quelle autorité demande-t-on la cassation?

R. A la cour de cassation.

D. La demande suspend-elle l'exécution du jugement attaqué?

R. Non.

D. S'il n'y a pas contravention, que prononce-t-on?

R. La demande est rejetée, et le demandeur condamné en une amende.

D. Mais s'il y a contravention, qu'ordonne-t-on?

R. On casse le jugement, mais la cour ne juge pas le fond de l'affaire; elle le renvoie à un autre tribunal, pour y être jugé de nouveau en dernier ressort.

D. Que fait-on pour porter l'affaire à ce nouveau tribunal?

R. La partie plus diligente y assigne l'autre, pour y procéder sur les derniers erremens.

Nota. Cette matière n'étant pas réglée par le Code de Procédure, on se bornera à ces notions. (P. C. I, 662-685.)

CHAPITRE II.

De la Voie qu'on peut prendre contre un Jugement où l'on n'a point été Partie, ou de la Tierce-Opposition.

D. UNE *partie ne pouvant être jugée sans avoir été appelée, comment peut-il se faire qu'elle soit lésée par un jugement rendu entre d'autres?*

R. Cela peut arriver en plusieurs cas, notamment dans ceux-ci :

1°. Si le juge voit ou peut voir que l'affaire intéresse un tiers, et statue cependant par inadvertance ou ignorance, sur l'intérêt de ce tiers ; comme si une demande à fin d'exercice d'une servitude étoit dirigée contre un locataire (en cette qualité), au lieu de l'être contre le propriétaire, et que l'on accordât cette servitude : le propriétaire est -lésé, s'il ne doit pas la servitude.

2°. Si le juge ne voit pas que l'affaire intéresse un tiers, et statue contre celui-ci; comme si, dans l'espèce ci-dessus, le locataire avait été assigné comme propriétaire et s'étoit défendu comme tel ; le juge qui ne voit pas qu'un tiers est propriétaire, peut, sans le savoir ni pouvoir le savoir, décider contre l'intérêt de ce tiers.

D. L'autorité de la chose jugée n'ayant lieu qu'entre ceux qui ont été parties au jugement, (C. C. 1351), comment peut-on être obligé de former tierce opposition à un jugement dans lequel on n'a point été partie, pour en empêcher l'exécution?

R. Il est vrai qu'un jugement ne peut être opposé à celui qui n'y a point été partie, et que l'on doit juger, abstraction faite de ce jugement. Si donc je réclame contre vous un héritage, et que pour prouver votre propriété, vous m'opposiez un jugement rendu contre Paul, qui décide contre celui-ci, que l'héritage vous appartient, je pourrai vous répondre que ce jugement prouve bien que Paul n'étoit pas propriétaire, mais qu'il ne prouve pas que je ne le sois pas : ce jugement sera écarté, sans que j'aie besoin de former tierce opposition; et vous serez obligé de vous défendre contre mes titres.

Mais si ce jugement n'étant pas exécuté, vous voulez le faire exécuter; que cela me préjudicie et que je veuille l'empêcher, il faut bien que je m'oppose à l'exécution; et comme cette opposition est formée par un tiers, non partie au jugement, on l'appelle *tierce-oppo-sition*. Exemple : dans l'espèce, page 248 , un jugement rendu contre mon locataire vous autorise à faire percer un mur qui sépare nos deux cours, pour passer par la mienne, comme ayant ce droit de servitude sur ma maison : vous faites exécuter ce jugement, ou pouvez le faire exécuter ; si je veux l'empêcher, il faut que je forme tierce-opposition et que je demande qu'il vous soit défendu d'exercer la servitude. (P. C. I, 686 - 688.)

Conditions requises pour avoir droit de former la Tierce-Opposition.

D. Quelles conditions sont requises , pour qu'un tiers puisse former la tierce-opposition ?

R. Il y en a deux :

La première, que le jugement préjudicie à ses droits, 474, comme dans l'espèce de la servitude ci-dessus.

La deuxième, que le tiers n'ait point été partie, ni ceux qu'il représente, *idem.* Ainsi le successeur universel de celui qui a été partie, ne pourroit prendre cette voie, ni le successeur particulier, pour l'objet auquel il succède. Un acquéreur, par exemple, représentant son vendeur, ne pourroit former tierce-opposition au jugement rendu contre celui-ci : il n'auroit que les voies qu'avoit son auteur, voies qu'il lui a transmises, en lui transmettant l'objet. (P. C. I., 688-699.)

Combien de sortes de Tierces-Oppositions.

D. Combien y a-t-il de sortes de tierces-oppositions ?

R. Il y en a deux :

La *principale*, qui a lieu lorsqu'il n'y a aucune contestation entre celui qui a obtenu le jugement et le tiers auquel ce jugement préjudicie. Exemple : Dans l'espèce ci-dessus, sans aucune contestation existante entre nous, vous faites exécuter le jugement qui vous accorde la servitude : ma tierce-opposition est principale.

L'*incidente*, qui a lieu lorsque, pendant le cours d'une instance relative à un objet, celui qui a obtenu un jugement qui concerne cet objet, veut le faire exécuter. Exemple : Sans que je connoisse le jugement qui vous a accordé contre mon locataire, un droit de passage par ma maison, vous exercez ce droit; je vous assigne pour qu'il vous soit défendu de passer; vous m'objectez ce jugement; j'y forme tierce-opposition ; elle est incidente à la demande que j'avois formée contre vous, (P. C. 1, 699.)

De la Tierce Opposition principale.

D. Comment se forme la tierce-opposition principale ?

R. Par exploit, comme toutes les demandes principales. (P. C. I, 702.)

D. *A quel tribunal ?*

R. Au tribunal qui a rendu le jugement attaqué, 475. (P. C. I, 702.)

De la Tierce-Opposition incidente.

D. *A quel tribunal est portée la tierce-opposition incidente ?*

R. Il faut distinguer :

1°. Elle est portée au tribunal saisi de la contestation principale, s'il est égal ou supérieur à celui qui a rendu le jugement attaqué, 475. Si donc la contestation est portée à la cour royale de Paris, et que le jugement soit rendu par une autre cour royale ou un tribunal d'un ordre inférieur, la tierce opposition sera portée à la cour de Paris.

2°. Si le tribunal est inférieur, la tierce opposition est portée au tribunal qui a rendu le jugement, 476. Exemple : On produit à un tribunal de première instance, un arrêt de cour royale ; il ne pourroit connoître de la tierce opposition, parce qu'il seroit messéant qu'il pût réformer une décision rendue par un tribunal d'un ordre supérieur.

D. Comment se forme la tierce-opposition incidente ?

R. Il faut encore distinguer :

1°. Dans le premier cas ci-dessus, elle est formée par requête au tribunal saisi de la contestation principale, 475, c'est-à-dire, par requête signifiée d'avoué à avoué ;

2°. Dans le deuxième cas, elle l'est par action principale, 476, c'est-à-dire par exploit.

D. Dans ce dernier cas, que devient la contestation principale, pendant le cours de la tierce-opposition ?

R. Le tribunal saisi de cette contestation, peut, suivant les circonstances, passer outre ou surseoir, 477. Exemple : Dans une contestation pendante au tribunal de première instance, on produit contre moi un arrêt de la cour royale ; j'y forme tierce-opposition devant cette cour ; le tribunal de première instance pourra surseoir à juger la contestation principale, jusqu'à ce que la tierce-opposition soit jugée, s'il estime que la décision de cette contestation dépende du sort du jugement ; mais s'il voit qu'elle n'en dépend pas ou que la tierce opposition n'est qu'une chicane pour arrêter l'expédition de l'affaire principale, il peut passer outre à cette expédition, (P. C. I, 701.)

Si la Tierce-Opposition principale ou incidente, arrête l'exécution du Jugement.

D. La tierce opposition arrête-t-elle l'exécution du jugement ?

R. Non, elle ne l'arrête jamais par elle-même.

D. Les juges ne peuvent-ils pas du moins, suspendre cette exécution, si on le leur demande ?

R. Il faut distinguer :

1°. Si un jugement passé en force de chose jugée porte condamnation à délaisser la possession d'un héritage, il sera exécuté contre le condamné, nonobstant la tierce-opposition et sans y préjudicier, 478; parce que cet héritage ne pouvant pas disparoître, le tiers-opposant, s'il lui appartient, le retrouvera aussi bien entre les mains de celui qui a obtenu le jugement, qu'en celles du condamné; qu'ainsi, il lui importe peu en quelles mains passe l'héritage;

2°. Dans les autres cas, les juges peuvent, suivant les circonstances, suspendre l'exécution du jugement, 478; par exemple, lorsqu'il ordonne la remise d'une chose mobilière; si cette chose est plus en sûreté pour le tiers opposant, dans les mains du condamné, que dans celles de la partie qui a obtenu le jugement, on peut suspendre.

Mais il faut que les juges accordent cette suspension : la tierce opposition ne suspend point par elle-même : autrement un affidé du condamné pourroit, d'intelligence avec lui, arrêter l'exécution par une tierce-opposition mal fondée, pour donner le temps au condamné de soustraire l'objet. (P. C. I, 703.)

Peines, si la Tierce-Opposition principale ou incidente est rejetée.

D. A quoi est condamnée la partie, dont la tierce opposition est rejetée ?

R. Elle est condamnée :

1°. A une amende qui ne peut être moindre de 5o francs.

2°. Aux dommages-intérêts de la partie, s'il y a lieu, 479. (P. C. I, 704.)

TITRE II.

De la Voie que les Parties peuvent prendre contre le juge, en certains cas où elles sont lésées par son fait, ou *de la Prise à Partie.*

D. *Une partie lésée, soit par un jugement, soit par la conduite d'un juge, peut-elle poursuivre ce juge pour rendre compte de son jugement ou de sa conduite et en réparer le préjudice ?*

R. Non, elle ne le peut qu'en certains cas désignés par la loi : autrement, les plaideurs qui sont presque toujours mécontens de ceux qui les ont condamnés, les feroient descendre à chaque instant de leur tribunal, et rendroient la condition de juges tellement pénible que personne ne voudroit exercer cette fonction. (P. C. I, 707.)

Cas où l'on peut prendre à Partie.

D. *Quels sont les cas où l'on peut poursuivre le juge, c'est-à-dire, le prendre à partie ?*

R. Il y en a cinq :

1°. S'il y a dol ou fraude commis, soit dans le cours de l'instruction, 505, 1°.(comme si le juge commis à une enquête avoit à dessein altéré une déposition, en y ajoutant ou retranchant), soit lors du jugement, *idem*, (comme si les juges avoient altéré le jugement, en ajoutant, retranchant à ce qui a été prononcé, ou modifiant sur la minute) ;

2°. S'il y a concussion commise, soit dans le cours de l'instruction, 505, 1°. (comme si le juge commis à l'enquête recevoit de l'argent ou des présens pour faire ou ne pas faire son devoir); soit lors du jugement, *idem*, (comme si les juges ont reçu argent ou présens pour rendre ou refuser la justice);

3°. Si la prise à partie est expressément prononcée par la loi, 505, 1°. (Elle est prononcée par le Code d'instruct. crim. art. 77, 78, 112, 164, 271, 370 et 593.)

4°. Si la loi déclare les juges responsables à peine de dommages-intérêts, 505, 3'., comme le fait l'art. 15, qui dit que si une instance pendante devant un juge de paix est périmée par sa faute, il sera passible des dommages-intérêts. Le Cod. Civ., art. 2063, accorde aussi des dommages contre les juges qui ont prononcé la contrainte par corps, hors les cas déterminés par les lois.

5°. Enfin, s'il y a déni de justice, *idem*, 4°.

D. *Quand y a-t-il déni de justice ?*

R. Lorsque les juges refusent de répondre les requêtes, ou négligent de juger les affaires en état et en tour d'être jugées, 506. (P. C. I, 707-709.)

D. *Comment se constate le déni de justice ?*

R. Par deux réquisitions faites aux juges, et que tout huissier est tenu de faire, à peine d'interdiction, 507.

D. *A qui les réquisitions doivent-elles être signifiées ?*

R. Aux juges, non à leurs personnes, mais à celles des greffiers, 507.

D. *Quel intervalle doit-il y avoir entre la première et la deuxième réquisition ?*

R. Trois jours au moins pour les juges de paix et de commerce ;

Huitaine au moins pour les autres juges, 507.

D. *Ces réquisitions faites, quand le juge peut-il être pris à partie ?*

R. Après les deux réquisitions, 508 : la loi ne met pas d'intervalle. (P. C. I, 710.)

A quel Tribunal se porte la Prise à Partie.

D. A quel tribunal se porte la prise à partie ?

R. A la cour royale, si elle est demandée contre un juge, un tribunal de première instance ou de commerce, ou un de leurs membres, un membre de cour royale ; (P. C. I, 709.)

Forme de la Demande en Prise à Partie.

D. Dans les cinq cas ci-dessus, peut-on prendre un juge à partie, de plano, comme on peut assigner toute personne qu'on veut actionner ?

R. Non, aucun juge ne peut-être pris à partie, sans permission préalable du tribunal devant lequel la prise à partie doit être portée, 510 ; afin que ce tribunal examine si l'on est dans un des cinq cas ci-dessus, et que le juge ne soit pas troublé mal à propos par un plaideur téméraire, comme il le seroit si celui-ci pouvoit l'actionner sans cette permission.

D. Comment se demande la permission ?

R. Par une requête signée de la partie ou de son fondé de procuration authentique et spéciale, laquelle procuration doit être annexée à la requête avec les pièces justificatives, s'il y en a, à peine de nullité, 511.

Il ne peut être employé aucun terme injurieux contre le juge, à peine, contre la partie, de telle amende, et contre son avoué, de telle injonction ou suspension qu'il appartiendra, 512.

D. Si, sur le vu de la requête, le tribunal voit que l'on n'est pas dans un des cinq cas ci-dessus, que prononce-t-il ?

R. Il prononce le rejet (sans appeler le juge); et la partie est condamnée à une amende qui ne peut être moindre de 300 fr., sans préjudice des dommages-intérêts envers les parties, s'il y a lieu, 513.

D. Si au contraire, le tribunal voit que le cas im-

*puté est du nombre des cinq cas ci-dessus, qu'or-
donne-t-il ?*

R. On ne condamne pas pour cela le juge sur la requête ; il faut l'entendre, puisqu'on ne peut condamner, même un simple particulier, sans l'avoir appelé.

Ainsi on permet seulement de le prendre à partie.

*D. Cette permission accordée, que doit faire le de-
mandeur en prise à partie ?*

R. La requête est signifiée dans les trois jours, au
juge pris à partie, 514.

*D. La demande est-elle sujette au préliminaire de
conciliation ?*

R. Non. 49. 7°. (P. C. I, 37.)

D. Que doit faire le juge pris à partie ?

R. Il est tenu de donner ses défenses dans la huitaine, 514.

*D. Ce juge peut-il rester juge de celui qui l'attaque,
jusqu'à ce qu'il soit statué s'il est bien ou mal pris à
partie ?*

R. Non ; quoiqu'il ne soit encore rien décidé contre
lui, néanmoins comme la permision accordée annonce
qu'il s'élève déjà contre lui des présomptions, que
d'ailleurs la demande en prise à partie pourroit le faire
sortir de l'état d'impartialité où l'on doit être pour
juger, il s'abstiendra de la connoissance du différend,
514, à l'occasion duquel il est pris à partie. Si ce différend n'est pas jugé, il ne pourra prendre part au jugement. S'il est jugé, le juge ne pourra participer en
rien à la décision des difficultés qui s'élèveroient sur
l'exécution du jugement.

*D. Le juge peut-il participer au jugement des dif-
férends autres que celui pour lequel il est pris à
partie ?*

R. Non ; il s'abstiendra, même jusqu'au jugement
définitif de la prise à partie, de toutes les causes que
la partie ou ses parens en ligne directe, ou son conjoint, pourroient avoir dans son tribunal, à peine de
nullité des jugemens, 514.

PARTIE V.

DE L'EXÉCUTION DES JUGEMENS ET ACTES EXÉCUTOIRES.

D. Comment se poursuit le jugement de la prise à partie ?

R. Par un simple acte ; elle est portée à l'audience, 515.

D. Peut-elle être décidée par les juges qui ont permis de la demander ?

R. Non ; comme cette permission annonce qu'ils ont déjà présumé contre le juge, la prise à partie doit être décidée par d'autres : elle le sera par une section autre que celle qui a accordé cette permission; et, si la cour royale n'est composée que d'une section, le jugement de la prise à partie est renvoyé à la cour royale la plus voisine, par la cour de cassation, 515.

D. Si le demandeur est débouté, que prononce-t-on ?

R. Il est condamné à une amende qui ne peut être moindre de 300 fr., sans préjudice des dommages-intérêts envers les parties, s'il y a lieu, 516. (P. C. I, 709 - 716.)

PARTIE V.

De l'Exécution des Jugemens et actes exécutoires.

Le condamné ou le débiteur peut refuser d'exécuter le jugement ou l'acte, alors on peut l'y contraindre.

On ne dira pas ici quelles voies on peut prendre, lorsque l'exécution est tracée par le juge; parce que ces voies varient suivant les différens cas qui peuvent eux-mêmes varier à l'infini.

Ainsi, on ne parlera que des voies à prendre pour contraindre, lorsque l'exécution est tracée par la loi.

Mais avant de parler de ces voies, il convient d'exposer les règles qui sont communes à toutes ; c'est ce que l'on fera sous le Titre premier.

Sous le Titre II, on entrera dans le détail de ces voies d'exécution.

TITRE PREMIER.

Des Règles communes à toute exécution d'Acte ou de Jugement, tracée par la loi.

1re *Règle :* D. **P**EUT-ON *exécuter en France les jugemens rendus par les tribunaux étrangers ?*

R. On ne le peut, qu'ils n'aient été déclarés exécutoires par un tribunal français ; à moins qu'il n'y ait des dispositions contraires à ce principe dans les lois politiques ou dans les traités, Cod. Civ. 2123 et 2128, et Cod. de P. 546 ; c'est-à-dire, à moins qu'il ne soit dit dans ces lois ou traités que ces jugemens pourront s'exécuter en France, comme s'ils y avoient été rendus. (P. C. II, 36.)

2e. D. *Un jugement arbitral est-il exécutoire, comme celui rendu par un tribunal ?*

R. Non, il faut le faire rendre exécutoire. *Voy.* p. 14. (P. C. II, 37.)

3e. D. *S'il s'agit d'un acte, qu'elles conditions sont requises pour pouvoir l'exécuter ?*

R. Cinq conditions sont requises. *Voy.* p. 25. (P. C. II, 37.)

4e. D. *Dans quelle forme doit être l'expédition d'un jugement, pour pouvoir contraindre à l'exécuter ?*

R. Elle doit être en forme exécutoire. *Voy.* p. 204 et 207. (P. C. I, 537.)

5°. D. *Lorsqu'un jugement prononce une main-levée, une radiation d'inscription, un paiement, ou quelque autre chose à faire par un tiers, ou à sa charge, quelles formalités particulières faut-il observer pour le faire exécuter contre ce tiers ?*

R. Il faut :

1°. Le certificat de l'avoué de la partie poursuivante, contenant la date de la signification du jugement faite au domicile du condamné ;

2°. L'attestation du greffier, constatant qu'il n'exite contre le jugement ni opposition ni appel, 548.

Voy. p. 216. (P. C. I, 577.)

6°. D. *S'il s'élève des difficultés sur l'exécution d'un jugement, à quel tribunal sont-elles portées ?*

R. Au tribunal qui a rendu le jugement, s'il n'a point été attaqué par appel, ou s'il a été confirmé ; et s'il a été infirmé, l'exécution appartient à la cour royale ou au tribunal qu'elle a designé. *Voy.* p. 231 (P. C. I, 621.)

D. *Si les difficultés s'élèvent sur l'exécution d'un acte, quel tribunal en connoît ?*

R. C'est celui du domicile du débiteur, puisque celui-ci est défendeur à cette exécution, et que la règle générale veut que l'on suive le domicile du défendeur.

D. *Dans les deux cas ci-dessus, d'exécution de jugement et d'exécution d'acte, si les difficultés requièrent célérité, quel juge en connoît ?*

R. C'est le tribunal du lieu (où s'élèvent ces difficultés), qui statue provisoirement ; et après avoir ainsi statué, il renvoie la connoissance du fond au tribunal d'exécution, 554. Exemple : En vertu d'un jugement dont l'exécution appartient au tribunal de la Seine, on saisit-exécute à Versailles ; le saisi prétend la saisie nulle ; il demande que, par provision, la garnison se retire ; le juge de Versailles pourra statuer, en ordonnant par provision, que la garnison se retirera ou restera, suivant qu'il l'estimera convenable : mais le fond, la question de savoir si la saisie est nulle, sera renvoyé au tribunal de la Seine. (P. C. II, 38.)

7ᵉ. D. *Par quel officier doit être faite l'exécution?*

R. Par un officier de la classe de ceux à qui la loi a attribué la fonction qu'exige cette exécution : ainsi, il faut, à peine de nullité, recourir, à un juge, greffier, notaire, huissier, etc, suivant la nature de l'acte ou de l'opération ordonnée par le jugement. S'il s'agit, par exemple, d'enquête ou autre opération réservée aux juges, l'exécution appartient au commissaire désigné : s'il s'agit de saisie et contrainte, elle est faite par un huissier. (P. C. II, 38.)

8ᵉ. D. *S'il y a désobéissance ou rébellion à cet officier, quelles mesures peut-on prendre contre les délinquans ?*

R. Il faut distinguer :

Lorsque la rébellion est faite à un magistrat, le délinquant est saisi et déposé à l'instant dans la maison d'arrêt, interrogé dans les vingt-quatre heures, et condamné par le tribunal, sur le vu du procès-verbal qui constatera le délit, à une détention qui ne peut excéder le mois, et à une amende qui ne peut être moindre de 25 fr. ni excéder 300 fr. Si le délinquant ne peut être saisi à l'instant, le tribunal prononcera contre lui dans les vingt-quatre heures, les peines ci-dessus, sauf l'opposition que le condamné pourra former dans les dix jours du jugement, en se mettant en état de détention, 91.

Si les délits commis méritoient peine afflictive ou infamante, le prévenu sera renvoyé en état de mandat de dépôt, devant le tribunal compétent, pour être poursuivi et puni suivant les règles établies par le Code criminel, 92.

Lorsque la rébellion est faite à un officier ministériel, l'officier insulté dans l'exercice de ses fonctions, dressera procès-verbal de rébellion ; et il est procédé suivant les règles établies par le Code criminel, 555. (P. C. II, 39.)

9ᵉ. D. *Peut-on exécuter les jours de dimanches et fêtes légales ?*

R. Non, si ce n'est en vertu de permission du juge, dans le cas où il y auroit péril en la demeure, 1037. (P. C. II, 39.)

10ᵉ. D. *Faut-il pouvoir à un huissier pour exécuter un acte ou un jugement ?*

R. Pour les saisies mobilières, cela n'est pas nécessaire ; la remise de l'acte ou du jugement vaut pouvoir, 556.

Mais, pour la saisie immobilière et l'emprisonnement, il faut un pouvoir, *idem ;* parce qu'étant plus rigoureuses que les autres, puisqu'elles tendent à dépouiller le débiteur, ou de ses biens les plus précieux, ou de sa liberté, elles exigent une détermination de la volonté spéciale du créancier. (P. C. II, 40.)

11ᵉ. D. *Peut-on cumuler toutes les contraintes, c'est-à-dire, saisir à la fois le mobilier, les biens immobiliers, et la personne du débiteur, quand on a la contrainte par corps ?*

R. Oui, en général, puisque l'article 2069 du Cod. C. dit que l'exercice de la contrainte par corps n'empêche ni ne suspend les poursuites et l'exécution sur les biens.

[Il y a des modifications à cette règle, relatives à la saisie immobilière, qui sont apposées par les articles 2206, 2209, 2210 et 2212 ; mais elles ne sont pas du ressort de cet ouvrage.]

12ᵉ. D. *Si un jugement ordonne l'exécution provisoire, mais en donnant caution, à quoi est tenu celui qui veut le faire exécuter ?*

R. Si le condamné n'appelle pas, on peut le faire exécuter sans caution ; mais s'il appelle, on ne peut exécuter que la caution n'ait été reçue, 11. (P. C. II, 40.)

TITRE II.

De l'Exécution tracée par la Loi.

Outre les cas dans lesquels il s'agit de voies d'instruction, comme enquêtes, rapports d'experts, et où l'exécution est tracée par la loi, comme on l'a vu *Part. II*, il y a encore d'autres cas où la loi s'occupe de régler cette exécution.

Le premier, est lorsque l'acte oblige ou le jugement condamne à payer ou remettre une somme d'argent ou une chose liquide en espèces; par exemple, tant de mesures de bled, etc. Comme, à défaut de paiement, le créancier ne peut parvenir à se faire payer qu'en faisant vendre les biens du débiteur, pour se faire payer sur le prix, et en le faisant emprisonner, lorsqu'on a contre lui la contrainte par corps, la loi a pu régler une marche uniforme pour parvenir à la vente et à la distribution du prix et à l'emprisonnement; et c'est ce qu'elle a fait en établissant les *saisies de biens et procédures de distribution*, ainsi que la *saisie-emprisonnement*, qui seront exposées Chapitre premier.

Le second est lorsqu'une partie est assujétie par un jugement a donner caution; on parlera, Ch. II, des *Réceptions de Caution*.

Le troisème, lorsque le juge accorde des dommages-intéréts, et ne les liquide pas, mais renvoie à les liquider sur un état présenté par la partie qui les obtient (Voy. p. 196). On traitera, Ch, III, *de la Liquidation des dommages-Intéréts*.

Le quatrième, lorsqu'une partie est condamnée aux dépens, et qu'ils ne sont pas taxés par le jugement. On verra, sous le chap. IV, comment se fait cette taxe (1).

______

(1) On ne parle pas de la restitution des fruits, ni de la reddition de compte, ni d'autres cas où l'exécution est tracée par la loi, quoique le Code en parle à l'exécution des jugemens; parce que ces matières tiennent plus aux procédures diverses, qu'aux règles générales de la Procédure, qui sont les seules qu'on expose ici.

CHAPITRE PREMIER.

Des Saisies et Ventes des Biens; de la Distribution de leur Prix, et de la Saisie-Emprisonnement.

PRÉLIMINAIRE.

D. *De quelle qualité doit être la créance pour laquelle on veut saisir et faire vendre les biens du débiteur ?*

R. Elle doit être certaine et liquide, 551. *Voyez* pag. 26. (P. C. II, 43.)

D. *Combien y a-t-il de sortes de saisies ?*

R. Il y en a de trois sortes :

Les saisies mobilières,

La saisie immobilière,

La saisie-emprisonnement.

SECTION PREMIÈRE.

Des saisies mobilières et Distribution du prix qui en provient.

D. *Combien compte-t-on de saisies mobilières faites en exécution de jugement ou d'acte ?*

R. On en compte quatre ;

1°. La saisie-arrêt ou opposition, qu'on exposera §. Ier.

2°. La saisie-exécution, dont on traitera §. 2.

3°. La saisie-brandon, qu'on verra §. 3.

4°. Enfin, la saisie des rentes constituées sur particuliers, dont il sera parlé §. 4. (P. C. II, 43.)

Sous le §. 5, on exposera les règles à suivre pour la distribution, entre les créanciers, du prix des biens mobiliers du débiteur.

§. Ier.

De la Saisie-Arrêt ou Opposition.

D. Qu'est-ce que la saisie-arrêt ou opposition ?

R. C'est un acte par lequel un créancier empêche qu'un tiers ne remette les sommes et effets que celui-ci a en ses mains, appartenant au débiteur de ce créancier.

En vertu de quel titre on peut saisir-arrêter.

D. En vertu de quel titre peut-on saisir-arrêter ?

R. En vertu de tous titres, soit authentiques, soit privés, 557.

D. Le peut-on si l'on n'a pas de titre ?

R. On le peut, mais avec permission accordée sur requête, par le juge du débiteur, ou celui du tiers saisi, 558. Exemple : Si l'on est créancier de loyers en vertu d'un bail verbal.

D. Soit qu'il y ait titre, soit qu'il n'y en ait pas, faut-il que la créance soit liquide ?

R. Oui, en général ; il ne peut être procédé à aucune saisie-mobilière, que pour choses liquides, 551.

Cependant, si la créance n'est pas liquide, on peut saisir-arrêter, mais en vertu de la permission du juge, lequel en fera l'évaluation provisoire, 559. Exemple : Si le débiteur est condamné à des dommages-intérêts et dépens non encore liquidés ; la créance est certaine, mais non liquide : on peut permettre la saisie-arrêt, en évaluant provisoirement les dommages-intérêts ou les dépens. (P. C. II, 44-45.)

Sommes et effets qu'on peut saisir, et ceux qui ne peuvent l'être.

D. Peut-on saisir tous deniers et effets ?

R. Oui, en général, tant qu'il n'y a pas d'exception faite, soit par la loi, soit par le titre qui confère la propriété de la somme ou des effets à celui sur qui on veut saisir-arrêter.

D. Peut-on saisir les traitemens et pensions dûs par l'Etat ?

R. Ils peuvent l'être, mais seulement pour la portion déterminée par les lois ou par arrêtés du gouvernement, 580.

D. Peut-on saisir les provisions alimentaires ?

R. On ne peut saisir celles adjugées par justice 581, 2°.; parce qu'autrement le but qu'a eu la justice en l'accordant, seroit éludé.

Cependant on peut les saisir pour cause d'alimens, 582; par exemple, si celui à qui est due la provision devoit à celui qui lui a fourni la nourriture.

D. Peut-on donner ou léguer des sommes et objets mobiliers, sous la condition qu'ils ne pourront être saisis par les créanciers du donataire ou légataire ?

R. Oui; sont insaisissables les sommes et objets disponibles, déclarés insaisissables par le testateur ou donateur, 581, 3°.; tels seroient une rente, des meubles, etc.

D. Ces sommes et objets sont-il insaisissables à l'égard de tout créancier ?

R. Ils ne peuvent être saisis par les créanciers antérieurs au don ou à l'ouverture du legs : ils n'ont pas à se plaindre de ce don ou legs; puisque, leur débiteur n'étant pas propriétaire de ces sommes ou objets, lorsqu'il a contracté envers eux, ils n'ont pas traité avec lui d'après la considération de ces objets.

Mais ils peuvent être saisis par les créanciers postérieurs, en vertu de permission du juge et pour la portion qu'il détermine , 582. Ces créanciers qui ont vu ces objets entre les mains de leur débiteur, ne sachant pas que le titre, qu'ils ne connoissoient pas, les rendoit insaisissables, ont pu prêter d'après la considération de ces objets. C'est au juge à peser les circonstances, le plus ou moins de faveur dû au créancier et au débiteur, ainsi que la valeur des objets, et à se régler en conséquence.

D. Peut-on saisir les sommes et pensions données ou léguées pour alimens ?

R. Non : elles sont insaisissables, quand même le testament ou la donation ne les déclareroit pas telles, 581 , 4°.

Cependant, elles peuvent être saisies par les créanciers postérieurs, avec permission, 582. Appliquez ce qu'on vient de dire pour les objets donnés ou légués avec la clause d'insaisissabilité. (P. C. II, 45-52.)

Forme de la Saisie-Arrêt.

D. Quelles formalités particulières doit contenir l'exploit de saisie-arrêt?

R. Il doit en contenir deux :

1°. Enonciation, à peine de nullité, du titre et de la somme pour laquelle on saisit, ou de l'ordonnance du juge si elle est faite en vertu d'ordonnance, ainsi que de la somme évaluée par le juge, 559; (P. C. II, 51.)

2°. Election de domicile dans le lieu où demeure le tiers saisi, si le saisissant n'y demeure pas, à peine de nullité, 559; afin que le saisi, allant chez le tiers saisi, et voyant la saisie-arrêt, puisse, si elle est mal fondée, assigner sur-le-champ le saisissant en main-levée, et ne soit pas obligé d'aller le chercher au loin. (P. C. II. 51.)

D. Si l'on veut faire une saisie-arrêt entre les mains d'une personne non demeurant en France,

*peut-on la faire au domicile du procureur du Roi,
comme on pourroit y assigner cette personne ?*

R. Non : Elle doit être signifiée à personne ou
domicile, 560. Cette personne, ne connoissant pas la
saisie, pourroit payer ; et il ne seroit pas juste qu'on
la forçât de payer deux fois. (P. C. II, 52.)

*D. Quelle formalité particulière doit-on observer si
la saisie- arrét est formée entre les mains des receveurs, dépositaires ou administrateurs de caisses ou
deniers publics, en cette qualité ?*

R. L'exploit n'est point valable, s'il n'est fait à la
personne préposée pour le recevoir et s'il n'est visé par
elle, sur l'original, 561, afin que ce receveur ne
puisse être surpris et ne soit pas exposé à payer deux
fois.

*D. Mais si ce receveur, dépositaire ou adminis-
trateur, refusoit de viser l'exploit, que pourroit-on
faire pour y suppléer ?*

R. L'original seroit visé par le procureur du Roi près
le tribunal de première instance du domicile du refusant, et celui-ci peut être condamné sur les conclusions
du ministère public, à une amende qui ne peut être
moindre de 5 fr. 1039. (P. C. II, 52-55.)

Des formalités à suivre après la Saisie-Arrêt, pour mettre le Créancier en état de toucher.

*D. La saisie suffit-elle pour autoriser le saisissant
à toucher ce qui lui est dû, sur ce qui est entre les
mains du tiers saisi ?*

R. Non ; parce qu'il peut n'avoir jamais été créancier, ou ne l'être plus.

*D. Que doit donc faire le créancier pour se mettre
en état de toucher ?*

R. Il doit dénoncer la saisie-arrêt au saisi, et l'assigner en validité, c'est-à-dire, pour voir déclarer la
saisie valable ; en conséquence, qu'il sera autorisé à

toucher ce qui lui est dû, sur les deniers dûs à son débiteur par le tiers saisi.

D. Est-il obligé de citer auparavant en conciliation ?

R. Non, 49, 7°. et 566. (P. C. II, 56.)

D. A quel tribunal doit être portée cette demande en validité ?

R. Au tribunal du domicile du saisi, 567, puisqu'il est défendeur.

D. Si, sans attendre cette demande en validité, le saisi veut demander la main-levée de la saisie, comme nulle ou pour autre cause, à quel tribunal peut-il s'adresser ?

R. Au tribunal de son domicile, 567 ; car, quoique suivant les apparences, il soit demandeur quand il demande cette main-levée ; néanmoins, dans la vérité, il est défendeur, puisque le saisissant l'a attaqué par la saisie-arrêt, et que ce saisi ne fait que se défendre contre la saisie, en en demandant la main-levée. (P. C. II, 56.)

D. La demande en main-levée est-elle sujette au préliminaire de conciliation ?

R. Non, 49, 5°. (P. C. II, 38.)

D. Dans quel délai, depuis la saisie, la dénonciation de cette saisie et la demande en validité doivent-elles être signifiées au saisi ?

R. Elles doivent être signifiées dans la huitaine de la saisie, outre un jour pour trois myriamètres de distance entre le domicile du tiers saisi et celui du saisissant, et un jour pour trois myriamètres de distance entre le domicile de ce dernier, et celui du saisi 563. Exemple : Louis, habitant de Paris, saisit, le dernier février, à Orléans, entre les mains de Paul, sur Pierre demeurant à Rouen ; il faut, pour le délai, d'abord huitaine qui expirera le 8 mars, et à laquelle on ajoutera 1°. cinq jours à raison des quinze myriamètres environ d'Orléans à Paris, pour faire revenir d'Orléans à Paris, l'exploit de saisie-arrêt ; 2°. cinq jours à raison des quatorze myriamètres environ de Paris à Rouen, pour y envoyer l'exploit de saisie, à l'effet de le dénoncer à Pierre et l'assigner en validité. Ainsi, la dénonciation et demande en validité doivent être signifiées au plus tard le 18 mars. (P. C. II, 55.)

D. *Si la validité n'étoit pas demandée dans ce délai, qu'en résulteroit-il ?*

R. La saisie ou opposition seroit nulle ; 565. Ainsi, les paiemens faits depuis la saisie seroient valables.

D. *Après la demande en validité, que doit faire le saisissant ?*

R. Dans la huitaine de cette demande, outre un jour pour trois myriamètres de distance entre le domicile du saisi et celui du saisissant, et un jour pour trois myriamètres de distance entre le domicile de ce dernier et celui du tiers saisi, la demande en validité doit être dénoncée à la requête du saisissant, au tiers saisi, 564. Ainsi, dans l'espèce ci-dessus, la demande en validité a été signifiée à Rouen le 18 mars ; il faut, pour ce délai-ci, huitaine qui expirera le 26, et à laquelle on ajoutera, 1°. cinq jours pour les quatorze myriamètres environ de Rouen à Paris, afin de faire revenir l'exploit de demande en validité ; 2°. cinq jours pour les quinze myriamètres environ de Paris à Orléans, pour y envoyer cet exploit de demande et l'exploit de dénonciation de demande en validité, à l'effet de le signifier à Paul, tiers saisi. Ainsi, cet exploit doit être signifié au plus tard le 5 avril.

D. *Si cette dénonciation n'étoit pas faite dans ce délai, qu'en résulteroit-il ?*

R. On pourroit toujours la faire après ce délai, par exemple, dans l'espèce ci-dessus, le 7 avril ou plus tard ; mais les paiemens faits par le tiers saisi, au saisi, jusqu'à la dénonciation, seroient valables, 565 ; sévérité établie, afin que le saisissant ne traîne pas en longueur. Si donc ce tiers avoit payé avant le 7, on ne pourroit le faire payer une seconde fois, comme on le pourroit, si la dénonciation lui avoit été faite le 5 avril. (P. C. II. 57.)

D. *Peut-on, en même temps qu'on poursuit le saisi, pour faire déclarer la saisie valable, poursuivre le tiers saisi, pour qu'il ait à déclarer ce qu'il doit au saisi ?*

R. Il faut distinguer :

On le peut, si la saisie est faite en vertu d'un titre authentique, 568 ; parce que la créance étant constante, le créancier non payé a droit de pénétrer dans les affaires de son débiteur, pour être payé. Mais si la saisie est faite en vertu d'un titre privé ou de permission du juge à défaut de titre, on ne peut assigner en déclaration, qu'on n'ait obtenu jugement qui ait déclaré la saisie-arrêt ou opposition valable, 568. La créance n'étant pas constante et pouvant ensuite être jugée ne pas exister, on ne doit pas, en attendant, permettre au saisissant qui peut être rejeté, de connoître les rapports qu'il y a entre le saisi et le tiers saisi, et savoir ce que ce dernier doit au premier. (P. C. II, 57.)

D. *Lorsque l'on a titre authentique ou jugement qui déclare la saisie valable, peut-on assigner tous tiers saisis à faire cette déclaration ?*

R. Oui ; il n'y a d'excepté que les receveurs, dépositaires ou administrateurs de caisses ou deniers publics : il ne sont point assignés en déclaration ; ils délivrent un certificat constatant s'il est dû à la partie saisie, et énonçant la somme, si elle est liquide, 569. Leur qualité d'hommes publics doit faire ajouter foi à tout ce qu'ils attestent par suite de leurs fonctions. (P. C. II, 58.)

D. *Avant d'assigner un simple particulier en déclaration, faut-il observer le préliminaire de conciliation ?*

R. Non, 570, parcequ'il n'est point poursuivi, à proprement parler, comme partie : il n'y a de vraiment parties que le saisissant et le saisi, entre lesquels même

ce préliminaire n'est pas nécessaire. *Voy*. pag. 268 :
le tiers n'est là que comme un témoin à qui l'on demande la déclaration de la vérité. (P. C. I, 37.)

D. *Devant quel tribunal le tiers doit-il être assigné
en déclaration ?*

R. Devant le tribunal qui doit connoître de la
saisie, 570 (*Voy*. pag. 268); puisqu'il n'est pas considéré comme partie, mais comme un témoin qui vient
dire la vérité.

Ainsi, dans l'espèce ci-dessus, Pierre, tiers saisi,
quoique demeurant à Orléans, fera sa déclaration à
Rouen où demeure le saisi.

D. *N'y a-t-il pas un cas où ce tiers peut demander
le renvoi devant son juge ?*

R. Oui, c'est lorsque sa déclaration est contestée
570. Ainsi, dans l'espèce ci-dessus, Pierre a déclaré
à Rouen qu'il doit 1500 fr. à Paul ; le saisi ou le
saisissant prétend qu'il en doit davantage ; dès ce moment le tiers saisi devient partie, puisqu'on l'attaque
par cette contestation ; et comme défendeur, il peut
demander son renvoi à Orléans. (P. C. II, 58.)

D. *Comment le tiers doit-il faire sa déclaration et
l'affirmer ?*

R. Il doit la faire de l'une des trois manières suivantes :

1°. Au greffe (du tribunal où il est assigné), s'il
est sur les lieux, 571.

2°. Devant le juge de paix de son domicile, sans
qu'il soit besoin dans ce cas de réitérer l'affirmation au
greffe, *id.*

3°. Par procuration spéciale contenant déclaration
et affirmation, 572. Ainsi, dans l'espèce ci-dessus,
Pierre pourra se transporter devant notaire à Orléans,
et là, donner procuration à quelqu'un de déclarer et
affirmer au greffe de Rouen, qu'il doit à Paul 1500 fr.
ainsi qu'il l'a déclaré et affirmé devant le notaire.

D. *Que doit contenir la déclaration, s'il doit des
deniers ?*

R. En quelque forme qu'elle soit faite, elle doit contenir :

1°. Les causes de la dette, 573, par exemple, qu'il doit pour prêt et par billet;

2°. Le montant de la dette, *idem*.

3°. L'acte ou les causes de libération totale ou partielle, par ex., qu'il a payé à compte 500 fr.

4°. Les saisies-arrêts ou oppositions formées entre ses mains, *idem;* afin que le saisissant les connoisse, pour assigner ceux qui les ont faites, en nullité, si elles sont nulles, et toucher du tiers saisi ; ou si elles sont valables, pour les poursuivre à l'effet de remettre leurs titres, et qu'on puisse faire entre les créanciers, la distribution dont il sera parlé, § IV.

D. Comment le tiers saisi doit-il justifier de la vérité de sa déclaration ?

R. Il doit annexer à cette déclaration les pièces justificatives : le tout est déposé au greffe, 574; afin que le saisi et le saisissant puissent en prendre communication.

L'acte de dépôt est signifié avec la déclaration, par un seul acte contenant constitution d'avoué, 574.

D. Que doit contenir la déclaration, si la saisie est faite sur des effets mobiliers ?

R. Il doit y être joint un état détaillé de ces effets, 578. (P. C. II, 65 - 70.)

D. Quelle condamnation prononce-t-on contre le tiers saisi qui ne fait pas sa déclaration, ou ne la justifie pas ?

R. Il est déclaré débiteur pur et simple des causes de la saisie, 577.

D. S'il survient de nouvelles saisies-arrêts ou oppositions entre les mains du tiers saisi, que doit-il faire ?

R. Il doit les dénoncer à l'avoué du premier saisissant, par extrait contenant les noms et élection de domicile des saisissans, et les causes des saisies-arrêts ou oppositions, 575. (P. C. II, 69.)

D. Si la saisie-arrêt est valable, qu'ordonne-t-on?

R. Il faut distinguer :

1°. S'il s'agit de deniers, on ordonne que le saisissant, s'il est seul, sera payé jusqu'à concurrence de son dû, sur la somme déclarée par le tiers;

2°. S'il s'agit d'effets mobiliers, il est ordonné qu'il sera procédé à la vente, en la forme qui a lieu sur saisie-exécution, que l'on verra, § II, et que le saisissant, s'il est seul, sera payé de son dû sur le prix.

Dans les deux cas, s'il y a plus d'un saisissant, il est procédé à la distribution des deniers ou prix, en la forme exposée, §. V. (P. C. II, 71 - 75.)

§. II.

De la Saisie-Exécution.

D. Qu'est-ce que la saisie-exécution?

R. C'est un acte par lequel des objets mobiliers corporels, appartenant au débiteur et en sa possession, sont mis au nom du créancier, sous la main de la justice, pour empêcher le débiteur d'en disposer, et pour y rester jusqu'à la vente qu'on en fera, s'il ne paie pas.

Formalités qui la précèdent.

D. Le débiteur doit-il être constitué en demeure, pour faire cette saisie ?

R. Oui, cette saisie doit être précédée d'un commandement à la personne ou au domicile du débiteur, fait au moins un jour avant la saisie, 583. Ce n'est qu'après, qu'on peut saisir, s'il ne paie pas.

D. Quelles formalités particulières doit contenir ce commandement ?

R. Il doit contenir,

1°. Notification du titre s'il n'a déjà été notifié, 583.

2°. Election de domicile, jusqu'à la fin de la poursuite, dans la commune où doit se faire l'exécution,
si le créancier n'y demeure, 584. Si, par exemple, le
créancier demeure à Paris et le débiteur à Versailles,
le premier élira domicile à Versailles, afin que le débiteur ne soit pas obligé d'aller chercher le créancier
au loin.

*D. Quels actes le débiteur peut-il faire signifier à
ce domicile élu ?*

R. Il peut faire à ce domicile élu, toutes significations, même d'offres réelles et d'appel, 584 ; et elles
vaudront comme si elles étoient faites au vrai domicile
du créancier. (P. C. II, 75 - 78.)

Quels Objets on ne peut saisir.

D. Quels objets peut-on saisir ?

R. Tous ceux qui ne sont pas exceptés par la loi.

*D. Peut-on saisir les animaux et objets servant à
l'agriculture ou à l'exploitation d'un fonds, et que
la loi déclare immeubles par destination ?*

R. Non, 592, 1°. Si ces objets appartiennent au
propriétaire du fonds, ils sont immeubles par destination ; et on ne peut les saisir-exécuter, puisque ces
objets sont immeubles comme le fonds, et que la
saisie-exécution n'a lieu que sur des meubles : d'ailleurs, en les détachant du fonds pour les faire vendre
séparément, on empêcheroit l'exploitation de ce fonds
qu'il importe au bien public de ne pas entraver.

Mais le créancier peut, en saisissant le fonds, saisir
ces objets comme accessoires (Cod. C., 2204), par
la saisie immobilière, exposée section II ; et comme
ils seront vendus ensemble, cela ne nuira pas à
l'exploitation du fonds.

*D. Peut-on saisir ces objets, quand ils appartien-
nent à un fermier ou locataire, n'étant pas alors immeubles par destination ?*

R. Non, quoiqu'ils ne soient pas immeubles par destination, et que l'art. 572, 1°. semble dire qu'ils ne sont insaisissables que quand il sont immeubles par destination; parce qu'il résulte, des motifs exposés par l'orateur du gouvernement, qu'on n'a pas voulu qu'un cultivateur pût être dépouillé de ces objets dont la privation l'empêcheroit d'exploiter le fonds, et nuiroit au public.

D. *Peut-on saisir le coucher du saisi ?*

R. On ne peut saisir le coucher *nécessaire* du saisi et de ses enfans vivans avec lui, 592, 2°. ; ainsi, on peut saisir ce qui n'est que de commodité ou de luxe.

D. *Peut-on saisir les habits du saisi ?*

R. On peut les saisir, excepté ceux dont le saisi est vêtu et couvert, 592, 2°.

D. *Peut-on saisir les livres ?*

R. On peut les saisir, excepté ceux relatifs à la profession du saisi, jusqu'à la concurrence de 300 fr. à son choix *idem*, 3°.

D. *Peut-on saisir les machines et instrumens du saisi ?*

R. Oui, à l'exception de ceux servant à l'enseignement, pratique ou exercice des sciences et arts, jusqu'à concurrence de 300 fr., au choix du saisi, *idem*, 4°.

D. *Peut-on saisir les équipemens des militaires ?*

R. On ne peut saisir ceux qu'ils ont suivant l'ordonnance et le grade, *idem*, 5°.

D. *Peut-on saisir les outils des artisans ?*

R. Oui, à l'exception de ceux qui sont nécessaires à leurs occupations personnelles, *idem*, 6°.

D. *Peut-on saisir les vivres ?*

R. On ne peut saisir les farines et menues denrées nécessaires à la consommation du saisi et de sa famille pendant un mois, *idem*, 7°.

D. *Peut-on saisir les animaux appartenant au saisi?*

R. Oui, à l'exception d'une vache ou trois brebis ou deux chèvres, au choix du saisi, avec les pailles, fourrages et grains nécessaires pour la litière et la nourriture de ces animaux pendant un mois, 592, 8°.

D. Ces objets sont-ils insaisissables pour toute créance ?

R. Ils sont insaisissables pour toute créance, même celle de l'Etat ; mais ils peuvent être saisis pour certaines créances privilégiées, 593.

D. Quelles sont les créances pour lesquelles ces objets peuvent être saisis ?

R. Il y en a cinq,

1°. Les sommes dues pour alimens fournis au saisi, 593 ;

2°. Celles dues aux fabricans et vendeurs de ces objets ou à celui qui a prêté pour les acheter, fabriquer ou réparer, *idem ;* parce que, sans eux, ces objets ne seroient pas dans les biens du saisi ;

3°. Les fermages et moissons des terres à la culture desquelles ces objets sont employés, *idem ;*

4°. Les loyers des manufactures, moulins, pressoirs et usines dont ces objets dépendent, *idem ;*

5°. Enfin, les loyers des lieux servant à l'habitation personnelle du débiteur, *idem ;* parce que le logement fait partie des alimens.

D. Peut-on, pour ces cinq créances privilégiés, saisir le coucher nécessaire du saisi et de ses enfans vivant avec lui ?

R. Il ne peut être saisi, pour aucune créance, non plus que les habits dont le saisi est couvert, 593. (P. C. II, 78 - 82.)

Forme de la Saisie, et Poursuites jusqu'à la vente exclusivement.

D. Quelles formalités doit contenir le procès-verbal de saisie ?

R. Outre les formalités communes à tous exploits, il doit contenir itératif commandement, si la saisie est faite en la demeure du saisi, 586.

D. L'huissier est-il seul quand il fait la saisie ?

R. Il doit être assisté de deux témoins, 585, pour lui prêter main-forte contre toute résistance.

D. Le saisissant peut-il être présent à la saisie ?

R. Non, 585, parce que cela pourroit occasionner des rixes avec le saisi. (P. C. I, 91.)

D. Si les portes sont fermées, ou l'ouverture refusée, que doit faire l'huissier ?

R. Il laisse garnison aux portes pour empêcher le divertissement, se retire sur-le-champ, sans assignation, devant le juge de paix, à son défaut, devant le commissaire de police, ou, s'il n'y en a pas dans le lieu, devant le maire, et à son défaut, devant l'adjoint. En leur présence, on ouvre les portes et les meubles fermés, au fur et à mesure de la saisie, 587.

D. Si le saisi est absent, ou qu'il y ait refus d'ouvrir une pièce ou un meuble, quelle conduite doit tenir l'huissier ?

R. Il en requiert l'ouverture comme ci-dessus.

Et s'il se trouve des papiers, le scellé est apposé par l'officier appelé pour l'ouverture, 591. (P. C. II, 82 - 84.)

D. Les oppositions et réclamations du saisi peuvent-elles empêcher l'huissier de commencer et suivre sa saisie ?

R. Non ; il est passé outre nonobstant toutes réclamations du saisi, 607. Car, s'il suffisoit de s'opposer et de réclamer, pour empêcher de saisir, un mauvais débiteur ne manqueroit pas de le faire, pour avoir le temps de soustraire ses effets.

D. Si cependant ces réclamations étoient fondées, que pourra faire le saisi ?

R. On ira devant le juge, lequel statuera en référé, 607. Si le débiteur ne doit rien, on ordonne que, par provision, le gardien se retirera. (P. C. II, 84.)

D. L'huissier étant entré dans les lieux où il va saisir, que doit-il faire ?

R. Il dresse procès-verbal contenant désignation dé-
taillée des objets saisis.

S'il y a des marchandises, elles sont pesées, mesu-
rées ou jaugées, suivant leur nature, 588.

L'argenterie est spécifiée par pièces et poinçons et
pesée, 589.

D. L'huissier peut-il saisir les deniers comptans ?

R. Oui ; alors il fait mention du nombre et de la
qualité des espèces ;

Et il les dépose au lieu établi pour les consigna-
tions, à moins que le saisissant, la partie saisie et les
opposans, s'il y en a, ne conviennent d'un autre dépositaire, 590. (P. C. II, 91.)

*D. La saisie achevée , que doit faire l'huissier ,
pour empêcher le saisi de soustraire les effets ?*

R. Si le saisi ne présente un gardien solvable et de
la qualité requise, l'huissier en établit un, 597.

D. Peut-il y établir toutes sortes de personnes ?

R. Il ne peut établir le saisissant, son conjoint, ses
parens et alliés jusqu'au degré de c usin issu de germain inclusivement, ni les domestiques du saisissant.

Mais il peut établir le saisi, son conjoint, ses parens, alliés et domestiques, pourvu qu'eux et le saisissant y consentent, 598. (P. C. II, 92.)

*D. La saisie finie et le gardien établi , comment
se termine le procès-verbal ?*

R. 1°. Ce procès-verbal contient indication du jour
de la vente, 595.

2°. Il est signé, original et copie, par les témoins,
585, et par le gardien, s il le sait, sinon on en fait
mention, 599.

3°. On en donne copie au gardien, 599, pour qu'il
ait l'état de ce qui lui est confié, et au saisi, 601 et
602. (P. C. II, 92.)

*D. Si l'on saisit les animaux et ustensiles servant
à l'exploitation des terres , pour les créances désignées , art. 593, peut-on les laisser entre le s mains
du saisi ou d'un gardien ?*

R. Oui ; mais comme l'exploitation des terres pourroit être négligée, le juge de paix peut, sur la demande du saisissant, établir un gérent à l'administration, le saisi et le propriétaire entendus ou appelés, 594. Car le propriétaire a intérêt qu'on n'établisse pas un homme incapable ou malveillant qui dégraderoit sa terre. (P. C. II, 91.)

D. Lorsque l'huissier qui se présente pour saisir, trouve une saisie déjà faite et un gardien, peut-il saisir de nouveau ?

R. Non, il procède ainsi qu'il suit :

1°. Il fait le récolement des meubles et effets sur le procès-verbal que le gardien est tenu de lui représenter, 611 ; c'est-à-dire qu'il vérifie si tous les effets qu'il voit sont compris dans la saisie ;

2°. S'il y a des effets omis, il les saisit, *idem.*

3°. Il fait sommation au premier saisissant de vendre le tout dans la huitaine, *id.* (P. C. II, 88.)

D. Si quelqu'un se prétend propriétaire des effets ou de partie des effets saisis sur un autre, que peut-il faire pour en empécher la vente ?

R. Il peut s'opposer à la vente, par exploit signifié au gardien, et dénoncé au saisissant et au saisi, 608.

D. Que doit contenir cette dénonciation ?

R. Elle doit contenir, à peine de nullité :

1°. Assignation libellée, 608, c'est-à-dire explicative des causes sur lesquelles il fonde sa propriété ;

2°. Enonciation des preuves de sa propriété, 608.

D. Par qui et comment est-il statué sur cette réclamation ?

R. Par le tribunal du lieu de la saisie, et comme en matière sommaire, 608.

D. A quoi est condamné le réclamant s'il succombe ?

R. Aux dommages-intérêts du saisissant, s'il y échet, 608, pour avoir sans motif retardé la vente et par conséquent son paiement. (P. C. II, 58.)

D. Ceux qui ne sont pas propriétaires des meubles,

mais seulement créanciers du saisi, peuvent-ils em-
pécher la vente ?

R. Non ils ne le peuvent, pour quelque cause que
ce soit, même pour loyers : mais il peuvent former
opposition sur le prix de la vente, 609.

D. *Que doit contenir cette opposition ?*

R. Elle doit, à peine de nullité et dommages-intérêts contre l'huissier, s'il y a lieu, contenir :

1°. Les causes de l'opposition, 609.

2°. Election de domicile dans le lieu où la saisie
est faite, si l'opposant n'y est pas domicilié, *idem*; afin
qu'on ne soit pas obligé d'aller le chercher au loin.

D. *A qui cette opposition doit-elle être signifiée ?*

R. Elle doit, à peine de nullité et de dommages-
intérêts contre l'huissier, s'il y a lieu, être signifiée,

1°. Au saisissant, 609, afin qu'il connoisse cet opposant, pour l'appeler à la distribution du prix;

2°. A l'huissier ou autre officier chargé de la vente,
609, parce que, s'il ne connoissoit pas l'opposant, il
pourroit, le saisissant payé, remettre le surplus du
prix de la vente au saisi.

D. *Cette opposition faite, l'opposant peut-il faire*
d'autres poursuites ?

R. Il faut distinguer :

1°. Il peut en faire contre le saisi, pour obtenir condamnation, 610, s'il n'en a pas, afin de faire courir
les intérêts et d'acquérir hypothèque;

2°. Mais il n'en peut faire aucune contre les créanciers, et il n'en est fait aucune contre lui; sauf à discuter les causes de son opposition lors de la distribution des deniers, 610 : parce que jusque là toute
discussion ne serviroit qu'à faire des frais inutiles. (P.
C. II, 100-102.)

Des Poursuites pour arriver à la Vente, et de la Vente.

D. *Quel intervalle doit-il y avoir entre la signifi-*
cation de la saisie et la vente ?

R. Huit jours au moins, 613, pour donner le temps au saisi de se pourvoir s'il a des moyens, sinon, de faire ses derniers efforts pour payer.

D. *Si le saisissant ne fait pas vendre à l'expiration de ce délai, que peut faire un créancier opposant ?*

R. Il peut faire au saisissant sommation de faire procéder à la vente, 612.

D. *Si le saisissant ne satisfait pas à cette somma-tion, que peut faire l'opposant ?*

R. Cet opposant peut, sans former aucune demande en subrogation, faire procéder au récolement des effets saisis, sur la copie du procès-verbal de saisie que le gardien est tenu de représenter, *ib.* Sur le Récolement. V. pag. 279.

Il peut, ensuite, faire procéder à la vente, *idem.*

D. *Tout opposant a-t-il le droit de poursuivre ainsi la vente ?*

R. Il faut qu'il ait titre exécutoire, 612, sinon, n'ayant pas droit de saisir ni de contraindre, il ne le pourroit qu'après en avoir obtenu un. (P. C. II, 105.)

D. *Que doit faire le saisissant pour annoncer la vente et la rendre publique ?*

R. Il doit observer deux formalités :

La première est de la faire annoncer un jour auparavant, par quatre placards affichés, 1°. au lieu où sont les effets; 2°. à la maison commune; 3°. au marché; 4°. à l'auditoire de la justice de paix, 617, 618 et 619.

La deuxième est de la faire annoncer par la voie des journaux, dans les villes où il y en a, 617.

D. *Lorsqu'il y a de la vaisselle d'argent, des bagues ou joyaux de 300 fr. au moins, quelle formalité particulière doit-on observer pour annoncer la vente ?*

R. Outre les placards ci-dessus, on doit exposer trois fois les objets, soit au marché, soit au lieu où sont les effets, 621.

Cependant dans les villes où il y a des journaux, ces

trois expositions sont suppléées par trois annonces au journal, 620 et 621. (P. C. II, 106.)

D. Appelle-t-on le saisi à la vente ?

R. Si la vente se fait au jour indiqué par la signification au saisi, on ne l'appelle pas, puisqu'il sait le jour : mais si elle se fait un autre jour, il est appelé avec un jour d'intervalle, outre un jour par trois myriamètres, en raison de la distance de son domicile, au lieu où les objets seront vendus, 614.

D. Appelle-t-on ceux qui sont opposans sur le prix ?

R. Non : 615, Ils sont avertis, avec le public, par les placards et le journal. (P. C. II, 106.)

D. Quel acte doit-on faire immédiatement avant la vente ?

R. Un procès-verbal de récolement, 616, pour voir s'il n'a rien été détourné.

Ce procès-verbal ne contient aucune énonciation des effets saisis, mais seulement de ceux en déficit, s'il y en a, 616. (P. C. II, 108 - 110.)

D. A quel endroit se fait la vente ?

R. Au plus prochain marché public, aux jour et heure ordinaires des marchés, ou un jour de dimanche, 617.

Mais le tribunal peut permettre de vendre en un autre lieu plus avantageux, 617. (P. C. II, 110 et 111.)

D. Peut-on vendre tous les effets saisis, si leur valeur excède les créances du saisissant et des opposans ?

R. Non ; il n'est procédé qu'à la vente d'objets suffisant à fournir somme nécessaire pour le paiement des créances et frais, 622. (P. C. II., 112.)

D. A qui les effets sont ils adjugés ?

R. Au plus offrant, 624 ; et les noms et domiciles des adjudicataires doivent être désignés dans le procès-verbal, 625. (P. C. II, 111.)

D. Quand l'adjudicataire doit-il payer ?

R. Il doit payer comptant, 624.

D. S'il ne paie pas comptant, que peut faire l'officier qui procède à la vente ?

R. Faute de paiement, l'effet est revendu sur-le-champ à la folle-enchère de l'adjudicataire, 624.

D. Si les effets étoient délivrés sans payer, qui en répondroit ?

R. Ce seroit l'officier qui auroit fait la vente, 625 ; parce qu'il pouvoit ne pas faire la délivrance qu'on ne l'eût payé. Il auroit son recours contre l'adjudicataire. (P. C. II, 112-116.)

§. III.

De la Saisie-Brandon.

D. Qu'est-ce que la saisie-brandon ?

R. C'est un acte qui constate qu'un créancier a fait mettre sous la main de la justice les fruits pendant par les racines, et ceux pendant aux arbres ; pour être conservés jusqu'à leur maturité, et être vendus sur pied ou après la récolte, afin de se faire payer sur le prix. (P. C. II, 116.)

D. Le débiteur doit-il être constitué en demeure pour faire cette saisie ?

R. Oui, elle doit être précédée d'un commandement avec un jour d'intervalle au moins, 626, entre cet acte et la saisie. (P. C. II, 117.)

D. Cette saisie peut-elle être faite long-temps avant la maturité des fruits ?

R. Elle ne peut l'être que dans les six semaines qui précèdent l'époque ordinaire de cette maturité, 626 ; parce que jusque-là il n'y a point à craindre que le saisi les enlève, et que les frais de garde seroient inutiles. (P. C. II, 119.)

D. Que contient le procès-verbal de saisie ?

R. Il contient l'indication de chaque pièce, sa contenance et sa situation, deux au moins de ses tenans et aboutissans, et la nature des fruits, 627. (P. C. II, 119-122.)

D. Quelle précaution prend-on pour les garder?

R. On établit à cet effet le garde champêtre de la commune ; et si les fruits sont sur plusieurs communes, on établit un gardien particulier, 628. (P. C. II, 120 et 122.)

D. Quelle formalité observe-t-on pour annoncer la vente?

R. Elle est annoncée, huitaine au moins avant la vente,

Par des placards affichés, à la porte du saisi, de la maison commune, au marché, et à la porte de l'auditoire de la justice de paix, 629, 630, 631. (P. C. II, 123.)

D. Quel jour procède-t-on à la vente?

R. Elle est faite un jour de dimanche ou de marché, 632.

D. Où peut-elle être faite?

R. Elle peut l'être sur les lieux, 633, où sont les fruits saisis ;

Ou sur la place de la commune où est située la majeure partie des objets saisis; *id.*

Ou sur le marché du lieu, et s'il n'y en a pas, sur le marché le plus voisin. 633. (P. C. II, 124.)

D. Sont-ce là les seules formalités à observer pour la saisie et la vente?

R. On doit au surplus observer les formalités prescrites pour la saisie-exécution, 634. Voyez le § II. (P. C. II, 116-124.)

§. IV.

De la Saisie des rentes sur particuliers.

D. En vertu de quel titre peut-on faire saisir les rentes sur particuliers?

R. Cette saisie ne peut avoir lieu qu'en vertu d'un titre exécutoire, 636.

D. *Le débiteur doit-il être constitué en demeure, pour faire cette saisie ?*

R. Oui, elle doit être précédée d'un commandement fait à la personne ou au domicile du débiteur, au moins un jour avant la saisie, et contenant notification du titre, si elle n'a déjà été faite, 636. (P. C. II, 125-130.)

Formes de la saisie : poursuites contre le tiers débiteur de la rente saisie.

D. *Entre les mains de qui se fait cette saisie ?*

R. La rente est saisie entre les mains de celui qui la doit, 637.

D. *Comment se fait cette saisie ?*

R. Par exploit contenant, à peine de nullité, outre les formalités ordinaires,

L'énonciation du titre de la créance du saisissant,

Celle du titre constitutif de la rente, de sa quotité et de son capital,

Les noms profession et demeure du saisi,

Election de domicile chez un avoué près le tribunal où sera poursuivie la vente,

Et assignation au tiers saisi, en déclaration devant ce tribunal, 637. (P. C. II, 130.)

D. *Où doit être signifiée la saisie, lorsque le tiers saisi demeure hors de la France continentale ?*

R. Elle doit l'être à personne ou domicile, 639, et non au procureur du Roi, comme les assignations. *V.* pag. 45. (P. C. II, 131.)

D. *Quels délais donne-t-on en ce cas à ce tiers, pour répondre sur l'assignation en déclaration ?*

R. Les délais prescrits par l'article 73; 639. *Voyez* page 36.

D. *Quel effet produit cette saisie à l'égard du tiers quelconque entre les mains duquel elle est faite ?*

R. Elle vaut saisie-arrêt des arrérages échus et à choir jusqu'à la distribution, 640.

D. Que doit faire le tiers saisi sur l'assignation en déclaration ?

R. Il doit observer toutes les formalités prescrites au tiers saisi, sur une saisie-arrêt, 638. *Voyez* page 271 et 272.

D. A quoi est condamné ce tiers, s'il n'observe pas ces formalités ?

R. S'il ne fait pas sa déclaration, ou s'il la fait tardivement, ou s'il ne fait pas les justifications ordonnées, il pourra, selon le cas, être condamné,

A servir la rente, faute d'avoir justifié de sa libération,

Ou à des dommages-intérêts résultant, soit de son silence, soit du retard à faire sa déclaration, soit de la procédure à laquelle il a donné lieu, 638. (P. C. II, 130 - 132.)

De la Dénonciation au saisi, et de sa Dénonciation au tiers.

D. Quand et comment doit-on dénoncer la saisie au débiteur ?

R. On doit, à peine de nullité, la dénoncer au saisi, avec indication du jour de la première publication, dans les trois jours de la saisie, outre un jour pour trois myriamètres de distance entre le domicile du tiers saisi et celui du saisissant, et pareil délai, en raison de la distance entre le domicile de ce dernier et celui du saisi, 641. Appliquez l'explication, pag. 268.

D. Doit-on dénoncer cette dénonciation au tiers ?

R. Oui, comme en saisie-arrêt, et par les mêmes raisons. *Voyez* page 269. (P. C. II., 132 - 134.)

Pousuites pour parvenir à la Vente, et de la Vente.

D. Que doit-on faire pour mettre la rente en vente ?

R. Quinzaine après la dénonciation au saisi, le saisissant doit mettre au greffe, le cahier des charges, 643.

D. *Que doit contenir ce cahier?*

R. Il doit, entre autres choses, contenir :

Les désignations propres à faire connoître la rente;

Les conditions de l'adjudication ;

Et une mise à prix, 643, par le saisissant. (P. C. II, 136-139.)

D. *Que doit faire le saisissant pour rendre la vente publique et appeler les enchérisseurs, afin qu'elle soit faite au plus haut prix?*

R. Huitaine avant la mise de ce cahier au greffe, il doit observer trois formalités :

La première est de remettre un extrait de ce cahier au greffier, qui l'insère dans un tableau placé dans l'auditoire du tribunal où se poursuit la vente, 644;

La deuxième est de faire placarder cet extrait, 1° à la porte du saisi, 2° à celle du tiers saisi, 3° à celle principale du tribunal, 4° à la principale place du lieu où se poursuit la vente, 645 et 647;

La troisième est de faire insérer cet extrait dans un journal du lieu, et s'il n'y en a pas, dans l'un de ceux imprimés dans le département, 646 et 647. (P. C. I, 134-136.)

D. *Quand se fait la première publication du cahier des charges?*

R. Huitaine après l'accomplissement des trois formalités ci-dessus établies pour avertir le public; et cette publication peut être faite le jour même où ce cahier est mis au greffe.

D. *Où se font cette première publication et les suivantes?*

R. A l'audience, 643.

D. *Les particuliers peuvent-ils enchérir?*

R. Non : les enchères sont faites par le ministère des avoués, 651, afin que l'on soit certain que ceux qui se présentent sont capables de se rendre adjudicataires.

D. Quand se fait la seconde publication du cahier des charges ?

R. Huitaine après la première, 648.

D. Quand peut-on faire l'adjudication préparatoire?

R. On peut la faire à la seconde publication, 648. (P. C. II, 139.)

D. Quel délai doit-il y avoir entre l'adjudication préparatoire et l'adjudication définitive?

R. Le délai qui est prescrit par le tribunal, 648, lors de l'adjudication préparatoire.

D. Quelles formalités doit-on observer pour avertir le public de cette adjudication définitive?

R. Trois jours avant cette adjudication, il est affiché nouveaux placards et inséré nouvelles annonces dans les journaux, 650. (P. C. II, 141.)

D. Une rente peut-elle être saisie par deux créanciers séparément?

R. Oui, mais la vente ne peut être poursuivie que par un seul : s'il y avoit autant de poursuites que de saisissans, la vente seroit absorbée par les frais.

D. Auquel des saisissans, en ce cas, appartient la poursuite?

R. Elle appartient à celui qui a dénoncé le premier sa saisie, 653.

D. Mais si les deux saisissans ont dénoncé en même temps, à qui appartient la poursuite?

R. Elle appartient au porteur du titre le plus ancien ; et si les titres sont de même date, à l'avoué le plus ancien, 653. (P. C. II, 155.)

D. Jusqu'à quand le saisi peut-il proposer ses moyens de nullité?

R. Jusqu'à l'adjudication préparatoire exclusivement, pour les nullités antérieures à cette adjudication, 654. Si on la laissoit faire, sans les proposer, on seroit censé avoir renoncé à ces nullités (P. C. II, 654.)

D. Les rentes constituées qui sont meubles aujourd'hui, l'ont-elles toujours été?

R. Avant la loi du 1er novembre 1798 (11 brumaire an 7), elles étoient immeubles à Paris et dans d'autres coutumes; ainsi, elles pouvoient être hypothéquées. Mais, d'après cette loi et l'art. 529 du Cod. Civ., elles sont meubles et ne peuvent plus, par conséquent, être hypothéquées.

D. Comment doivent être saisies les rentes?

R. En la forme ci-dessus.

D. Mais ceux qui avoient hypothèque sur ces rentes avant cette loi, l'ont donc perdue?

R. Non, s'ils ont observé les formalités exigées par cette loi, pour les conserver : la distribution du prix de la rente se fait sans préjudice de leurs hypothèques, 655; ainsi, ils sont payés par ordre d'hypothèque, tandis que les autres sont payés par contribution, quoiqu'on ait saisi la rente comme meuble.

§. V.

De la Distribution des Deniers provenant des Saisies mobilières, *ou* de la Contribution.

De la Distribution à l'amiable.

D. Comment se fait la distribution des deniers qui proviennent des saisies mobilières?

R. Elle se fait à l'amiable, si le saisi et ses créanciers s'accordent; ce qu'ils sont tenus de faire dans le mois, 656. (P. C. II, 171-173.)

De la Distribution en Justice.

D. Si les créanciers ne s'accordent pas dans ce délai, que faire pour arriver à la distribution?

R. Le saisissant, et, à son défaut, la partie la plus diligente peut, après ce délai, poursuivre la distribution en justice, 658 et 659.

*D. Pourquoi ne peut-on pas poursuivre la distribu-
tion judiciaire avant ce délai ?*

R. Afin de donner au saisi et à ses créanciers les
temps et les moyens d'éviter, par une distribution
amiable, les frais et les longueurs d'une distribution
judiciaire.

*D. Si la distribution ne se fait pas à l'amiable, que
deviennent les deniers à distribuer, en attendant la
distribution judiciaire ?*

R. L'officier qui a fait la vente, doit consigner dans
la huitaine qui suit le mois, et à la charge des oppositions, le montant de la vente, déduction faite de ses
frais taxés par le juge, 657.

Nomination du Commissaire pour faire la Distri-bution.

D. Par qui se fait la distribution judiciaire ?

R. Par un juge qui est commis par le président, sur
un registre des contributions tenu au greffe, 658.

*D. Qui a droit de requérir la nomination de ce
juge ?*

R. Le saisissant, et à son défaut, la partie la plus
diligente, 658. (P. C. II, 173 - 175.)

Poursuites contre les Créanciers, pour faire apporter leurs Titres au Commissaire.

*D. Que doit faire le saisissant ou le créancier le
plus diligent pour poursuivre la distribution ?*

R. Il prend l'ordonnance du juge commis, 659,
portant permission de sommer les créanciers opposans de produire leurs titres, et le saisi, d'en prendre
communication et de les contredire.

D. Que fait-il en vertu de cette ordonnance ?

R. En vertu de cette ordonnance, il somme les

créanciers de produire, et le saisi de prendre communication et contredire, 659.

D. Que doivent faire les créanciers, sur cette sommation ?

R. Dans le mois de la sommation, ils doivent produire entre les mains du juge commis :

1°. Leurs titres ;

2°. Acte contenant demande en collocation, avec constitution d'avoué, 660.

D. S'ils ne produisoient pas dans ce délai, quel seroit l'effet de cette négligence ?

R. Ils seroient forclos, 660, c'est-à-dire, qu'ils ne pourroient plus produire ni demander à prendre part à la distribution.

D. Si le créancier est privilégié, comment demande-t-il son paiement par privilège ?

R. Par l'acte de collocation, 661.

D. Le propriétaire à qui il est dû des loyers, est-il obligé d'attendre la distribution, pour faire statuer sur son privilège ?

R. Non; il peut faire statuer préliminairement, en référé, devant le juge commis à la distribution, 661.

D. Qui doit-il appeler pour faire statuer ?

R. Il doit appeler deux personnes,

1°. Le saisi, 661, parce qu'il peut avoir des moyens pour prouver qu'il ne doit pas ou qu'il doit moins ;

2°. Les créanciers, en la personne de l'avoué le plus ancien des opposans, 661, parce qu'ils ont intérêt qu'on ne diminue point, par un paiement privilégié, les deniers qui doivent être distribués entre eux aux marc le franc.

D. Pourquoi appelle-t-on seulement l'avoué plus ancien, et non tous les opposans ?

R. Parce que, si on les assignoit tous, cela occasionneroit beaucoup de frais qu'on économise en assignant cet avoué plus ancien chargé de stipuler les intérêts de la masse. (P. C. II, 175 - 179.)

19.

Quand et comment le Commissaire fait la distribution.

D. Quand le commissaire doit-il faire la distribution?

R. Après le délai du mois ci-dessus donné, pour produire.

Et même auparavant, si les créanciers ont produit, 663.

D. Comment fait-il cette distribution?

R. Par un état qu'il dresse sur les pièces produites 663.

D. A qui distribue-t-il les deniers?

R. D'abord aux privilégiés, lesquels doivent être payés avant tous.

D. S'il n'y a pas de quoi payer tous les privilégiés, quel est celui qui passe avant tous, sur des meubles vendus?

R. C'est le propriétaire, pour les loyers qui lui sont dus, 662, s'il ne s'est pas fait payer avant la distribution.

D. Quel est le privilége qui passe immédiatement après celui des loyers?

R. Ce sont les frais de poursuite de distribution, lesquels passent avant toute créance autre que celle pour loyers, 662.

D. Pourquoi ne passent-ils qu'après les loyers?

R. Parce que le propriétaire étant le premier, il n'a pas besoin qu'on fasse une distribution ni par conséquent qu'on la poursuive, pour déterminer son paiement; qu'ainsi, la distribution est inutile à son égard.

D. Pourquoi les frais de poursuite passent-ils avant tous les autres privilégiés?

R. Parce que sans la poursuite, on ne pourroit faire la distribution, laquelle leur procure leur paiement, s'il y a de quoi.

D. S'il y a plus qu'il ne faut pour payer les privi-légiés, à qui ce surplus est-il distribué ?

R. Aux créanciers non privilégiés, mais par contribution entre eux, c'est-à-dire, au prorata de leurs créances, Exemple : la somme qui reste est de 1200 fr. ; il y a trois créanciers le premier de 1000, le second de 2000, le troisième de 3000; celui-ci aura 600 francs, le second 400 fr., et le premier 200 francs.

D. N'y a-t-il pas un cas où l'on est payé par ordre d'hypothèque ?

R. Oui, c'est lorsque l'on distribue le prix d'une rente, et qu'il y a des créanciers hypothécaires qui ont pris inscription d'après la loi du 1ᵉʳ novembre 1798 (11 brumaire an 7); ils sont colloqués par ordre d'hypothèque avant les créanciers contribuables , 655. V. p. 289. (P. C. II, 179-191.)

De la Communication de la Distribution aux Créanciers et au saisi.

D. Lorsque le commissaire a dressé l'état de distribution, cette distribution s'exécute-t-elle sur-le champ ?

R. Non, comme le commissaire a pu se tromper ou être trompé, il faut auparavant, que cet état soit communiqué au saisi et à ses créanciers, pour le critiquer, s'il y a lieu.

D. Que fait le poursuivant pour mettre le saisi et ses créanciers à portée de prendre cette communication ?

R. Il dénonce, par acte d'avoué, aux créanciers produisans et au saisi, la clôture du procès-verbal avec sommation d'en prendre communication, de contredire sur le procès-verbal du commissaire dans quinzaine, 663. (P. C. II, 191.)

D. Si le saisi et les créanciers ne prenoient pas cette communication dans la quinzaine, peuvent-ils la prendre après ?

R. Non, ils en sont forclos, sans nouvelle sommation ni jugement, 664. (P. C. II, 190.)

Du Cas où la Distribution n'est pas contestée.

*D. La communication prise, s'il n'y a pas lieu à
contester la distribution, les créanciers et le saisi doivent-ils l'approuver et en consentir l'exécution ?*

R. Il n'est fait aucun dire, s'il n'y a lieu à contester, 664. Le silence pendant la quinzaine donnée pour
critiquer, est approbation tacite.

*D. S'il n'y a point de contestation, et qu'il y ait
par conséquent approbation tacite, que fait le commissaire ?*

R. Il clot son procès-verbal et arrête la distribution.

Il ordonne que le greffier délivrera mandemens aux
créanciers, en affirmant par eux la sincérité de leurs
créances, 665.

D. Quand le greffier délivre-t-il les mandemens ?

R. Huitaine après la clôture du procès-verbal 671.
On lui donne ce délai pour avoir le temps de les ex-
pédier.

*D. Que doivent faire les créanciers pour obtenir
ces mandemens ?*

R. Ils doivent, auparavant, affirmer devant le greffier, la sincérité de leurs créances, 665 et 671.

*D. Si les sommes admises en distribution, produi-
sent des intérêts, de quand cessent-ils ?*

R. Du jour de la clôture du procès-verbal de distribution, 672; parce que peu de jours après, les
créanciers sont à portée de toucher. (P. C. II, 196-
198.)

Du Cas où la Distribution est contestée.

D. Qui peut contester la distribution ?

R. Deux sortes de personnes, le saisi et les créanciers.

D. *Par quels motifs le saisi peut-il contester ?*

R. Parce qu'il ne doit pas les sommes colloquées, ou qu'il doit moins.

D. *Par quels motifs les créanciers peuvent-ils contester ?*

R. Par quatre sortes de motifs,

1°. Parce qu'on leur refuse en tout ou partie ce qu'ils demandent ;

2°. Parce qu'on les a placés dans un ordre inférieur à celui où ils doivent l'être ; par exemple, qu'on les a mis parmi les contribuables, lorsqu'ils doivent l'être parmi les privilégiés ;

3°. Parce qu'on a accordé aux autres créanciers plus qu'il ne leur revient ;

4°. Parce qu'on a placé les autres dans un ordre supérieur à celui où ils doivent l'être ; par exemple, qu'on en a mis un parmi les privilégiés, lorsqu'il devoit l'être parmi les contribuables.

D. *Comment conteste-t-on la distribution ?*

R. Par un dire, 664, sur le procès-verbal du commissaire.

D. *Le commissaire statue-t-il sur cette contestation.*

R. Non, il renvoie au tribunal à l'audience, 666 où il en fait son rapport, 668.

D. *Qui poursuit le jugement et comment ?*

R. C'est la partie la plus diligente, qui appelle les autres parties à l'audience, par un simple acte d'avoué à avoué, sans autre procédure, 666.

D. *Quels sont ceux qui sont parties dans cette contestation ?*

R. Il y en a quatre. Le créancier contestant, celui contesté, le saisi, et l'avoué plus ancien des opposans pour représenter la masse : ils sont seuls en cause, 667.

D. *N'y appelle-t-on pas aussi le poursuivant en cette qualité ?*

R. Non, 667; il est créancier, et à ce titre ses intérêts sont défendus suffisamment, comme ceux des autres créanciers, par l'avoué plus ancien qui stipule pour la masse.

D. Comment se rend le jugement sur cette contestation ?

R. Sur le rapport du juge commissaire et les conclusions du ministère public, 668.

D. Si une partie se croit lésée par ce jugement, quand doit-elle appeler ?

R. Elle doit le faire dans les dix jours de la signification à avoué, 669.

D. En quelle forme doit être interjeté l'appel ?

R. Par un acte (c'est-à-dire un exploit) signifié au domicile de l'avoué (de celui qui a gagné); il contient citation et énonciation des griefs, 669.

D. Quels sont ceux qui doivent être parties sur cet appel ?

R. Le créancier contestant, le contesté, le saisi et l'avoué plus ancien des opposans, et non autres, 669.

D. S'il n'y avoit pas d'appel, ou qu'en cas d'appel il y ait eu arrêt qui ait confirmé ou infirmé le premier jugement, que fera-t-on pour arriver à la distribution ?

R. Le commissaire clora son procès-verbal, arrêtera la distribution et ordonnera que le greffier délivrera des mandemens aux créanciers en affirmant la sincérité de leur créances, 670.

D. Lorsque la distribution est contestée, de quand les sommes admises en distribution cessent-elles de produire intérêt ?

R. Il faut distinguer :

1°. Ils cessent du jour de la signification du jugement qui aura statué en première instance, s'il n'y a pas d'appel, 672.

2°. S'il y a appel, ils cessent de la quinzaine de la signification de l'arrêt sur l'appel, *idem.*

D. Quand le greffier délivre-t-il les mandemens ?

R. Huitaine après la clôture du procès-verbal, 671.

D. *A quoi sont tenus les créanciers, pour obtenir la délivrance de mandemens ?*

R. Les créanciers doivent affirmer devant le greffier la sincérité de leurs créances ; 671. (P. C. II, 191-202.)

SECTION II.

De la Saisie-Immobilière, et de ses suites.

Sous le §. 1er. on verra la saisie immobilière, sans incidens ;

Sous le deuxième, on parlera des incidens ;

Sous le troisième, on parlera de l'ordre ou de la distribution du prix entre les créanciers.

§. PREMIER.

De la Saisie-Immobilière sans aucuns incidens.

———

Formalités qui la précèdent.

D. *Doit-on avertir le débiteur, avant la saisie immobilière ?*

R. Oui, elle doit être précédée d'un commandement à personne ou domicile, 673, à peine de nullité, 717.

D. *Que doit contenir ce commandement ?*

R. Il doit contenir :

1°. Copie du titre en vertu duquel la saisie sera faite ;

2°. Election de domicile dans le lieu où siège le tribunal qui devra connoître de la saisie, si le créancier n'y demeure pas ;

3°. Déclaration que, faute de paiement, il sera procédé à la saisie des immeubles du débiteur, 673, à peine de nullité, 717 ; menace qui n'a pas lieu pour les saisies mobilières, mais qu'on a établie pour la saisie immobilière, à cause de l'importance de ses suites.

D. L'huissier est-il assisté de témoins comme autrefois ?

R. Non, 673 ; mais, pour empêcher que l'huissier ne soustraie cet acte à la connoissance du débiteur, cet officier doit, à peine de nullité, 717, faire viser l'original par le maire ou l'adjoint du domicile du débiteur et laisser copie au maire ou à l'adjoint, 673, afin que celui-ci puisse en donner avis au débiteur. (P. C. II, 202 - 216.)

Quand et comment est faite la Saisie, Formalités qui l'accompagnent.

D. Le commandement fait, peut-on saisir sur-le-champ ?

R. Non, la saisie ne peut être faite que trente jours après le commandement, 674 ; à peine de nullité, 717.

D. Les trente jours écoulés, peut-on saisir valablement, long-temps après le commandement, et quand on le veut ?

R. On doit faire la saisie dans les trois mois du jour du commandement, 674, à peine de nullité, 717.

D. Si l'on avoit laissé passer les trois mois, on ne pourroit donc plus saisir ?

R. On ne le pourroit qu'après avoir réitéré le commandement ; et avec le délai ci-dessus, 674, à peine de nullité, 717.

D. Quelles formalités doit contenir le procès-verbal de saisie ?

R. Il doit contenir à peine de nullité, 717,

1°. L'énonciation du jugement ou titre exécutoire ;

2°. Le transport de l'huissier ;

3°. Toutes les désignations propres à faire connoître le bien, et empêcher qu'il ne soit confondu avec un autre (Voy. le détail, art. 675);

4°. L'extrait de la matrice de rôle de contribution foncière ;

5°. L'indication du tribunal où la saisie sera portée ;

6°. Constitution d'avoué, chez lequel le domicile du saisissant est élu de droit, 675.

D. L'huissier doit-il être assisté de témoins pour faire la saisie-immobilière ?

R. La loi ne l'exige pas ; mais pour empêcher l'huissier de dérober le procès-verbal à la connoissance du saisi, elle veut, art. 676, que copie entière en soit laissée au greffier du juge de paix et au maire de la situation des biens, à peine de nullité, 717 ; afin que le saisi et même les tiers intéressés l'apprennent ; et pour assurer que cette copie a été remise, cet article veut que le greffier et le maire visent l'original.

D. Dans la saisie-exécution, l'huissier est assisté de témoins ; pourquoi la loi ne l'exige-t-elle pas pour la saisie-immobilière, qui est plus importante ?

R. La loi l'exige pour la saisie-exécution, parce qu'elle est faite, du moins ordinairement, au domicile du débiteur, où l'on pourroit trouver de la résistance que les témoins, qui servent de main-forte, peuvent empêcher ou réprimer ; au lieu que la saisie-immobilière étant faite hors la présence du débiteur, il n'y a point à craindre de résistance. (P. C. II, 216-219.)

De la Transcription de la Saisie au bureau des Hypothèques.

D. Quel est le premier acte à faire après la saisie, pour pouvoir la poursuivre ?

R. Il faut, à peine de nullité, la faire transcrire dans un registre à ce destiné, au bureau des hypothèques de la situation des biens, pour la partie des objets saisis qui se trouvent dans l'arrondissement, 677.

D. Si le conservateur est empéché, par ses occupations ou autre cause, de procéder à la transcription de la saisie à l'instant où elle lui est présentée, que doit-il faire ?

R. Il doit faire mention, sur l'original qui lui sera laissé, des heure, jour, mois et an auxquels il lui a été remis, 678 ; et il procède ensuite à la transcription, quand le tour de cette opération est arrivé.

D. Si, avant cette transcription, il lui est présenté de nouvelles saisies, pour les transcrire, que doit-il faire ?

R. Il doit faire la même mention que ci-dessus.

D. Mais lorsque le tour de transcrire est arrivé, laquelle de ces différentes saisies doit-il transcrire ?

R. La première présentée seulement, 678. Il refuse les autres par les raisons ci-après.

D. Si, lorsque le Conservateur veut faire la transcription, il trouve une précédente saisie transcrite, doit-il transcrire aussi la seconde ?

R. Non : il refuse, et constate son refus en marge de la 2°., 679 ; parce qu'une seule saisie suffit pour vendre le bien, et que si l'on en admettoit plusieurs, il en résulteroit deux inconvéniens ; le premier, de consumer les biens en frais, ce qui seroit injuste ; le second, de faire vendre plusieurs fois le même bien, par plusieurs saisissans : ce qui seroit monstrueux.

D. En donnant ce refus au second saisissant, le conservateur doit-il en donner les motifs ?

R. Oui, et il le fait en énonçant la date de la première saisie, les noms, demeure et profession du saisi, l'indication du tribunal où la saisie est portée, le nom de l'avoué du saisissant et la date de la transcription, 679 ; afin que le second saisissant sache à qui

et où s'adresser, à l'effet de poursuivre le premier saisissant, et demander soit la nullité, si la première
saisie est nulle, pour faire transcrire la seconde et la
poursuivre, soit la subrogation, si le premier saisissant
est négligent, soit autre chose. (P. C. II, 219.)

De l'enregistrement de la Saisie, au greffe.

*D. Après la transcription, que doit faire le sai-
sissant ?*

R. Il doit présenter la saisie au greffe du tribunal
où se fera la vente, pour y être enregistrée, 68o, à
peine de nullité, 717; afin que le greffier puisse la
rendre publique, comme on verra ci-après.

*D. Dans quel délai doit-on faire enregistrer la
saisie ?*

R. Dans la quinzaine de la transcription ci-dessus,
outre un jour par trois myriamètres de distance entre
le lieu de la situation des biens et le tribunal, 68o.
(P. C. II, 220-223.)

De la Dénonciation de la Saisie, au Débiteur.

*D. Est-il nécessaire de donner connoissance de la
saisie au débiteur ?*

R. Oui, quoiqu'il puisse en acquérir connoissance
avec tout le monde, par la publicité donnée à la saisie,
néanmoins la loi exige qu'on lui en donne une connoissance personnelle et particulière, par une copie
de cette saisie, 681, à peine de nullité, 717, pour
qu'il la critique s'il a des moyens, ou, s'il n'en a pas,
pour s'arranger en conséquence.

D. Quand doit-on lui faire la dénonciation ?

R. Après l'enregistrement ci-dessus, et dans la
quinzaine, outre un jour par trois myriamètres de
distance entre le domicile du saisi et la situation des
biens, 681.

D. Que doit contenir la dénonciation ?

R. Elle doit, à peine de nullité, 717, contenir la date de la première publication, 681, du cahier des charges; afin que, si le saisi n'a aucun moyen d'empêcher la vente, il sache l'époque où ce cahier sera déposé au greffe, pour le critiquer s'il y a lieu, et aussi afin de faire trouver ce jour-là des enchérisseurs, pour que le bien soit vendu au plus haut prix.

D. Quelle formalité la loi exige-t-elle pour s'assurer que l'huissier a réellement fait cette dénonciation au saisi ?

R. L'original doit, à peine de nullité, 717, être visé dans les vingt-quatre heures, par le maire du domicile du saisi, 681, pour qu'il en donne connoissance au saisi.

D. Cette dénonciation ne doit-elle pas encore être enregistrée ?

R. Oui; elle doit, à peine de nullité, 717, être enregistrée dans la huitaine, outre un jour pour trois myriamètres, au bureau des hypothèques de la situation des biens; et mention doit en être faite en marge de l'enregistrement de la saisie réelle, 681.

D. Pourquoi cet enregistrement et cette mention ?

R. Parce que, comme on le dira ci-après, du jour de la dénonciation, le saisi ne peut aliéner valablement le bien saisi. Si donc quelqu'un veut acquérir ce bien, il peut aller consulter auparavant le registre des hypothèques, pour voir s'il peut acheter; et, voyant la dénonciation, ne pas faire l'acquisition. (P. C. II, 222-224.)

Des Effets de la Dénonciation.

D. Combien de sortes d'effets produit la dénonciation ?

R. Elle en produit de trois sortes,

La première est de ceux qui sont relatifs aux fruits du bien saisi;

La deuxième est de ceux qui sont relatifs à la possession du saisi ;

La troisième, de ceux qui sont relatifs à l'aliénation volontaire que le débiteur pourroit faire du bien saisi.

D. *Quels sont les effets* relatifs aux fruits ?

R. Les fruits échus depuis la dénonciation sont immobilisés, pour être distribués avec le prix de l'immeuble par ordre d'hypothèques, 689. S'ils l'étoient par contribution, les non-hypothécaires qui y prendroient part alors pourroient chercher à élever des incidens pour retarder la vente, afin d'augmenter la masse des fruits, et de les partager avec les hypothécaires. (P. C. II, 227.)

D. *Quels sont les effets* relatifs à la possession du saisi ?

R. Si les immeubles saisis ne sont pas loués ou affermés, le saisi en reste en possession jusqu'à la vente, mais comme séquestre judiciaire, 688 ; c'est-à-dire, qu'il doit rendre compte, et est tenu du reliquat par corps. Cod. C. 2060, 4°.

D. *Peut-il, en vertu de cette possession, faire la coupe et la vente des fruits pendant par les racines ?*

R. Oui, mais les créanciers peuvent les faire faire , en tout ou partie, 688.

D. *Peut-il aussi, en vertu de cette possession, faire la coupe des bois, et des changemens sur le bien saisi ?*

R. Non ; il ne peut faire aucune coupe de bois ni dégradation, à peine de dommages-intérêts auxquels il sera condamné par corps : il peut même être poursuivi par la voie criminelle, suivant les circonstances, 690.

D. *Lorsqu'il n'y a pas de bail, les créanciers sont-ils forcés de laisser le saisi en possession ?*

R. Non : il peut en être ordonné autrement, sur la

réclamation d'un ou de plusieurs créanciers, 688 ; par exemple, lorsqu'ils craignent qu'il ne mésuse.

D. Si les immeubles sont loués par bail, les créanciers peuvent-ils l'attaquer ?

R. Il faut distinguer :

1°. Si ce bail n'a pas date certaine avant le commandement, la nullité peut en être prononcée, si les créanciers ou l'adjudicataire le demandent, 691.

2°. Si le bail a une date certaine, les créanciers peuvent seulement saisir et arrêter les loyers ou fermages ; et ils sont immobilisés, 691, comme on l'a dit plus haut. (P. C. II, 225-227.)

D. Quels sont les effets de la dénonciation, relatifs à l'aliénation que le débiteur feroit du bien saisi ?

R. Si le saisi aliénoit le bien depuis cette dénonciation, l'aliénation seroit nulle ; le saisi ne peut, à compter de la dénonciation, aliéner les immeubles, à peine de nullité, sans qu'il soit besoin de la faire prononcer, 692.

D. Cette vente n'aurait-elle pas son exécution, si l'acquéreur désintéressoit les créanciers ?

R. Elle auroit son exécution, en désintéressant les créanciers inscrits ; ce que l'acquéreur ne peut faire qu'en remplissant par lui les deux conditions suivantes :

La première, de consigner, avant l'adjudication, somme suffisante, pour acquitter en principal, intérêts et frais, les créances inscrites ;

La deuxième, de signifier, avant l'adjudication, l'acte de consignation aux créanciers inscrits, 693.

D. Si l'acquéreur ne remplissoit pas ces deux conditions avant l'adjudication, les juges pourroient-ils lui accorder un délai ?

R. Non, faute d'avoir fait la consignation avant l'adjudication, il ne peut être sursis à cette adjudication sous aucun prétexte, 693. (P. C. II, 227-232.

Des Formalités pour appeler les Créanciers et le Public à enchérir.

D. Quelles formalités doit-on observer pour appeler les créanciers et le public à enchérir ?

R. On doit en observer quatre :

La première, de faire mettre un extrait de la saisie dans un tableau placé à cet effet dans l'auditoire, 682, à peine de nullité, 717.

Le deuxième, de faire insérer cet extrait dans un journal, 683, à peine de nullité, 717.

La troisième, de faire placarder ou afficher cet extrait, 684, à peine de nullité, 717.

La quatrième, de faire notifier ce placard aux créanciers inscrits, 695, à peine de nullité, 717.

D. Par qui et quand la première formalité (*c'est-à-dire le placement de l'extrait au tableau), doit-elle être observée ?*

R. Par le greffier du tribunal, qui doit placer cet extrait dans les trois jours de l'enregistrement au greffe, 682.

D. Que doit contenir cet extrait ?

R. Il doit contenir, à peine de nullité, 717, les six énonciations suivantes :

1°. La date de la saisie et des enregistremens ;

2°. Les noms, professions et demeures du saisi et du saisissant, et de l'avoué de ce dernier ;

3°. Les noms de l'arrondissement, de la commune et de la rue des maisons saisies ;

4°. L'indication sommaire des biens ruraux, en autant d'articles qu'il y a de communes, lesquelles seront indiquées ainsi que les arrondissemens : chaque article contiendra seulement la nature et la quantité des objets, et les noms des fermiers ou colons s'il y en a : si néanmoins les biens situés dans la même commune sont exploités par plusieurs personnes, ils seront divisés en autant d'articles qu'il y aura d'exploitans;

5°. L'indication du jour de la première publication;

6°. Les noms des maires et greffiers des juges de paix auquels copies de la saisie auront été laissées, 682. (P. C. II, 232.)

D. Comment s'observe la deuxième formalité, *c'est-à-dire l'insertion de l'extrait au journal ?*

R. Sur la poursuite du saisissant, cet extrait est inséré dans un des journaux imprimés dans le lieu où siège le tribunal devant lequel se poursuit la saisie, et s'il n'y en a pas, dans l'un de ceux imprimés dans le département, s'il y en a, 683, à peine de nullité, 717.

D. Comment le poursuivant justifie-t-il de cette insertion ?

R. Par la feuille contenant cet extrait, avec la signature de l'imprimeur, légalisée par le maire, 683. (P. C. II, 233.)

D. Comment s'observe la troisième formalité, *le placard ou l'affiche de l'extrait ?*

R. Cet extrait imprimé en forme de placard, doit à peine de nullité, 717, être affiché aux six endroits ci-après désignés :

1°. A la porte du domicile du saisi ;

2°. A la principale porte des édifices saisis ;

3°. A la principale place de la commune où le saisi est domicilié, de celle de la situation des biens et de celle du tribunal où se poursuit la vente ;

4°. Au principal marché de ces communes, et s'il n'y en a pas, aux deux marchés les plus voisins ;

5°. A la porte de l'auditoire du juge de paix de la situation des bâtimens, et s'il n'y a pas de bâtimens, à la porte de l'auditoire de la justice de paix où se trouve la majeure partie des biens saisis ;

6°. Aux portes extérieures des tribunaux du domicile du saisi, de la situation des biens et de la vente, 684.

D. *Comment l'apposition des placards est-elle con-statée ?*

R. Elle l'est, à peine de nullité, 717, par un acte auquel est annexé un exemplaire du placard, 685.

D. *Que doit attester l'huissier par cet acte ?*

R. Il doit attester, à peine de nullité, 717, que l'apposition a été faite aux lieux désignés par la loi, mais sans les détailler, 685, pour économiser les frais.

D. *Quelle formalité la loi exige-t-elle, pour s'assu-rer que l'apposition a été faite réellement ?*

R. L'original du procès-verbal d'apposition est visé par le maire des chacune des communes dans lesquelles l'apposition a été faite, 687, à peine de nullité; 717.

D. *Est-il nécessaire de notifier ce procès-verbal au saisi ?*

R. Oui; quoiqu'il puisse le connoître comme le pu-blic, par l'affiche qui est apposée, surtout celle à sa porte, néanmoins la loi veut qu'on le lui notifie, avec copie du placard, 687, à peine de nullité, 717; afin que, l'ayant dans les mains, il puisse le critiquer s'il y a lieu, sinon, prendre ses arrangemens. (P. C. II, 233-235.)

D. *Comment remplit-on* la quatrième formalité, *la notification du placard aux créanciers inscrits ?*

R. En leur donnant copie de ce placard aux domi-ciles élus par leurs inscriptions, 695, à peine de nul-lité, 717.

D. *Quand doit-on leur faire cette notification ?*

R. Huit jours au moins avant la première publica-tion de l'enchère, outre un jour pour trois myriamè-tres de distance entre la commune du bureau de la conservation et celle où se fait la vente, 695, à peine de nullité, 717.

D. *Cette notification ne doit-elle pas encore être en-registrée ?*

R. Oui; elle doit, à peine de nullité, 717, être en-

registrée en marge de la saisie, au bureau de la conservation, 696.

D. *Quel effet produit cet enregistrement?*

R. Avant qu'il soit fait, la saisie appartient au saisissant seul, et il peut en donner main-levée et en
consentir la radiation ; mais du jour de cet enregistrement, la saisie ne peut plus être rayée que du
consentement des créanciers, ou en vertu de jugemens
rendus contre eux, 696; à peine de nullité de la radiation, 717; parce que la notification leur faisant
connoître la saisie, cette saisie leur devient dès-lors
commune avec le saisissant. (P. C. II, 235-238.)

De la Mise en vente par le Cahier des charges, et des Poursuites jusqu'à l'adjudication préparatoire inclusivement.

D. *Quel acte doit faire le saisissant pour mettre le bien saisi en vente ?*

R. Il doit dresser le cahier des charges.

D. *Que doit contenir ce cahier ?*

R. Il doit contenir, à peine de nullité, 717,

1°. L'énonciation du titre en vertu duquel la saisie
est faite;

2°. L'énonciation du commandement, de tous les
actes faits et jugemens rendus depuis le commandement;

3°. La désignation des objets saisis, telle qu'elle a
été insérée dans le procès-verbal de saisie;

4°. Les conditions de la vente;

5°. Enfin, une mise à prix par le poursuivant, 697.
(P. C. II, 233-242.)

D. *Où et quand le poursuivant doit-il déposer ce cahier?*

R. Il doit le déposer au greffe, quinzaine au moins
avant la première publication, 697, à peine de nullité,
717; afin que le saisi, les créanciers et autres intéressés

aient le temps de l'examiner, pour le critiquer s'il y a lieu, et qu'on y ajoute, retranche, ou qu'on l'explique s'il en est besoin. (P. C. II, 242.)

D. Où et combien de fois doit-on publier ce cahier, avant l'adjudication préparatoire?

R. Il est publié à l'audience, *successivement*, de quinzaine en quinzaine, trois fois au moins avant l'adjudication préparatoire, 702, à peine de nullité, 717.

D. Quand doit-il être publié pour la première fois?

R. Au jour indiqué par l'extrait, le journal et le placard, un mois au moins et six semaines au plus, après la notification du procès-verbal d'apposition au saisi, 700 et 701, à peine de nullité, 717. (P. C. II, 243.)

D. Que met-on sur ce cahier des charges, à la suite de la mise à prix?

R. On y met les *dires*, publications et adjudications, 699, à peine de nullité, 717.

D. Qu'est-ce qu'un dire?

R. C'est une demande que fait une personne, au greffe, au bas de l'enchère, pour requérir qu'on explique l'enchère si elle est obscure, qu'on la restreigne si elle contient des biens ou des conditions qu'on doive en retrancher, qu'on y ajoute, si elle ne contient pas tous les biens et les conditions qu'elle doit désigner.

D. Qui peut faire ce dire?

R. Toute partie intéressée, le saisi, le saisissant, un créancier, même un tiers quand il a intérêt, par exemple, quand il prétend que l'enchère contient un bien qui lui appartient; car quoique l'adjudication qui en seroit faite ne l'empêchât pas de réclamer ce bien contre l'adjudicataire, néanmoins il lui importe de réclamer à présent, pour prévenir un procès contre l'adjudicataire. (P. C. II, 243.)

D. Quelles formalités doit-on observer avant d'adjuger préparatoirement?

R. On doit réitérer les annonces au journal et l'apposition des placards dont on a parlé p. 306 et 307, 703, à peine de nullité, 717.

D. *Que doivent contenir ces annonces et placards?*

R. Ils doivent contenir, à peine de nullité, 717 :

1°. Ce que contiennent les premières annonces et placards;

2°. La mise à prix, portée au cahier des charges;

3°. L'indication du jour où se fera cette adjudication préparatoire, 703.

D. *Quel intervalle doit-il y avoir entre ces annonces et placards, et l'adjudication préparatoire?*

R. Huitaine au moins, outre un jour pour trois myriamètres de distance entre le lieu de la situation de la majeure partie des bien saisis, et celui où siége le tribunal, 703, à peine de nullité, 717.

D. *Comment doivent être justifiés ces annonces et placards?*

R. Dans la même forme que les premiers, 705 (V. p. 307.), à peine de nullité, 717. (P. C. II, 244.)

D. *Quand peut-on adjuger préparatoirement?*

R. Le jour même de la troisième publication, si l'on veut, puisque cette publication précède l'adjudication, et que l'art. 702 n'exige que trois publications avant cette adjudication. (P. C. II, 244.)

D. *Les enchères peuvent-elles être faites par les particuliers?*

R. Non; elles sont faites par le ministère d'avoués, 707, à peine de nullité, 717, par les raisons exposées p. 287.

D. *Où sont faites les enchères?*

R. A l'audience, 707, à peine de nullité, 717, parce qu'elles doivent être publiques.

D. *Quand les enchères sont ouvertes, que fait-on pour arriver à l'adjudication?*

R. Il est allumé successivement des bougies préparées de manière que chacune ait une durée d'environ une minute, 707.

D. Si après une enchère, il en survient une autre, le premier enchérisseur est-il dégagé de son enchère?

R. Oui, il cesse d'être obligé, si son enchère est couverte par une autre, lors même que cette dernière seroit déclarée nulle, 707 ; parce que, voyant une seconde enchère, il n'est pas obligé de savoir si elle est valable ou non, qu'il a juste sujet de se croire déchargé, et qu'il a pu prendre ses arrangemens en conséquence. (P. C. II, 243-245.)

Poursuites depuis l'adjudication préparatoire, jusqu'à l'adjudication définitive, inclusivement.

D. Quel délai doit-il y avoir entre l'adjudication préparatoire et l'adjudication définitive?

R. Suivant l'art. 706, le délai entre les deux adjudications ne peut être moindre de six semaines ; mais suivant l'art. 1 du décret du 2 février 1811, le délai est au moins de deux mois.

D. Pendant ce délai, quelles formalités doit observer le poursuivant pour arriver à l'adjudication définitive?

R. Il doit réitérer les annonces au journal, et l'apposition des placards, 704, à peine de nullité, 717.

D. Que doivent contenir ces annonces et placards?

R. Ils doivent contenir ;

1°. Ce que contiennent les premières annonces et placards ;

2°. La mention de l'adjudication préparatoire, et du prix moyennant lequel elle a été faite ;

3°. Indication du jour de l'adjudication définitive, 704, à peine du nullité, 717.

D. Quand doivent être faits ces annonces et placards?

R. Dans les quinze jours de cette adjudication préparatoire, 704.

D. Comment doit-on justifier de ces annonces et placards?

R. Dans la même forme que les premiers, 705. (*V.* p. 3o6 et 3o7) à peine de nullité, 717.

D. Quel jour procède-t-on à l'adjudication définitive ?

R. Au jour indiqué par l'adjudication préparatoire, 7o6.

D. Par qui, lors de l'adjudication définitive, les enchères sont-elles faites ?

R. Par les avoués, 7o6 : appliquez ce qu'on a dit, pag. 311, d'une première enchère couverte par une seconde.

D. Les enchères étant ouvertes, que fait-on pour arriver à l'adjudication ?

R. On allume successivement trois bougies, comme pour l'adjudication préparatoire.

D. S'il ne se présente personne pour enchérir, peut-on adjuger définitivement à l'adjudicataire préparatoire ?

R. Oui, mais on ne le peut qu'après l'extinction de trois feux sans nouvelle enchère, 7o8, à peine de nullité, 717.

D. Si pendant la durée de ces trois feux, il survient des enchères, quand peut-on adjuger définitivement ?

R. On ne le peut qu'après l'extinction de deux feux, saₑns enchère survenue pendant leur durée, 7o3, à pᵉine de nullité, 717.

D. Si aucun enchérisseur ne se présente, soit lors de lᵃ'djudication préparatoire, soit lors de la définitive, qᵘe fait-on ?

R. Le poursuivant demeure adjudicataire pour sa mse à prix, 698, portée par l'enchère; et cela est sans inconvéniens pour lui, parce qu'il peut mettre un prix tel qu'il n'ait point à craindre qu'on lui laisse le bien, s'il n'en veut pas.

D. Un avoué peut-il se rendre adjudicataire pour son compte ?

R. Oui, le Code ne mettant pas les avoués au nombre de ceux à qui il défend de se rendre adjudicataire, et qui seront désignés plus bas.

D. Si un avoué se rend adjudicataire pour un tiers, que doit-il faire?

R. Il doit, dans les trois jours de l'adjudication, déclarer l'adjudicataire et fournir l'acceptation de celui-ci, 709.

D. Mais si ce tiers ne veut accepter, que doit faire l'avoué, pour se décharger de l'adjudication?

R. Il doit représenter le pouvoir qu'il a eu de ce tiers pour enchérir; et ce pouvoir demeurera annexé à la minute de sa déclaration, 709.

D. Si l'avoué ne fournissoit, soit l'acceptation, soit le pouvoir, à quoi seroit-il exposé?

R. Il seroit réputé adjudicataire en son nom, 709.

D. Les avoués peuvent-ils se rendre adjudicataires pour toutes sortes de personnes?

R. Oui; la loi n'excepte que trois sortes de personnes; savoir :

1°. Le saisi :

2°. Les personnes notoirement insolvables;

3°. Certains officiers du tribunal où se fait la vente, qui sont les juges, leurs suppléans, les procureurs du Roi, leurs substituts et les greffiers, 713; parce qu'on craint qu'ils n'abusent de leur autorité et de leur influence, pour se faire adjuger à vil prix.

D. Quel seroit le sort d'une adjudication faite à l'une de ces personnes?

R. Elle seroit nulle, et il y auroit lieu à dommages-intérêts, 713. (P. C. II, 245 - 246.)

De ce qui suit l'Adjudication définitive.

D. Que doit faire l'adjudicataire avant de lever le jugement d'adjudication, et pour obtenir cette levée?

R. Il doit faire deux choses :

La première, payer les frais *ordinaires* de poursuite, et en rapporter quittance au greffier, 715.

La seconde, satisfaire aux conditions de l'enchère, qui doivent être exécutées avant la délivrance du jugement, et en rapporter quittance au greffier, 715; comme si l'enchère lui imposoit l'obligation de consigner son prix ou une portion.

Et le greffier annexe ces quittances à la minute du jugement, *idem.*

D. Qu'entend-on par frais ordinaires?

R. On entend ceux du commandement, de la saisie et de tous les actes ci-dessus qui sont absolument nécessaires pour arriver à toute adjudication sur saisie immobilière, soit qu'il y ait eu des incidens, soit qu'il n'y en ait pas eu, et sans lesquels on ne pourroit y procéder valablement.

D. Qu'entend-on par frais extraordinaires?

R. On entend tous ceux qui ont été causés par des événemens ou des incidens qui sont arrivés depuis le commandement jusqu'à l'adjudication ; par exemple, si le débiteur a attaqué la saisie, et que sa prétention ait été rejetée : les frais faits contre lui sont *extraordinaires*, puisqu'ils ne sont pas *ordinaires* dans toute saisie.

D. L'adjudicataire est-il chargé de payer ces frais extraordinaires, comme il l'est des frais ordinaires?

R. Non : il est chargé des frais ordinaires, parce que, lors de l'enchère, on peut savoir, d'après la loi, tous les actes ordinaires qui sont faits et ceux qui restent à faire jusqu'à l'adjudication, et que ces actes étant taxés par le tarif, ceux qui se présenteront pour enchérir, peuvent calculer le montant de cette charge et enchérir d'après cela ; mais comme ils ne peuvent deviner les évènemens et incidens qui pourront s'élever depuis l'enchère jusqu'à l'adjudication, ni par conséquent calculer les frais qu'ils occasionneront, on n'en charge pas l'adjudicataire, parce qu'aucun ne voudroit enchérir sous une condition dont il ne pourroit mesurer l'étendue.

D. *Comment donc sont payés ces frais extraordi-naires ?*

R. Si on ne peut pas s'en faire payer par celui qui y est condamné, il sont payés sur le prix par privi-lége, 716, à tous créanciers ; parce qu'ayant été nécessaires pour lever l'obtacle apporté à la vente, il n'y auroit point eu de vente sans ces frais, et qu'ainsi, ils ont procuré aux créanciers leur paiement.

D. *Suffit-il que ces frais soient extraordinaires pour qu'on puisse en demander le paiement par privilége sur ce prix ?*

R. Non ; il faut que le paiement ait été ordonné par jugement, 716, afin que l'on ne prenne sur le prix que ceux qui ont été légitimement faits pour lever les obstacles apportés à l'adjudication.

D. *De combien de parties se compose l'expédition du jugement d'adjudication ?*

R. De quatre parties :

1°. De l'intitulé qui est en tête de tous jugemens, 714. *Voy.* pag. 207.

2°. De la copie du cahier des charges rédigé ainsi qu'il est dit en l'article 697, 714. *Voy.* pag. 308.

3°. Du mandement qui termine tous les jugemens, (*Voy.* pag. 207,) lequel contient injonction à la partie saisie de délaisser la possession aussitôt la signification du jugement, sous peine d'y être contrainte, même par corps, 714.

4°. De la copie mise à la suite de l'adjudication, des quittances de ce qu'a dû payer l'adjudicataire avant de lever le jugement, 714. *Voy.* pag. 313 et 314. (P. C. II, 246 et 247.)

De la Surenchère du Quart.

D. *L'adjudication définitive met-elle absolument fin aux enchères ?*

R. Toute personne peut encore, après l'adjudication,

faire une surenchère, pourvu qu'elle soit du quart au moins du prix principal de la vente, 710.

D. Pourquoi a-t-on établi cette surenchère qui n'avoit pas lieu autrefois ?

R. Pour déjouer les intelligences de gens qui se présentoient aux adjudications, lesquels s'entendoient pour qu'un seul se rendît adjudicataire à vil prix, et partager entre eux le bénéfice infâme qu'ils se procuroient par cette manœuvre.

D. Dans quel tems, où et par qui se fait cette surenchère ?

R. Dans la huitaine du jour où l'adjudication a été prononcée, au greffe du tribunal, par la personne même qui veut surenchérir, ou son fondé de procuration spéciale, 710.

D. Que doit faire ensuite le surenchérisseur ?

R. Dans les vingt-quatre heures, il doit, à peine de nullité, dénoncer la surenchère aux avoués de l'adjudicataire, du poursuivant et de la partie saisie, si elle a avoué constitué, sans néanmoins qu'il soit nécessaire de faire cette dénonciation à la personne ou au domicile du saisi qui n'auroit pas d'avoué, 711.

D. Comment doit être faite cette dénonciation ?

R. Elle est faite, à peine de nullité, par un simple acte contenant avenir à la prochaine audience, sans autre procédure, 711.

D. Cette surenchère rend-elle le surenchérisseur adjudicataire en place du premier ?

R. Non ; il faut mettre l'immeuble en vente de nouveau, au jour indiqué par l'avenir ci-dessus, 712.

D. Ce jour-là, toute personne est-elle reçue à enchérir ?

R. Non ; on n'admet à concourir que l'adjudicataire et celui qui a surenchéri du quart, 712. Si l'on en admettoit d'autres, celui qui auroit découvert qu'un bien a été adjugé au-dessous de sa valeur, pourroit être détourné de se présenter si toutes sortes de personnes pouvoient être admises à profiter de cette découverte, en concourant avec lui.

D. Si le surenchérisseur, après ce concours entre lui et le premier adjudicataire, se rend dernier adjudicataire, et n'exécute pas les clauses de son adjudication, que pourra-t-on faire contre lui?

R. On pourra vendre à sa folle enchère, 712. Voy. ci-après, §. 2, *dixième incident,* qu'il faut appliquer ici. (P. C. II, 247-252.)

§. II.

Des Incidens sur la Poursuite de Saisie-Immobilière.

Ces incidens peuvent être en grand nombre : dans l'impossibilité de les prévoir tous, le code n'a parlé que des onze qui se presentent le plus ordinairement.

1er Incident. Réunion de deux Saisies de Biens différens.

D. Si deux créanciers font saisir, le premier tel bien, le deuxième un autre, et que ces deux saisies soient portées au même tribunal, chaque saisissant pourra-t-il poursuivre de son côté?

R. Non; le plus diligent pourra demander la réunion des deux saisies en une seule poursuite, 719. Ces deux saisies étant poursuivies par les mêmes actes, il y aura moins de frais, que si elles l'étoient par des actes séparés.

D. Jusqu'à quand peut-on demander cette réunion?

R. Jusqu'à la mise de l'enchère au greffe, après laquelle elle ne peut plus l'être, 719; parce que la plus grande partie des frais, pour les biens qui sont exposés en vente, étant faite, il y auroit souvent peu ou pas d'économie.

D. Si l'une des deux saisies est plus ample que l'autre, ordonne-t-on cette réunion?

R. Oui, tant que l'enchère de l'une n'est pas au greffe, 719; parce qu'il y a toujours le même motif d'économie. Ainsi, on l'ordonne quand l'un des héritages saisis vaudroit 100,000 fr., et l'autre 30,000.

D. Si la réunion est ordonnée, à qui appartient la poursuite?

R. Elle appartienne au premier saisissant.

En cas de concurrence, à l'avoué porteur du titre plus ancien;

Et si les titres sont de même date, à l'avoué plus ancien, 719. (P. C. II, 255 et 257.)

2ᵉ Incident. Réunion de deux Saisies, dont l'une est plus ample.

D. Si un premier créancier fait saisir un bien et transcrire sa saisie, qu'un deuxième fasse saisir le même bien, plus un autre, la deuxième saisie sera-t-elle transcrite?

R. Il faut distinguer :

1°. Pour les biens compris en la première saisie qui est transcrite, il y aura refus. (*Voy*. p. 300.) Par conséquent, le deuxième saisissant ne pourra poursuivre à cet égard.

2°. Pour les biens non compris en la première saisie, mais compris en la deuxième, cette deuxième saisie sera transcrite, 720.

D. Chacun des saisissans pourra-t-il poursuivre de son côté?

R. Non; les saisies seront réunies en une seule poursuite qui sera portée devant le tribunal de la première saisie, 720, par le motif d'économie ci-dessus.

D. Lequel des deux saisissans aura cette poursuite?

R. Ce sera le premier en date, 720, quand même sa saisie seroit moins ample.

D. Que doit faire le deuxième saisissant pour obliger le premier à poursuivre sur la deuxième saisie, comme sur la première, par une seule poursuite, c'est-à-dire, par les mêmes actes ?

R. Le deuxième saisissant doit dénoncer la seconde saisie au premier saisissant, 720, qui peut l'ignorer.

D. A quoi est tenu le premier saisissant, après cette dénonciation ?

R. Il doit poursuivre sur les deux saisies, si elles sont au même état; sinon, surseoir à la première, et suivre sur la deuxième, jusqu'à ce qu'elle soit au même degré, 720, que la première : alors elles sont réunies en une seule poursuite.

D. S'il ne poursuivoit pas sur la deuxième saisie, que pourroit faire le deuxième saisissant ?

R. Il pourroit, par un simple acte, demander la subrogation, 721, Voy. le *troisième incident* qui suit. (P. C. II, 255 et 155 - 157.)

3ᵉ Incident. De la Subrogation.

D. Si le saisissant ne poursuit pas, par collusion, fraude ou négligence, que peut-on demander contre lui ?

R. Les créanciers ne devant pas souffrir de cette inaction, le plus diligent d'entre eux peut demander la subrogation, 722, c'est-à-dire, poursuivre en sa place.

D. Quand y a-t-il négligence ?

R. Lorsque le poursuivant n'a pas rempli une formalité, ou n'a pas fait un acte de procédure, dans les délais prescrits, 722.

D. S'il y avoit collusion ou fraude, pourroit-on, outre la subrogation, demander autre chose contre le saisissant ?

R. Oui, on pourroit demander des dommages-intérêts, 722.

D. Comment se demande la subrogation dans tous les cas?

R. Par un simple acte, 721.

D. Si le jugement sur cette demande, lèse une partie, quand doit-elle appeler?

R. Dans la quinzaine du jour de la signification du jugement à avoué, 723.

D. Si la subrogation est prononcée, qui supporte les frais de l'incident en subrogation?

R. C'est le poursuivant, s'il a contesté la subrogation, 724, puisqu'il a succombé; et alors les frais de la contestation sont à sa charge, et ne peuvent, en aucun cas, être employés en frais de poursuite et payés sur le prix, *idem.*

D. Lorsque la subrogation est ordonnée, que deviennent les pièces de la poursuite?

R. Le poursuivant contre qui cette subrogation est prononcée, est tenu de remettre les pièces de la poursuite au subrogé, sur son récépissé, 724.

D. Lorsqu'il remet ces pièces, peut-il exiger le paiement de ses frais de poursuite?

R. Non; il n'est payé de ses frais qu'après l'adjudication, soit sur le prix, soit par l'adjudicataire, 724. S'il n'eût pas négligé, il n'auroit été payé de ces frais, qu'après l'adjudication; il n'est pas juste que sa négligence lui profite en lui procurant son paiement plutôt. (P C. II, 255 et 158 - 160.)

4.e INCIDENT. Du Cas où la Saisie est rayée : s'il y a des Saisissans postérieurs, lequel peut poursuivre.

D. Que faut-il remettre au conservateur des hypothèques, pour qu'il puisse rayer une saisie qu'il a transcrite?

R. Il faut lui remettre la main-levé de cette saisie.

D. *Par qui est donnée cette main-levée?*

R. Elle peut l'être, ou par le saisissant ou par la justice.

D. *Quand est-elle donnée par le saisissant?*

R. Lorsqu'il est payé par le saisi, ou consent, quoiqu'il ne soit pas payé, que la saisie demeure sans effet.

D. *Quand la main-levée est-elle donnée par la justice?*

R. Lorsque la saisie est nulle, soit par défaut de forme, soit parce que le saisissant n'étoit pas créancier, ou qu'il a cessé de l'être depuis la saisie.

D. *Que doit faire le conservateur à qui on remet la main-levée amiable ou judiciaire?*

R. Il doit rayer la saisie qu'il avoit transcrite ; au moyen de quoi, elle ne peut plus être poursuivie.

D. *La saisie étant rayée, que peuvent faire ceux qui auroient saisi avant la radiation, mais à qui l'on auroit refusé la transcription de leur saisie?*

R. Le plus diligent des saisissans peut poursuivre sa saisie (après toutefois qu'elle aura été transcrite), encore qu'il ne se soit pas présenté le premier à la transcription, 725.

5ᵉ. Incident. De l'Appel du Jugement en vertu duquel est faite la Saisie.

D. *Si la saisie est faite en vertu d'un jugement, et que le saisi soit encore dans le délai d'appeler, jusqu'à quand peut-il appeler?*

R. Il est tenu d'appeler et d'intimer sur cet appel le saisissant, de dénoncer et faire viser l'intimation (l'assignation), au greffier du tribunal devant lequel se poursuit la vente, et ce, trois jours au moins avant la mise du cahier des charges au greffe,

Sinon, l'appel ne sera pas reçu ; et il sera passé outre à l'adjudication, 726.

D. *Pourquoi exige-t-on le* visa *par le greffier ?*

R. Afin que le tribunal sache qu'il y a appel, et par conséquent obstacle à la publication du cahier, que le tribunal pourroit faire faire s'il ne savoit pas cet appel. (P. C. II, 255 et 154.)

6ᵉ. INCIDENT. De la Demande en Distraction des Biens saisis.

D. Si quelqu'un se prétend propriétaire des biens saisis sur un autre, ou de partie, que peut-il faire?

R. Il doit demander qu'on fasse distraction, de la saisie, des biens qui lui appartiennent, pour qu'ils ne soient pas vendus.

D. Doit-il former cette demande contre le saisi?

R. Oui; il doit la former contre le saisi, 727, parce que celui-ci peut avoir des raisons pour se prétendre propriétaire.

D. Doit-elle être aussi dirigée contre le saisissant?

R. Oui, 727, parce qu'il y a intérêt ; puisque, si le bien n'appartient pas au saisi, les frais faits à cet égard ne pourront être répétés par lui saisissant, comme étant faits mal à propos; et que d'ailleurs, il a intérêt que le saisi soit propriétaire, pour assurer d'autant son paiement.

D. Doit-on aussi diriger cette demande contre les autres créanciers?

R. On doit la former contre le créancier premier inscrit, 727, seulement; il stipule pour lui et la masse des créanciers, auxquels il importe que les biens de leur débiteur ne soient pas diminués.

D. Si le bien est adjugé provisoirement, cette demande doit-elle être formée contre l'adjudicataire provisoire?

R. Oui : Elle doit l'être contre lui, 727, parce qu'il a intérêt de conserver intact le bien qui lui restera, si son adjudication n'est pas couverte.

D. Comment se demande cette distraction?

R. Elle est formée,

1°. Par requête d'avoué,

Contre le saisissant, 727, puisqu'il a avoué;

Contre l'avoué adjudicataire provisoire, *idem*, puisqu'il a avoué;

Enfin, contre les autres parties qui auroient avoué en cause, *idem*.

2°. Par exploit, contre celle des parties qui n'a pas avoué en cause; et si le créancier premier inscrit est de ce nombre, l'exploit est signifié au domicile élu par l'inscription, *idem*.

D. *Que doit contenir cette demande, soit qu'elle soit formée par requête, soit qu'elle le soit par exploit?*

R. Elle doit contenir,

1°. L'énonciation des titres justificatifs, qui sont déposés au greffe;

2°. La copie de l'acte de ce dépôt, 728.

D. *Si la demande en distraction comprend tous les biens saisis, en empêche-t-elle la vente?*

R. Si cette demande est de tous les biens, il est sursis à la vente, jusqu'à ce que cette demande ait été jugée, 729.

D. *Si elle n'est que d'une partie des objets saisis, est-il également sursis à la vente?*

R. Il sera passé outre, nonobstant cette demande, à la vente du surplus. Pourront néanmoins les juges, sur la demande des parties intéressées, ordonner le sursis pour le tout, 729; par exemple, si l'on voit que dans le cas où la demande seroit rejetée, on vendra mieux en bloc que par parties.

D. *S'il y a sursis pour le tout, et qu'il y ait un adjudicataire provisoire, est-il obligé d'attendre le jugement de la demande en distraction?*

R. Non, il peut dans ce cas demander la décharge de son adjudication, 729, pour ne pas rester long-temps dans l'incertitude, et afin qu'il puisse tourner ses vues vers un autre placement.

D. *Si le jugement sur la demande en distraction, lèse une partie, quel délai a-t-elle pour appeler?*

R. Elle doit appeler avec assignation, dans la quinzaine du jour de la signification (du jugement) à personne ou domicile, outre un jour par trois myriamètres, en raison de la distance du domicile réel des parties.

Ce délai passé, l'appel ne sera plus reçu, 730.

D. *Si un propriétaire de tout ou de partie des objets saisis sur un autre, ne demandoit pas la distraction avant l'adjudication, son droit seroit-il éteint par l'adjudication, comme il l'étoit sous l'ancien droit?*

R. Non; comme l'adjudication définitive ne transmet à l'adjudicataire d'autres droits à la propriété que ceux qu'avoit le saisi, 731, ce propriétaire pourroit toujours revendiquer contre l'adjudicataire, sauf à celui-ci son recours contre qui il appartiendroit.

D. *De quelle utilité peut-il donc être de former la demande en distraction avant l'adjudication?*

R. Pour rentrer dans son bien au plutôt, s'il est dépossédé par le saisi, et aussi pour éviter un procès avec l'adjudicataire, (P. C. II, 255 et 161 - 164.)

7ᵉ. INCIDENT. Du cas où une publication d'Enchère a été retardée par un incident.

D. *La publication de l'enchère peut-elle être empêchée et retardée par un incident?*

R. Oui; par exemple, s'il y a appel du jugement en vertu duquel est faite la saisie, lequel appel doit être interjeté trois jours au moins avant la mise du cahier au greffe (V. *cinquième incident*).

D. *L'incident vidé, que faire pour reprendre les publications?*

R. Comme le public a pu perdre l'idée et la trace de la mise en vente, il faut lui apprendre le jour où cette mise en vente sera reprise; et on le fait par une nouvelle apposition de placards, et insertion de nouvelles annonces en la forme ci-dessus prescrite, 732 (P. C. II, 255 et 170.)

8e. Incident. Des Moyens de nullité contre les Procédures antérieures à l'Adjudication préparatoire.

D. *S'il y a des nullités contre la procédure qui précède l'adjudication préparatoire, quand le saisi doit-il les proposer?*

R. Il doit les proposer avant cette adjudication : il ne le pourroit après, 733 ; parce qu'en laissant procéder à cette adjudication sans reclamer, il y a tacitement consenti, et ne peut plus se plaindre.

D. *Quand doit-on juger sur ces nullités, si elles sont proposées?*

R. On doit le faire avant cette adjudication, 733, afin qu'on puisse y procéder sûrement.

D. *Si ces nullités sont rejetées, quand doit-on procéder à cette adjudication?*

R. On doit y procéder par le jugement même qui rejette ces nullités, 733.

D. *Si une partie est lésée par le jugement qui statue sur ces nullités, quel délai a-t-elle pour appeler?*

R. Elle a quinzaine de la signification de ce jugement à son avoué ; passé ce délai l'appel n'est pas reçu ; 734.

D. *Dans quelle forme doit être interjeté cet appel?*

R. Il doit contenir intimation, 734, c'est-à-dire assignation pour procéder sur l'appel, à ceux qui ont été parties au jugement.

D. *Cet appel suffira-t-il pour empêcher le tribunal de procéder à l'adjudication définitive?*

R. Non, il faut encore qu'il soit notifié au greffier et visé par lui, 734 ; autrement, le tribunal ne connoissant pas l'appel, pourroit passer outre à cette adjudication. (P. C. II, 255 et 164.)

9ᵉ. Incicident. Des Moyens de nullité contre
les Procédures postérieures à l'Adjudication
préparatoire.

*D. S'il y a des nullités contre les procédures posté-
rieures à l'adjudication préparatoire, quand le saisi
doit-il les proposer ?*

R. Suivant l'article 735, il doit le faire vingt jours
au moins avant le jour indiqué pour l'adjudication
définitive ; mais d'après l'article 2 d'un décret du 2
février 1811, la demande doit être formée quarante
jours au moins avant cette adjudication.

D. Comment cette demande doit-elle être formée ?

R. Par requête avec avenir à jour indiqué, 735,
pour statuer sur cette demande ; et le demandeur doit
donner caution suffisante pour le paiement des frais
résultant de l'incident ; (décret du 2 février 1811, art.
2, 1°·) ; afin qu'il ne forme pas cette demande sans
motif, pour reculer l'adjudication, comme cela arrive
souvent, et qu'il y ait sûreté pour les frais, s'il succombe.

D. Quand statue-t-on sur cette demande ?

R. Suivant l'article 735 ci-dessus, on doit le faire
dix jours au moins avant l'adjudication définitive :
mais, suivant l'article 3 du décret ci-dessus, on doit
statuer trente jours au plus tard avant cette adjudication, afin que le saisissant puisse ensuite faire les dili-
gences nécessaires qui doivent avoir lieu avant cette
adjudication, et sans lesquelles on ne peut y procéder.

*D. Si le jugement rejette les nullités, et est par
défaut, peut-on y former opposition ?*

R. Non, la partie condamnée ne peut attaquer le
jugement que par la voie de l'appel, décr. ci-dessus,
art. 3 ; afin que le saisi ne puisse reculer l'adjudication
en ne comparoissant pas, pour former une opposition

sur laquelle il faudroit statuer, quelque mal fondée qu'elle fût.

D. Si ce jugement lèse, quel délai a-t-on pour appeler ?

R. L'appel n'est pas recevable après la huitaine de la prononciation, 736.

D. Cet appel suffit-il pour empêcher le tribunal d'adjuger définitivement ?

R. Non, il doit être notifié au greffier et visé par lui, 736 ; afin que le tribunal, voyant l'obstacle, ne passe point à cette adjudication.

D. Quels moyens de nullité le saisi appelant peut-il proposer sur l'appel ?

R. Il ne peut en proposer d'autres que ceux présentés en première instance, 736. Autrement, on éluderoit les deux degrés de juridiction.

D. Quand doit-on statuer sur cet appel ?

R. Dans la quinzaine au plus tard, à dater de la notification ci-dessus de l'appel, faite au greffier. Déc. précité, art. 4.

D. Si l'appelant est condamné par défaut, peut-il former opposition ?

R. Non, cette voie lui est interdite, art. 4 dud. décret ; afin que le saisi n'use pas de lenteurs, pour retarder l'adjudication. (P. C. II, 255 et 168.)

10e. INCIDENT. De la Vente sur folle-enchère.

D. Si l'adjudicataire n'exécute pas les clauses de son adjudication, que peut-on faire contre lui ?

R. Le bien est vendu à la folle enchère, 737.

D. Comment constate-t-on qu'il n'a pas exécuté les clauses de son adjudication ?

R. Suivant l'art. 715, dans les vingt jours de son adjudication, il a dû payer les frais ordinaires de poursuite, satisfaire aux conditions de l'enchère qui doivent être exécutées avant la délivrance du jugement, et rapporter quittance du tout au greffier. *Voy.* p. 313.

S'il ne l'a pas fait, le poursuivant la vente sur folle enchère se fait délivrer par le greffier un certificat constatant que l'adjudicataire n'a point justifié de l'acquit des conditions exigibles de l'adjudication, 738.

D. Lorsqu'on a ce certificat, faut-il obtenir jugement qui ordonne la vente ?

R. Non ; sans jugement ni autre procédure, 739, que celle ci-après, il est procédé à la vente.

D. Que fait-on pour arriver à cette vente ?

R. Il est apposé nouveaux placards et inséré nouvelles annonces, dans la forme ci-dessus prescrite, 739. *Voy.* pag. 306.

D. Que portent ces nouveaux placards et annonces ?

R. Ils portent que l'enchère sera publiée de nouveau, au jour indiqué. 739.

D. Le placard doit-il être notifié ?

R. Il doit l'être, au moins huit jours avant la première publication de l'enchère :

1°. À l'avoué de l'adjudicataire ;

2°. Au saisi, au domicile de son avoué, et s'il n'en a pas, à son domicile, 740.

D. Quand se fait la première publication ?

R. Quinzaine au moins après l'apposition des placards, 739, pour donner le temps aux enchérisseurs de venir.

D. Quand se fait la deuxième publication ?

R. Quinzaine après la première, 741.

D. Quelles formalités doit-on observer avant l'adjudication préparatoire ?

R. On doit renouveler les placards et annonces, ainsi qu'il est dit ci-dessus, 742.

D. Le fol enchérisseur peut-il proposer des nullités contre les procédures antérieures à l'adjudication préparatoire ?

R. Oui ; alors appliquez tout ce qu'on dit, *huitième*

Incident, p. 325, relativement à celles proposées par le saisi, 745.

D. Quand peut se faire l'adjudication préparatoire ?

R. A la deuxième publication, 741.

D. Quelles formalités observe-t-on lors de cette adjudication ?

R. Les formalités prescrites pour l'adjudication préparatoire contre le saisi. V. p. 310.

D. Quelles formalités sont requises après l'adjudication préparatoire, pour arriver à l'adjudication définitive ?

R. On doit réitérer les placards et annonces, en la forme ci-dessus, 742.

D. Le fol enchérisseur peut-il proposer des nullités contre les procédures postérieures à l'adjudication préparatoire ?

R. Oui ; alors appliquez tout ce qu'on a dit, *neuvième Incident*, pag. 326, relativement à ces nullités proposées par le saisi, 745.

D. Quand peut se faire l'adjudication définitive ?

R. D'après l'article 742, elle peut se faire à la quinzaine qui suit l'adjudication préparatoire, ou au jour plus éloigné qui aura été fixé par le tribunal.

Mais, comme l'art. 745 dit que les articles relatifs aux nullités et aux délais de l'appel sont communs à la poursuite de la folle-enchère, et que, pour donner le temps de proposer ces nullités, les faire juger, appeler et statuer sur l'appel, l'article 1er du décret du 2 février 1811, veut que le délai entre les deux adjudications soit de deux mois au moins, on ne peut adjuger définitivement qu'après deux mois de l'adjudication préparatoire.

D. Quelles formalités observe-t-on lors de cette adjudication ?

R. Les formalités prescrites par les art. 707, 708 et 709, pour l'adjudication définitive qui a été faite au fol-enchérisseur, 742 ; elles sont désignées p. 312.

D. Le fol-enchérisseur peut-il empêcher cette adjudication ?

R. Il ne le peut qu'en remplissant les deux conditions suivantes :

La première, de justifier de l'acquit des conditions de l'adjudication, 743 ;

La deuxième, de consigner la somme réglée par le tribunal pour le paiement des frais de folle-enchère, 743, et d'en justifier.

Alors il ne sera pas procédé à l'adjudication définitive, *idem.*

D. Si avant l'accomplissement de ces deux conditions, l'adjudication préparatoire avoit été faite, pourroit-on, en remplissant depuis ces conditions, empêcher l'adjudication définitive ?

R. Oui ; car l'article 743 dit que l'adjudicataire éventuel est déchargé.

D. Si, le fol-enchérisseur ne remplissant pas ces conditions, le bien est adjugé à un autre à un prix moindre que celui de son adjudication, qui supporte cette différence ?

R. C'est le fol-enchérisseur, et il en est tenu par corps, 744. Exemple : Le bien lui avoit été adjugé 12,000 fr. ; il n'est revendu que 10,000 fr. : il sera tenu des 2000 fr.

Cela a lieu aussi pour le sur-enchérisseur du quart, qui est resté adjudicataire, et qui a laissé vendre à sa folle-enchère, 712.

D. Mais si le bien est vendu plus, le fol-enchérisseur a-t-il l'excédent ?

R. Non, il ne peut le réclamer, 744.

D. A qui donc cet excédent appartient-il ?

R. Il est payé aux créanciers, ou, si les créanciers sont désintéressés, à la partie saisie, 744.

D. Puisqu'il doit le moins, pourquoi n'a-t-il pas le plus ?

R. Son adjudication étant résolue par la vente à folle-enchère, les choses sont remises au même état

que si l'adjudication n'avoit pas existé (Code. Civil,
1183;) il n'a jamais été adjudicataire ni propriétaire,
et ne doit point parconséquent avoir le *plus*.

S'il doit le *moins*, ce n'est pas qu'il ait été propriétaire, puisqu'il est considéré comme ne l'ayant jamais
été; mais c'est à titre de dommages-intérêts, pour réparer le préjudice qu'il a causé au saisi et ses créanciers, en faisant une folle enchère. (P. C. II, 150-
153.)

Règles communes aux dix Incidens ci-dessus.

*D. Les demandes à former relativement aux inci-
dens qui s'élèvent en saisie immobilière, sont-elles sujettes au préliminaire de conciliation ?*

R. Non, 718. D'ailleurs, l'art. 48 n'y assujétit que
les demandes principales, introductives d'instance, et
l'art. 49, 7°. dispense de ce préliminaire les demandes
formées sur les saisies.

D. Comment doivent se juger ces demandes ?

R. Elles doivent être jugées sommairement, 718,
c'est-à-dire à l'audience, tout au plus sur délibéré; et
l'on ne doit jamais ordonner d'instruction par écrit.

11e. INCIDENT. De la Vente judiciaire en une forme
plus simple que la Saisie immobilière, si les
Parties sont d'accord.

*D. Les majeurs, maîtres de disposer de leurs droits,
peuvent-ils faire la vente volontaire de leurs biens aux
enchères en justice ?*

R. Non, ils ne le peuvent, à peine de nullité, 746,
comme on le faisoit avant le Code, parce qu'un bien
vendu aux enchères de cette manière, l'étoit à un plus
haut prix que de gré à gré. La loi a prohibé cette forme
introduite depuis plusieurs années, pour ne pas violer

les attributions des notaires devant lesquels se font
ordinairement les ventes volontaires.

D. *Si cependant un immeuble avoit été saisi réellement, ne pourroit-on pas, pour éviter les frais et les
longueurs d'une saisie immobilière, vendre en justice,
en une forme plus simple que celle pratiquée sur cette
saisie?*

R. Oui; il est libre aux intéressés (qui sont le saisi,
le saisissant et les créanciers), s'ils sont tous majeurs
et maîtres de leurs droits, de demander que l'adjudication soit faite aux enchères, devant notaire ou en
justice, 747, sur une forme plus simple que celle ci-
dessus.

D. *En quoi consiste cette forme plus simple ?*

R. En ce que l'on vend sur un cahier des charges
déposé chez un notaire ou en justice, et que la vente
est annoncée par des placards, 747. *Voy.* 958, 959,
960, 961, 962 et 963.

D. *Si le saisissant ou un créancier est mineur ou
interdit, son tuteur peut-il renoncer aux formes de la
saisie immobilière, pour consentir à cette forme plus
simple ?*

R. Non; parce que par cette dernière forme, il
pourroit arriver que l'immeuble fût moins bien vendu,
et que ce créancier en souffrît. Cependant ce tuteur
peut, sur un avis de parens, se joindre aux autres
parties intéressées pour la même demande, 748, c'est-
à-dire, pour consentir à cette forme plus simple.

D. *Si le saisi étoit mineur ou interdit, le tuteur
peut-il avec autorisation, et le consentement du saisissant et des créanciers, vendre dans cette forme plus
abrégée ?*

R. Non; parce que le bien pourroit être moins
vendu que sur saisie immobilière : il ne peut vendre
qu'en observant toutes les formalités pour la vente des
biens des mineurs, 748, lesquelles sont aussi propres
que celles de la saisie immobilière, à faire vendre le
bien sa véritable valeur. (P. C. II, 255-260.)

§. III.

De l'Ordre ou de la distribution du Prix d'une Vente sur Saisie immobilière.

———

De l'Ordre à l'amiable.

D. Peut-on faire l'ordre à l'amiable ?

R. Oui, on le peut, si le saisi et ses créanciers sont d'accord, 749.

D. Quel délai la loi leur donne-t-elle pour s'accorder ?

R. Ils ont un mois, à dater,

De la signification du jugement d'adjudication, s'il n'est pas attaqué;

Et en cas d'appel, de la signification de l'arrêt confirmatif, 749.

D. Peut-on poursuivre l'ordre en justice, durant ce mois ?

R. Non, la loi donne ce délai au saisi et à ses créanciers, pour se régler entre eux sur la distribution du prix, 749, afin d'éviter les frais d'un ordre fait en justice. (P. C. II, 260.)

De l'Ordre en justice.

D. Si le saisi et ses créanciers ne s'accordent pas dans ce délai, que peut-on faire ?

R. Le mois expiré, on peut poursuivre l'ordre en justice, 750.

D. Quel créancier peut poursuivre l'ordre ?

R. 1°. Le saisissant qui a pour entamer la poursuite, le délai de huitaine ; 750, pendant lequel aucun ne peut commencer cette poursuite ;

2°. Après ce délai, et à défaut du saisissant, le créancier le plus diligent, 750.

D. L'adjudicataire peut-il poursuivre l'ordre ?

R. Oui, 750, parce qu'il a intérêt de se libérer de son prix.

D. Le saisi peut-il aussi poursuivre l'ordre ?

R. Oui, il le peut aussi ; il a intérêt de hâter le paiement à ses créanciers et de faire cesser les intérêts.

Nomination du Commissaire pour faire l'Ordre.

D. Par quel acte se commence la poursuite d'ordre ?

R. Par un réquisitoire que fait le poursuivant sur un registre des adjudications tenu au greffe, 751, par lequel réquisitoire, ce poursuivant demande la nomination d'un commissaire par lequel il sera procédé à l'ordre, 750.

D. Par qui et comment se nomme ce commissaire ?

R. Par le président du tribunal, à la suite du réquisitoire, 751. (P. C. II, 261 et 262.)

Poursuites contre les Créanciers, pour faire apporter leurs titres au Commissaire.

D. Le commissaire nommé, que fait le poursuivant ?

R. Le poursuivant lève, s'il ne l'a déjà fait, un extrait, délivré par le conservateur, de toutes les inscriptions existantes ; il le remet au commissaire et le requiert de délivrer son ordonnance pour enjoindre aux créanciers de produire leurs titres, 752.

D. Que fait le commissaire sur ce réquisitoire ?

R. Il annexe cet extrait à son procès-verbal, et décerne l'ordonnance qui lui est démandée, 752.

D. Que fait le poursuivant en vertu de cette ordonnance ?

R. Il fait sommer les créanciers de produire, 753, entre les mains du commissaire.

D. Par quel acte sont-ils sommés de produire ?

R. Par acte signifié aux domiciles élus par leurs inscriptions, ou à celui de leurs avoués, s'il y en a de constitués, 753. (P. C. II, 262 et 263.)

Du Cas où les Créanciers apportent leurs titres.

D. Quand les créanciers doivent-ils produire ?

R. Dans le mois de la sommation, 754.

D. Comment un créancier doit-il produire ?

R. En remettant ses titres, avec acte de produit signé de son avoué et contenant demande en collocation, 754.

D. Comment le commissaire constate-t-il cette remise ?

R. En en faisant mention sur son procès-verbal, 754. (P. C. II, 263.)

Du Cas où des Créanciers n'apportent pas leurs titres.

D. Si des créanciers ne produisent pas dans le mois, sont-ils déchus de le faire après ?

R. Non, ils peuvent encore produire après le délai fixé ;

Mais ils doivent en faire la déclaration aux autres créanciers, à l'effet d'en prendre connoissance, 757.

D. La loi ne prononce-t-elle pas contre eux des peines, à raison de leur production tardive ?

R. Elle en prononce deux :

1°. Ils supportent sans répétition, et sans pouvoir les employer dans aucun cas, les frais auxquels cette production tardive et la déclaration aux créanciers ont donné lieu;

2°. Ils sont garans des intérêts qui ont couru, du

jour où ces intérêts auroient cessé, si la production eût été faite dans le délai fixé, 757. (P. C. II, 272.)

De la Distribution par le Commissaire, quand tous ou quelques Créanciers ont produit.

D. Le mois donné pour produire étant expiré que doit faire le commissaire ?

R. Ce mois expiré, et même auparavant, si tous les créanciers ont produit, le commissaire dresse, ensuite de son procès-verbal, un état de collocation, sur les pièces produites, 755.

D. A quelles personnes fait-il cette distribution ?

R. Il colloque :

1°. Les priviléges d'abord;

2°. Ensuite les hypothécaires, suivant la date de leurs inscriptions;

3°. S'il reste des deniers, il les distribue entre les créanciers non hypothécaires, par contribution. (P. C. II, 264-272.)

De la Communication de la Distribution au saisi et aux Créanciers, pour la contester.

D. Lorsque le commissaire a dressé l'état de collocation, que doit faire le poursuivant ?

R. Il doit, par acte d'avoué signifié aux créanciers produisans et au saisi,

1°. Leur dénoncer que l'état de collocation est dressé;

2°. Les sommer d'en prendre communication et de le contredire, s'il échet, sur le procès-verbal du commissaire, *dans le mois,* 755.

D. Si les créanciers produisans ne prenoient pas cette communication dans le mois, pourroient-ils la prendre après ?

R. Non, ils en sont forclos, sans nouvelle sommation ni jugement, 756. (P. C. II, 273.)

Du Cas où la Distribution n'est pas contestée.

*D. Si les créanciers et le saisi ne contestent pas la
distribution, doivent-ils déclarer qu'ils l'approuvent,
pour qu'elle s'exécute ?*

R. Non, il n'est fait aucun dire, s'il n'y a contestation, 756. Le silence est une approbation tacite.

*D. Que fait le commissaire, lorsque la distribution
n'est pas contestée ?*

R. Il clot l'ordre.

*D. Que fait-il relativement aux frais de poursuite
d'ordre?*

R. Il les liquide, et ils sont colloqués par préférence à toutes autres créances, 759; parce que ces
frais ont procuré la collocation et le paiement de ces
créances.

*D. Qu'ordonne-t-il par rapport aux créanciers non
produisans ?*

R. Il prononce la déchéance, 759, non pas de leurs
créances, mais du droit d'être payés avec les autres
créanciers, sur le prix à distribuer.

*D. Que prononce-t-il relativement aux créanciers
produisans utilement colloqués ?*

R. Il ordonne que les bordereaux de collocation leur
seront délivrés, 759, par le greffier, 771.

*D. Qu'ordonne-t-il relativement aux créanciers non
utilement colloqués ?*

R. Il ordonne la radiation de leurs inscriptions,
759.

D. Quand ces bordereaux doivent-ils être délivrés?

R. Dans les dix jours après l'ordonnance du commissaire, 771.

*D. Que peut faire le créancier pour se faire payer
du montant de son bordereau ?*

R. Comme ce bordereau est exécutoire contre l'acquéreur, 771, on le présente à celui-ci, et s'il ne paie pas, le créancier peut lui faire faire commandement et le poursuivre, même faire vendre le bien à sa folle enchère. *Voy.* p. 327.

D. Lorsque le créancier reçoit son paiement, que doit-il donner en retour à l'acquéreur?

R. Il doit donner quittance et consentir la radiation de son inscription, 772. (P. C. II, 276 et 277.)

Du Cas où la Distribution est contestée.

D. Qui peut contester la distribution?

R. Deux sortes de personnes, le saisi et les créanciers.

D. Par quels motifs le saisi peut-il contester?

R. Parce qu'il ne doit pas la somme colloquée ou doit moins.

D. Par quels motifs les créanciers peuvent-ils contester?

R. Par quatre sortes de motifs :

1°. Parce qu'on leur refuse en tout ou partie ce qu'ils demandent ;

2°. Parce qu'on les a placés dans un rang inférieur à celui où ils doivent l'être; par exemple, qu'on les a mis parmi les contribuables, quand ils devoient l'être parmi les privilégiés ou les hypothécaires, ou qu'on les a placés à une date postérieure à celle qu'ils prétendent;

3°. Parce qu'on a accordé à d'autres créanciers ce qui ne leur étoit pas dû ;

4°.Enfin, parce qu'on a placé ceux-ci dans un rang supérieur à leur droit, comme si on les a mis parmi les hypothécaires, lorsqu'ils ne sont que contribuables, etc.

D. Comment conteste-t-on l'état de collocation?

R. Par un dire, 756, qui se fait sur le procès-verbal du commissaire, 755.

D. Le commissaire juge-t-il la contestation ?

R. Non, en cas de contestation, le commissaire renvoie les contestans à l'audience, 758, pour y être jugés.

D. S'il y a des créanciers non contestés, antérieurs à ceux qui sont contestés, sont-ils obligés d'attendre le jugement de la contestation, pour être payés ?

R. Non; le commissaire arrête l'ordre pour ces créanciers antérieurs, et ordonne que les bordereaux de collocation leur seront délivrés, 758.

D. Mais si des créanciers qui n'avoient pas produit d'abord, produisent ensuite, sont colloqués et se trouvent antérieurs à ceux qui ont été payés, forcera-t-on ceux-ci de rapporter leur payement ?

R. Non, ces créanciers payés ne sont tenus à aucun rapport à l'égard de ceux qui ont produit postérieurement, 758 ; ils ont reçu et pu consommer de bonne foi, et il ne seroit pas juste que leurs arrangemens fussent renversés, parce que les autres ont négligé de produire.

D. Lorsqu'une collocation est contestée, la contestation est-elle soutenue par chacun des créanciers qui sont colloqués postérieurement, et qui y ont intérêt ?

R. Non ; pour éviter à frais, la loi veut que, dans la huitaine du mois accordé pour contredire, ils s'accordent entre eux sur le choix d'un avoué, 760, pour soutenir l'intérêt commun.

D. S'ils ne s'accordent pas, qui défendra cet intérêt ?

R. Ce sera l'avoué du dernier créancier colloqué, 760 ; parce qu'il est le plus intéressé à contredire les créanciers qui le précèdent dans l'état de collocation.

D. Le poursuivant ordre doit-il être appelé dans la contestation ?

R. Non, il ne peut l'être en cette qualité, 760. En sa qualité de créancier, il est défendu comme les autres, par celui qui est chargé de soutenir l'intérêt commun.

22.

D. Un créancier postérieur, qui craindroit que l'intérêt commun ne fût pas bien défendu, ne pourroit-il pas constituer individuellemeut un avoué ?

R. Oui ; mais il supporteroit les frais auquels sa contestation particulière auroit donné lieu, sans pouvoir les répéter ni employer en aucun cas, 760, c'est-à-dire, même dans le cas où il réussiroit ; parce qu'il devoit s'en rapporter sur cela au défenseur de l'intérêt commun, et qu'il n'est pas juste que les créanciers et le saisi supportent les frais occasionnés par ses craintes et l'excessive précaution qu'il a prise pour sa satisfaction particulière.

D. Comment se poursuit l'audience pour faire juger la contestation renvoyée à l'audience ?

R. La partie la plus diligente signifie aux autres un simple acte d'avoué à avoué, 761, pour venir à l'audience, au jour qu'a indiqué le commissaire par son renvoi à l'audience. Il n'est fait aucune autre procédure, 761.

D. Le jugement est-il rendu sur plaidoirie ?

R. Non ; il l'est sur le rapport du juge-commissaire et sur les conclusions du ministère public, 762.

D. Qu'ordonne ce jugement relativement aux frais ?

R. Après y avoir comdamné celui qui succombe, il les liquide, 762, pour éviter ceux d'une taxe séparée et d'un exécutoire.

D. S'il n'y a pas d'appel de ce jugement, que fait le commissaire pour son exécution, c'est-à-dire, pour achever l'ordre suspendu par la contestation ?

R. Quinzaine après le jugement, il arrête définitivement l'ordre des créances contestées et de celles postérieures, 767. Ainsi, il maintient ou réforme l'état de collocation, suivant que le jugement l'a maintenu ou réformé.

D. Comment est colloqué, pour ses frais, l'avoué qui a représenté tous les créanciers contestans ?

R. On déduit, sur les deniers à distribuer, les

sommes attribuées aux créanciers non contestés, et qui ont dû être payées.

Sur ce qui reste, cet avoué est colloqué pour ses frais, par préférence à toutes autres créances, 768, comme ayant sontenu l'intérêt commun des créanciers.

D. *Lorsque le commissaire a achevé son opération, qu'ordonne-t-il ?*

R. Il clot l'ordre et ordonne tout ce qu'on a dit p. 337, pour le cas où la distributiou n'est pas contestée, 767.

D. *De quand cessent les intéréts et arrérages dus aux créanciers utilement colloqués ?*

R. Du moment de la clotûre de l'ordre, 767.

D. *Les intéréts ou arrérages courent-ils pendant la contestation de collocation dont on a parlé ci-dessus ?*

R. Oui ; et ils sont payés sur le prix.

Mais la partie saisie et le créancier sur léquel les fonds manqueront (par l'effet de cette accumulation d'intérêts et d'arrérages), ont leurs recours contre ceux qui ont succombé dans la contestation , pour les intérêts et arrérages qui ont couru pendant cette contestation, 770.

D. *L'ordre achevé et clos , que font les créanciers pour se faire payer ?*

R. Ils se font délivrer leurs bordereaux. Appliquez ce qu'on a dit p. 337.

D. *S'il y a appel du jugement rendu sur la contestation, quand doit-il étre interjeté ?*

R. Il doit l'être dans les dix jours de la signification du jugement à avoué, outre un jour par trois myriamètres de distance du domicile réel de chaque partie , 763.

D. *Que doit contenir cet appel ?*

R. Il contient assignation et énonciation des griefs , 763.

D. *Quelle procédure peuvent faire les intimés, sur l'appel ?*

R. Ils ne doivent signifier que des conclusions motivées, 765.

D. *Par qui et comment se poursuit l'audience ?*

R. Par la partie la plus diligente, sur un simple acte d'avoué à avoué, sans autre procédure, 765 et 761.

D. *Qui supporte les frais et comment sont-ils liquidés ?*

R. Ceux qui succombent, les supportent sans répétition, et ils sont liquidés par l'arrêt, 766.

D. *L'arrêt rendu, que fait le commissaire pour son exécution, c'est-à-dire, pour achever l'ordre suspendu par l'appel ?*

R. Quinzaine après la signification de l'arrêt, le commissaire arrête définitivement l'ordre, 767.

Du reste, appliquez tout ce qu'on a dit p. 340, *s'il n'y a pas d'appel du jugement.* (P. C. II, 273-277.)

De la Subrogation à la poursuite d'ordre.

D. *Si le poursuivant l'ordre, retarde ou néglige la poursuite, comment peut-on y remédier ?*

R. En demandant la subrogation, 779.

D. *Par qui peut-elle être demandée ?*

R. Par tous ceux qui avoient droit de poursuivre l'ordre. *Voy.* page 333.

D. *Comment cette subrogation se demande-t-elle ?*

R. Par une requête insérée au procès-verbal d'ordre, 779.

D. *Doit-elle être communiquée au poursuivant ?*

R. Oui, 779. On ne doit pas lui enlever la poursuite sans l'entendre ; il peut avoir des raisons pour prouver qu'il n'est point en retard ou négligence.

D. *Comment cette requête lui est-elle communiquée ?*

R. Par acte d'avoué, 779 : on la lui signifie.

D. *Comment se juge la demande en subrogation?*

R. Elle l'est sommairement, en la chambre du conseil, sur le rapport du juge-commissaire, 779. (P. C. II, 277.)

Du Sous-Ordre.

D. *Si un créancier privilégié ou hypothécaire ne prend pas inscription, et qu'il ait lui-même des créanciers, ceux-ci peuvent-ils la prendre pour lui?*

R. Oui, ils le peuvent, pour conserver les droits du créancier leur débiteur, 778. Exemple : j'ai hypothèque pour 20,000 fr. sur les biens de Paul; je ne prends pas inscription ; vous êtes mon créancier de 6000 fr. ; vous pouvez la prendre pour moi, afin d'être payé sur ces 20,000 fr.

D. *Si un créancier qui a pris, ou pour lequel on a pris inscription, est colloqué utilement, et qu'il ait lui-même des créanciers, comment sa collocation leur est-elle distribuée?*

R. Elle est distribuée comme chose mobilière, 778, c'est-à-dire que ceux qui ont privilège sur la généralité des choses mobilières, sont payés d'abord, et les autres par contribution (*voyez* page 292); parce que la créance qui est le principal, se considère seule, et qu'elle est mobilière.

D. *Tous les créanciers du colloqué prennent-ils également part à cette distribution?*

R. Deux sortes de créanciers ont le droit d'être payés avant les autres :

1°. Ceux qui sont inscrits avant la clôture de l'ordre, 778 ; c'est-à-dire, qui ont pris inscription pour le créancier leur débiteur ;

2°. Ceux qui sont opposans avant cette clôture, 778, c'est-à-dire, qui ont formé des oppositions entre les mains de l'adjudicataire ou de l'acquéreur.

D. *Pourquoi ces inscrits et opposans antérieurs à la*

clôture sont-ils préférés aux inscrits et opposans pos-
térieurs ?

R. Parce que, s'ils n'avoient pas pris inscription ou
formé opposition avant la clôture, le colloqué leur débiteur auroit touché sa collocation ; que l'en ayant
empêché par leurs inscriptions et oppositions, ils ont
conservé cette collocation aux créanciers ; et l'on doit
récompenser leur diligence, avec d'autant plus de raison que si, eux payés, il reste quelque chose, les inscrits et opposans postérieurs en seront redevables à
la diligence des premiers, sans laquelle les seconds
n'auroient rien touché. (P. C. II, 277-279.)

Section III.

De la Saisie-Emprisonnement.

D. Qu'est-ce que la saisie-emprisonnement ?
R. C'est un acte par lequel un débiteur, obligé par
corps, et qui ne paie pas, est mis sous la garde de la
justice dans un lieu indiqué par la loi, pour y rester
jusqu'à son élargissement, (P. C. II, 280-283.)

Formalités qui précèdent cette Saisie.

D. Est-on obligé d'avertir le débiteur, avant d'exer-
cer cette contrainte ?
R. Oui ; on doit lui signifier le jugement qui a prononcé la contrainte, avec commandement, 780.
D. L'acte contenant signification et commande-
ment, peut-il être fait par tout huissier ayant droit
d'exploiter dans le lieu ?
R. Il faut, outre le droit d'exploiter, et pour éviter
toutes surprises, que l'huissier soit commis par le jugement, ou par le président du tribunal de première
instance du lieu où se trouve le débiteur, 780.

D. Quelles formalités particulières doit contenir cet acte ?

R. Il doit contenir élection de domicile dans le lieu où siège le tribunal qui a rendu le jugement, *si le créancier n'y demeure pas,* 780; afin que le débiteur ne soit pas obligé d'aller chercher au loin le créancier, pour lui signifier des offres, un appel et les autres actes nécessaires. (P. C. II, 283 - 285.)

Jours, Heures et Lieux où peut se faire cette Saisie : Exceptions.

D. Peut-on faire cette saisie tous les jours ?

R. Oui, à l'exception des jours de fête légale, 781, 2°.

D. Peut-on la faire à toute heure ?

R. On ne peut la faire pendant la nuit, 781, 1°.

D. Comment la loi détermine-t-elle le temps de la nuit ?

R. L'art. 1037 dit qu'aucune exécution ne peut être faite, depuis le 1.er octobre jusqu'au 31 mars, avant six heures du matin et après six heures du soir, et depuis le 1.er avril jusqu'au 30 septembre, avant quatre heures du matin et après neuf heures du soir.

D. Peut-on faire cette saisie en tous lieux ?

R. Oui, pourvu qu'ils ne soient pas exceptés par la loi.

D. Quels lieux sont exceptés ?

R. Sont exceptés :

1°. Les édifices consacrés au culte, pendant les exercices religieux seulement, 781, 3°.

2°. Le lieu des séances des autorités constituées, et pendant les séances, *idem,* 4°.

D. Peut-on arrêter le débiteur chez lui ou chez un tiers ?

R. Non, à moins qu'il n'ait été ainsi ordonné par le juge de paix du lieu, lequel juge de paix devra, dans ce cas, se transporter dans la maison avec l'officier mi-

nistériel, 781, 5º., soit pour écouter les réclamations, soit, dans le cas où il n'y en auroit pas, ou bien
où elles seroient mal fondées, pour prévenir la rébellion et les excès.

*D. Peut-on arrêter un débiteur, lorsqu'il est ap-
pelé à déposer en justice ?*

R. Non, s'il est porteur d'un sauf-conduit, 782.

D. Qu'est-ce que le sauf-conduit ?

R. C'est une ordonnance rendue sur les conclusions
du ministère public, par le juge d'instruction ou le
président du tribunal ou de la cour où le témoin devra
être entendu, et par laquelle il est défendu d'emprisonner le débiteur témoin, pendant les jours que détermine
cette ordonnance, 782.

*D. Quels sont ces jours où l'on défend d'arrêter
le témoin ?*

R. Ce sont : 1º. ceux nécessaires pour aller déposer ;
2º. le jour fixé pour sa comparution ; 3º. ceux nécessaires pour revenir ; 782.

*D. Que pourroit demander le débiteur, si toutes
les formalités ci-dessus n'avoient pas été observées ?*

R. Il pourroit demander la nullité de l'emprisonnement, 794. (P. C. II, 285 et 286.)

De l'Arrestation et des formalités qui l'accompagnent.

*D. Quel intervalle doit-il y avoir entre le com-
mandement et l'arrestation ?*

R. Un jour, 780.

*D. Ce jour écoulé, peut-on faire l'arrestation quand
on veut ?*

R. Il faut la faire dans l'année du commandement,
784.

*D. L'année écoulée, on ne pourroit donc plus
arrêter ?*

R. On le pourroit, mais après un nouveau commandement par un huissier commis à cet effet, 784.

D. Que doit contenir le procès-verbal d'arrestation ?

R. Il doit contenir, outre les formalités ordinaires des exploits :

1°. Itératif commandement ;

2°. Election de domicile dans la commune où le débiteur sera détenu, 783.

D. L'huissier doit-il être assisté de témoins ?

R. Oui; il doit être assisté de deux recors, 783, pour lui servir de main-forte, et aussi afin que s'il sortoit des bornes de son ministère, on puisse le prouver.

D. Si toutes ces formalités n'étoient pas observées, que pourroit demander le débiteur ?

R. Il pourroit demander la nullité de l'emprisonnement, 794.

D. S'il y a rébellion, que doit faire l'huissier chargé de l'arrestation ?

R. Il peut établir garnison aux portes pour empêcher l'évasion, et requérir la force armée, 785.

D. Comment le débiteur est-il poursuivi pour rébellion ?

R. Conformément aux dispositions du Code criminel, 785.

D. Si le débiteur requiert qu'il en soit référé, doit-il être remis en liberté, jusqu'à ce que le juge ait statué ?

R. Non ; il est conduit sur le champ, à l'audience des référés, devant le président du tribunal de première instance du lieu où l'arrestation a été faite, lequel statuera en état de référé.

Si l'arrestation est faite hors des heures de l'audience, le débiteur est conduit chez le président, 786.

D. Dans ces deux cas, le président dresse-t-il procès-verbal du référé ?

R. Non ; son ordonnance est consignée sur le procès-verbal de l'huissier, et exécutée sur-le-champ, 787. (P. C. II, 286-290.)

De l'Emprisonnement.

D. Dans quel lieu le débiteur doit-il être empri-sonné ?

R. S'il ne requiert pas qu'il en soit référé, ou si, en cas de référé, le président ordonne qu'il soit passé outre, le débiteur est conduit dans la prison du lieu, et s'il n'y en a pas, dans celle du lieu le plus voisin, 788, à peine de nullité, 794.

D. Que doit faire l'huissier pour obliger le gardien ou geolier de recevoir le débiteur ?

R. Il doit représenter à ce gardien ou geolier le jugement qui autorise l'arrestation ; sinon, le gardien ou geolier peut refuser de recevoir le débiteur et de l'écrouer, 790.

D. Que doit faire le gardien ou geolier relativement à ce jugement ?

R. Il doit le transcrire sur son registre, 790, pour prouver qu'il étoit autorisé à recevoir le débiteur.

D. Par quel acte constate-t-on que le gardien ou geolier s'est chargé de la personne du débiteur ?

R. Par un acte appelé *écrou*, écrit sur le registre que tient ce gardien ou geolier, qui est signé de l'huissier, et qui doit énoncer : 1°. le jugement ; 2°. les noms et domicile du créancier; 3°. l'élection de domicile, s'il ne demeure pas dans la commune; 4°. les noms, demeure et profession du débiteur; 5°. la consignation d'un mois d'alimens au moins; 6°. enfin, mention de la copie qui sera laissée au débiteur, parlant à sa personne, tant du procès-verbal d'emprisonnement, que de l'écrou, 789.

D. Quelle est la peine prononcée contre l'inobservation de toutes ces formalités ?

R. La nullité de l'emprisonnement, que le débiteur peut demander, 794. (P. C. II, 290 - 293.)

De la Recommandation.

D. Si, le débiteur étant emprisonné, d'autres créanciers ont la contrainte par corps, que peuvent-ils faire pour l'exercer ?

R. Ils ne peuvent faire emprisonner le débiteur, puisqu'il l'est déjà ; mais ils peuvent le *recommander* au gardien ou geolier, pour que celui-ci ne le laisse pas sortir qu'ils ne soient payés.

D. *Tout créancier peut-il recommander ?*

R. Non ; il n'y a que ceux qui ont droit d'exercer la contrainte par corps contre le débiteur, 792, puisque la recommandation a l'effet d'un véritable emprisonnement.

D. *Peut-on recommander celui qui est arrété comme prévenu d'un délit ?*

R. Oui, 792.

D. *Mais s'il est acquitté et élargi, la recommandation tombera-t-elle ?*

R. Non, il sera retenu par l'effet de la recommandation, 792. S'il n'eût pas été accusé, le créancier auroit pu le faire emprisonner ; ce créancier ne doit pas souffrir de ce que son débiteur a été mal à propos accusé par un autre.

D. *Quelles formalités doit-on suivre pour la recommandation ?*

R. Les formalités ci-dessus prescrites pour l'emprisonnement, 793.

D. *L'huissier est-il assisté de recors ?*

R. Non, 793 ; parce qu'il n'y a pas là de rébellion à craindre, ni d'abus de ministère de la part de l'huissier, comme dans le cas de l'emprisonnement.

D. *Quel seroit l'effet de l'inobservation des formalités prescrites pour la recommandation ?*

R. Le débiteur pourroit demander la nullité de la recommandation, 794. (P. C. II, 293-295.)

Des Alimens.

D. Le créancier qui fait emprisonner, doit-il nourrir le débiteur pendant l'emprisonnement ?

R. Oui, il doit consigner des alimens, même d'avance, pour un mois, 789 et 791 ; sauf la restitution qu'en devra le débiteur s'il veut sortir par le paiement de la créance, 800, 2°.

D. Les alimens consignés, le créancier peut-il les retirer ?

R. Oui, s'il n'y a pas de recommandation ; mais le débiteur peut alors demander son élargissement, comme on verra plus bas.

D. S'il y a recommandation, les alimens peuvent-ils être retirés ?

R. Non, si ce n'est du consentement du recommandant, 791 ; parce que celui-ci devant y contribuer, ils lui sont communs avec l'emprisonnant.

D. Le créancier qui fait recommander, doit-il aussi consigner des alimens ?

R. Non, il en est dispensé, s'ils ont été consignés, 793.

D. Ce créancier ne doit donc pas fournir aux alimens ?

R. Il doit y contribuer avec l'emprisonnant, 793.

D. Pour quelle portion doit-il y contribuer ?

R. Tous deux doivent contribuer par portion égale, 793, et non au marc le franc de leurs créances ; parce que l'opération qu'il faudroit faire pour déterminer cette contribution au marc le franc, entraîneroit des formalités plus coûteuses que ne vaudroit l'objet.

D. Si le recommandant ne contribue pas volontairement, que peut faire l'emprisonnant ?

R. Celui-ci peut se pourvoir contre le recommandant, devant le tribunal du lieu où le débiteur est détenu, à l'effet de le faire contribuer par portion égale, 793 (P. C. II, 290.)

De l'Elargissement faute d'alimens.

D. Si les créanciers n'ont pas consigné d'avance les alimens, que peut faire le débiteur ?

R. Il peut demander son élargissement, 800, 4°.

D. Pour obtenir cet élargissement, faut-il qu'il constitue les créanciers en demeure de consigner les alimens ?

R. Non, il peut l'obtenir sans sommation préalable, 803.

D. Mais comment prouvera-t-il le défaut de consignation d'alimens ?

R. Par un certificat de non-consignation délivré par le geolier, 803.

D. Sur ce certificat, pourra-t-il sortir de plano ?

R. Non, il faut qu'il l'obtienne du président du tribunal, lequel l'ordonne sur une simple requête à laquelle est annexé ce certificat, 803.

D. le créancier qui n'est point appelé, peut-il empêcher l'élargissement ?

R. Oui, en faisant la consignation, mais avant que le débiteur ait formé sa demande en élargissement, 803, et non après.

D. Le débiteur élargi pour défaut d'alimens, peut-il être réemprisonné pour la même créance ?

R. Oui, il peut l'être, mais sous deux conditions ;

1°. De rembourser au débiteur les frais par lui faits pour son élargissement, ou en les consignant, à son refus, ès mains du greffier ;

2°. De consigner d'avance six mois d'alimens, 804.

D. Pour réemprisonner le débiteur, faut-il l'avertir comme pour l'emprisonnement ?

R. On n'est point tenu de recommencer les formalités préalables à l'emprisonnement, s'il a lieu dans l'année du commandement, 804. (P. C. II, 302 et 303.)

Des nullités d'Emprisonnement et de Recommandation pour vices de forme.

D. Si les formalités ci-dessus n'ont pas été observées, que peut faire le débiteur?

R. Il peut demander la nullité de l'emprisonnement, 794.

D. Cette demande est-elle sujette au préliminaire de conciliation ?

R. Non; les demandes de mises en liberté en sont dispensées, 49, 5°.

D. Où est portée cette demande?

R. Au tribunal du lieu où le débiteur est détenu, 794.

D. Peut-on la former à bref délai ?

R. Oui, mais en vertu de permission du juge, 795, donnée sur requête, 805.

D. Par quel huissier est donnée l'assignation?

R. Par un huissier commis, 795 ; afin que le débiteur n'obtienne pas son élargissement par surprise.

D. A quel endroit est signifiée cette assignation ?

R. Au domicile élu par l'écrou, 795, pour éviter les surprises.

D. Comment se juge cette demande ?

R. Sommairement, sur les conclusions du ministère public, 795 ; et elle l'est, sans instruction, à la première audience, préférablement à toute autre cause, sans remise ni tour de rôle, 805.

D. Si la nullité est prononcée, à quoi est condamné le créancier ?

R. Il *peut* être condamné en des dommages-intérêts envers le débiteur, 799, suivant les circonstances et l'importance de la violation commise.

D. Le débiteur élargi pour vices de forme, peut-il être arrêté pour la même dette ?

R. Oui, mais un jour au moins après sa sortie, 797. (P. C. II, 299 et 300.)

Nullités fondées sur moyens du fond.

D. Quand un emprisonnement est-il nul par des moyens du fond?

R. Il l'est :

1°. Quand la condamnation en vertu de laquelle est fait emprisonnement, est anéantie sur appel, requête civile ou cassation ;

2°. Quand cette condamnation a été éteinte par paiement ou autre cause.

D. A quel tribunal est portée la demande en nullité fondée sur les moyens du fond?

R. Devant le tribunal de l'exécution du jugement, 794. *Voy.* pag. 231.

Du reste, appliquez ce qu'on a dit ci-dessus sur l'assignation à bref délai, l'huissier qui la donne, le lieu où elle est donnée, et le jugement. (P. C. II, 297 et 299.)

Nullité d'Emprisonnement fondée sur vices de forme ou moyens du fond, n'entraîne pas la Nullité des recommandations.

D. La nullité de l'emprisonnement emporte-t-elle celle des recommandations ?

R. Non, pour quelque cause que cette nullité soit prononcée, 796, si les recommandations sont elles-mêmes valables en la forme et au fond ; parce que si le débiteur n'eût pas été emprisonné, les recommandans auroient pu le faire arrêter, et qu'ils ne doivent pas souffrir de la faute de l'emprisonnant. D'ailleurs, la recommandation est une véritable arrestation. (P. C. II, 300.)

De l'Élargissement pour causes autres que le défaut d'alimens ou pour nullités fondées sur vices de forme ou moyens du fond.

D. Le condamné peut-il être élargi pour cause autre que le défaut d'alimens, nullité de forme ou résultant du fond?

R. Oui, mais étant légalement incarcéré, il ne peut obtenir son élargissement que par les quatre causes suivantes : -

1°. Le consentement de celui qui a fait emprisonner et des recommandans, 800, 1°. (P. C. II, 301.)

2°. Le paiement de toutes les dettes en principal et accessoires, *idem*, 2°.; (P. C. II, 301.)

3°. Le bénéfice de cession, *id.*, 3°.; (P. C. II, 302.)

4°. Si le débiteur a 70 ans commencés, pourvu qu'il ne soit pas stellionataire, *idem*, 5°. (P. C. II, 302.)

D. Comment le consentement peut-il être donné?

R. Il peut l'être, soit devant notaire, soit sur le registre d'écrou, 801, devant le geolier qui est, à cet égard, officier public.

D. Qu'entend-on par les accessoires de la créance, qu'on doit payer?

R. On entend,

1°. Les intérêts échus;

2°. Les frais liquidés;

3°. Ceux d'emprisonnement;

4°. Enfin, les alimens consignés par les créanciers, 800, 2°.

D. Si les créanciers refusent de recevoir les principaux et accessoires, que peut faire le débiteur, pour être élargi?

R. Il peut consigner entre les mains du geolier, sans qu'il soit besoin de le faire ordonner, 802.

D. Mais si le geolier refuse de recevoir, comment pourra-t-on l'y contraindre?

R. En vertu de permission du juge, il peut être assigné, à bref délai, devant le tribunal du lieu, par un huissier commis, 802.

D. Qu'est-ce que la cession ?

R. C'est un bénéfice que la loi accorde au débiteur malheureux et de bonne foi, auquel il est permis, pour avoir la liberté de sa personne, de faire en justice l'abandon de tous ses biens à ses créanciers, 1268, Cod. C.

Nota. Comme la procédure qu'on observe pour être admis à ce bénéfice, est une procédure particulière, on n'en parlera pas davantage ici.

CHAPITRE II.

Des réceptions de Caution.

D. S*I un jugement ordonne de fournir caution, quand doit-on la présenter ?*

R. Dans le délai fixé par ce jugement, 517. (P. C. II, 503-309.)

D. Que doit-on faire avant de présenter la caution ?

R. On doit déposer au greffe, les titres qui constatent la solvabilité de la caution, 518, qu'on veut présenter, afin que le créancier à qui elle sera présentée puisse voir si elle est solvable ou non ; l'accepter au premier cas, la refuser au second.

D. Est-on toujours obligé de faire ce dépôt ?

R. On n'y est pas tenu dans les cas où la loi n'exige pas que la solvabilité soit établie par titres, 518. (P. C. II, 309.)

D. Le dépôt fait, comment se présente la caution ?

R. Elle se présente,

Par exploit signifié à la partie, si elle n'a pas d'a-
voué,

Par acte d'avoué, si elle en a constitué, 518.

Dans les deux cas, on signifie copie de l'acte de dépôt, 518. (P. C. II, 310.)

*D. La caution présentée, que peut faire celui à qui
est faite la présentation ?*

R. Il peut prendre au greffe, communication des
titres, 519.

*D. La communication prise, quel parti doit prendre
le créancier ?*

R. Il doit accepter ou contester la caution.

D. S'il accepte, dans quel délai doit-il le faire ?

R. Dans celui fixé par le jugement, 517.

D. Comment peut-il accepter ?

R. De deux manières :

Expressément, par un simple acte, par lequel il déclare accepter, 519.

Tacitement, en ne contestant pas dans le délai,
idem.

*D. Si la caution présentée est acceptée, comment
s'engage-t-elle ?*

R. En faisant sa soumission au greffe, 519.

*D. Si le débiteur ne paie pas, et qu'on veuille con-
traindre la caution, faut-il auparavant jugement contre
elle ?*

R. Non : la soumission est exécutoire sans jugement, même pour la contrainte par corps, s'il y a lieu
à contrainte, 519. (P. C. II, 310-312.)

*D. Si l'on veut contester la caution, dans quel délai
doit-on le faire ?*

R. Dans le délai fixé par le jugement, 517.

*D. La caution étant contestée, comment doit-on
poursuivre le jugement ?*

R. Par un simple acte.

*D. Comment doivent être jugées les réceptions de
caution ?*

R. Elles doivent être jugées sommairement sans re-quêtes ni écritures, 521.

D. Si le juge admet la caution, comment s'engage-t-elle?

R. En faisant sa soumission 522, comme ci-dessus.

D. L'appel du jugement qui statue sur une réception de caution, est-il suspensif?

R. Non, ce jugement est exécuté nonobsant appel, 521. (P. C. II, 312-314.)

CHAPITRE III.

De la Liquidation des Dommages-Intérêts.

D. **S**I un jugement qui accorde des dommages-inté-*réts, ne les liquide pas, que peut faire le créancier pour les faire liquider ?*

R. Il doit,

1°. Faire signifier la déclaration des dommages-inté-rêts qu'il prétend lui être dus, à l'avoué du défendeur, s'il en a été constitué;

2°. Communiquer les pièces justificatives, sur récé-pissé de l'avoué du défendeur, ou par la voie du greffe, 523. (P. C. II, 321.)

D. Quand le défendeur doit-il remettre les pièces ?

R. Il doit les remettre dans les délais fixés par les art. 97 et 98, et sous les peines y portées, 524. *Voy.* p. 147 et 148.

D. Cette communication prise et le délai expiré, que doit faire le défendeur ?

R. Huitaine après l'expiration des délais de la com-munication, il doit faire des offres au demandeur, de la somme qu'il avisera, pour ses dommages-intérêts, 524 (P. C. II, 322.)

D. Si le défendeur ne fait pas d'offres, que pourra faire le demandeur ?

R. La cause est portée à l'audience sur un simple acte, et le défendeur est condamné à payer le montant de la déclaration, si elle est trouvée juste et bien vérifiée, 524. (P. C. II, 323.)

D. S'il y a des offres et qu'elles soient jugées suffisantes, à quoi est condamné le demandeur ?

R. Il est condamné aux dépens, du jour des offres, 525. (P. C. II, 323.)

CHAPITRE IV.

De la taxe et liquidation des Dépens.

D. COMMENT *se taxent et liquident les dépens ?*

R. La forme varie suivant que l'affaire est sommaire ou non sommaire. (P. C. II, 324.)

De la Taxe en affaires sommaires.

D. Comment se fait la taxe en affaires sommaires ?

R. Par le jugement même qui prononce la condamnation. C. de P. 543, Déc. 16 fév. 1807, art. 1er.

D. Que doit faire le gagnant pour mettre les juges en état de faire cette taxe ?

R. Son avoué remet dans le jour au greffier l'état des dépens et les pièces.

Le tribunal taxe; et le montant est inséré dans le dispositif. Ainsi, après ces mots du jugement : *le tri bunal condamne N. aux dépens,* on ajoute ceux-ci : *liquidés à la somme de......* (P. C. II, 324.)

De la Taxe en affaires non sommaires.

D. *Comment se fait la taxe en affaires non sommaires ?*

R. De l'une de ces deux manières : ou par le *jugement* de condamnation, ou par un acte séparé qu'on appelle *exécutoire.*

Taxe par jugement.

D. *Quand la taxe est contenue dans le jugement, se fait-elle par tous les juges ?*

R. Non, mais par un seul de ceux qni ont assisté au jugement. Déc. précité art. 2.

D. *Que fait l'avoué du gagnant pour mettre ce juge en état de taxer ?*

R. Il remet au greffier l'état des dépens avec les pièces, Déc. art 3. (P. C. II, 325.)

D. *Comment le juge procède-t-il à la taxe ?*

R. En marge de chaque article de l'état, il met la somme à la quelle il fixe cet article ; puis il met sur la pièce objet de cet article, *taxé*, et il la paraphe : Déc. art. 4.

D. *Comment ce juge fixe-t-il le total des taxes de chacun des articles ?*

R. En liquidant et portant ce total au bas de l'état qu'il signe avec le greffier. Déc. art. 5.

D. *Que fait-on ensuite pour faire insérer ce total dans le jugement ?*

R. L'avoué du gagnant remet cet état ainsi arrêté au greffier, avec les qualités du jugement dont il est parlé pag. 205, Déc. art. 4.

Le greffier insère ce montant dans le jugement, en mettant après ces mots : *condamne N... aux dépens,* ceux-ci : *liquidés à la somme de...*

Taxe par exécutoire.

*D. Quand liquide-t-on les dépens par exécutoire,
au lieu de le faire par jugement ?*

R. En deux cas :

Le premier, lorsque le gagnant est pressé de lever le
jugement, et que la taxe ne pourroit être faite avant la
levée du jugement, à cause de son étendue et de ses
difficultés ou des occupations des juges. Alors le jugement est expédié et délivré avant la taxe, Déc. art. 1.

Le deuxième, est lorsque le gagnant ne se met pas
en mesure de lever la grosse, et que le condamné a
intérêt de la lever, comme dans les cas désignés pag.
205 : par exemple, s'il a été condamné comme caution, et que par le même jugement, le débiteur ait été
condamné envers lui. (P. C. II, 326.)

*D. Dans ce deuxième cas, le condamné peut-il
lever la grosse de plano ?*

R. Non, il doit auparavant faire sommation au gagnant de la lever dans 3 jours, Déc. 7.

*D. Si le gagnant ne la lève pas dans ce délai, que
peut faire le condamné?*

R. Il peut lever la grosse, sans que les frais aient
été taxés, sauf à l'autre partie à les faire taxer dans la
forme prescrite, Déc. art. 8.

*D. Le jugement étant levé, dans les deux cas ci-
dessus, sans taxe préalable des frais, comment les
fait-on taxer après la levée du jugement?*

R. On observe la marche ci-dessus expliquée pour
la taxe par jugement.

*D. La taxe faite, le montant n'étant pas inséré
dans le jugement, par quel acte ce montant est-il
arrêté et constaté ?*

R. Par un acte appelé *exécutoire*, qui contient le
montant de la taxe mis au bas de l'état, et par lequel
le tribunal ordonne que le condamné sera contraint à
le payer. (P. C. II, 327.)

Comment se pourvoir contre la Taxe.

D. Le condamné est-il appelé pour être présent à la taxe par jugement ou exécutoire?

R. Non : elle se fait sans lui.

D. Mais le condamné n'étant pas mis à portée de débattre les frais demandés par le gagnant, il peut se faire que le juge se trompe ou soit trompé et passe en taxe plus on moins qu'il n'est dû; que peut faire le condamné pour obtenir la réformation de l'erreur?

R. Il peut former opposition à la taxe, soit qu'elle soit faite par jugement; soit qu'elle le soit par exécutoire, Déc. art. 6. (P. C II, 327.)

D. Quel délai a-t-il pour former cette opposition?

R. Il doit la faire dans les trois jours de la signification à avoué, du jugement, s'il contient liquidation, sinon, de l'exécutoire. Déc. art. 6.

D. Comment se forme cette opposition?

R. Par acte d'avoué contenant sommation de comparoître en la chambre du conseil pour y être statué sur cette opposition. Tarif des frais ensuite du Déc. ci-dessus.

D. Comment statue-t-on sur cette opposition?

R. Sommairement, Déc. art. 6, par conséquent sans instruction par écrit.

D Si ce jugement est contradictoire, faut-il, pour le lever, signifier des qualités, comme on l'a dit p. 205, pour les autres jugemens?

R. Oui, suivant le tarif ci-dessus qui alloue un droit pour ces qualités.

D. Peut-on appeler de ce jugement, s'il réforme ou maintient mal à propos la taxe?

R. Il faut distinguer.

On peut appeler s'il y a appel sur le fond de quelques dispositions du jugement qui a condamné aux dépens, Déc, art. 7. Ex. le jugement sur le fond condamne à payer deux créances ; le condamné prétend qu'il n'en doit qu'une, il appelle de la disposition qui le condamne à payer l'autre, il pourra appeler aussi du deuxième jugement qui a statué sur son opposition à la taxe.

Mais il ne peut appeler de ce deuxième jugement, s'il n'appelle pas du premier, Déc. art. 7. La taxe se trouve faite alors en dernier ressort, soit que les objets dont on se plaint n'excèdent pas 1000 fr., soit qu'ils excèdent : cela a été établi parce que, lorsque ces dépens n'excèdent pas 1000 fr., le tribunal juge en dernier ressort, même lorsque le principal excède cette somme, puisque l'on n'appelle pas du jugement sur le principal, et lorsque ces dépens excèdent cette somme, ils ne peuvent l'excéder de beaucoup, et ne valent ni les peines ni les faux-frais d'un appel. (P. C. II, 328.)

FIN.